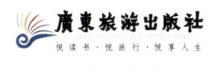

"漫说珠海"文旅丛书

丘树宏 主编

漫说珠海 水

宋华 著

广东旅游出版社
悦读书·悦旅行·悦享人生
中国·广州

图书在版编目（CIP）数据

漫说珠海. 水 / 宋华著. -- 广州：广东旅游出版社，2024. 12. --（"漫说珠海"文旅丛书 / 丘树宏主编）. -- ISBN 978-7-5570-3471-9

Ⅰ. K926.53

中国国家版本馆CIP数据核字第2024YR7191号

出 版 人：刘志松
策划编辑：彭　超
责任编辑：彭　超　陈晓芬　陈楚璇
封面设计：谭敏仪
内文设计：齐　力
责任校对：李瑞苑
责任技编：冼志良

漫说珠海：水
MAN SHUO ZHU HAI：SHUI

广东旅游出版社出版发行

（广东省广州市荔湾区沙面北街71号首层、二层）
邮编：510130
电话：020-87347732（总编室）　020-87348887（销售热线）
投稿邮箱：2026542779@qq.com
印刷：广州市岭美文化科技有限公司
　　　（广州市荔湾区花地大道南海南工商贸易区A幢）
开本：787毫米×1092毫米　16开
字数：200千字
印张：15
版次：2024年12月第1版
印次：2024年12月第1次
定价：68.00元

[版权所有　侵权必究]
本书如有错页倒装等质量问题，请直接与印刷厂联系换书。
本书地图根据广东省旅游交通图[粤S（2012）017号]、珠海市旅游交通图[粤S（2006）033号]、珠海市地图[粤S（2021）211号]修编，不作为任何权属争议依据。

"漫说珠海"文旅丛书总序

丘树宏

（1）

认识一个城市，最简捷的一个方法是从这个城市的形象广告语入手。

让我们以珠海为例。

对于珠海，自从1979年建市、1980年兴办经济特区以来，人们印象比较深刻的城市形象广告语是这些：

> 珠海：现代化海滨花园城市。
>
> 浪漫之城，情调之都。
>
> 海上云天，天下珠海。
>
> 青春之城，活力之都。
>
> ……

而我，也曾经拟过这么几句——

> 珠海：一百多年前中国从大陆经济、大陆文化走向海洋经济、海洋文化的缩影，改革开放后中国从封闭经济、封闭文化走向开放经济、开放文化的窗口。

岭南之珠，浪漫之海。

海的珍珠，珍珠的海。

诚然，仅仅通过几句广告词去了解珠海，是远远不够的。如果能读到一些介绍珠海的文章，就可以获得比较详细的了解。

2022年8月24日，我在《羊城晚报》"珠海文脉"栏目刊发了长篇散文《海的珍珠，珍珠的海》，用三个字对珠海进行了概括性的介绍，摘录如下：

如果要用最简单的几个字来概括介绍珠海，我觉得三个字就可以了，那就是：海、香、珠。

这就是我个人的珠海"三元"说。

何谓珠海"三元"说？且听我细细道来。

第一元：海。这是珠海的底色——

任何一座城市，都是有她的色彩的。珠海的色调就是蓝色，因为珠海的前生后世，一直都与大海融为一体、从未分割，蓝色自然是她的底色。

第二元：香。这是珠海的味道——

珠海，是带着馥郁的香气出生的，此后，她的一生都洋溢出氤氲的香气。

战国时期，珠海为百越之地。秦始皇统一六国后，于秦始皇三十三年（公元前214年）在岭南设南海郡，珠海属南海郡辖地，后来曾属宝安县。

唐至德二年（757年），宝安县更名东莞县，珠海属东莞县辖地，并开始设置香山镇（今珠海市山场）。香山镇，是由于境内诸山之祖五桂山奇花异草繁茂，神仙茶丛生，色香俱绝而得名。

香，就是从这个时候开始成为珠海的代名词。

第三元：珠。这是珠海的特质——

珠海，第三元素是珠。珠海的"珠"，有两个内涵。一个是有形的，二百六十二个海岛是大大小小串起来的珍珠，整个珠海也像是一颗晶莹别透的硕大珍珠。这是自然界的珍珠。二是无形的,珠海的特质,就像珍珠一样纯洁无邪、晶莹可爱。这是精神层面的珍珠。

(2)

然而,仅仅阅读几篇文章,对一座城市的了解也还是十分有限的,最好的办法,是亲自走进这座城市,亲自观察她、感受她。

当然,在这个时候,如果能有一套书写珠海、介绍珠海的图书供你阅读,那就最好不过了。

好的!我们这就为你送上一套"漫说珠海"文旅丛书。

"漫说珠海"文旅丛书分为《山》《水》《人》《城》《食》五本。

可以说,读了这五本书,你一定会对珠海有一个总体印象和了解的。

珠海的山——

对于山,人们并不陌生。然而珠海的山,却有着其独特之处。

珠海的山,与古地中海有关,与云贵高原有关,与珠江有关,与南海、太平洋有关。

珠海的山是岛,珠海的岛也是山。"珠海的山是昨天的岛,珠海的岛是明天的山。"

珠海的山不高,高山人为峰,有人山则名。

珠海的地域面积不大,却有着两百多个山和岛屿,是珠三角海岛最多的城市。

珠海的山连着海,连着海上丝路。

珠海的海连着山,连着陆上丝路。

珠海的山,总是让人充满想象力。

珠海的水——

珠海市领海线以内海域面积9348平方千米,是珠三角城市中海洋面积最大的城市。

珠海有江水，有淡水，珠江八个出海口，有四个从珠海流向大海。

珠海有海水，有咸水，有伶仃洋，有南海。

珠海，有的是咸淡水。

讲珠海的水，不得不讲高栏港，不得不讲宝镜湾摩崖石刻。

讲珠海的水，不得不讲万山要塞，不得不讲国际大西水道。

说到珠海的水，人们一定会想起七百多年前的崖山海战，一定会想起七十多年前的万山海战。

珠海的水，"一一展现了相互联系的社会历史进程。它从自然之水而来，流经社会之水、经济之水、文化之水、未来之水"。

珠海的水，更是让人充满无限遐想。

珠海的人——

珠海的人，其实就是一般的广东人、岭南人、中国人。

然而，因为山海相连的缘故，因为咸淡水地理、咸淡水文化的缘故，使得珠海的人又与一般的广东人、岭南人不同。

务实而不保守，开放而不张扬，创新而不浮躁。

珠海人最早出洋看世界，最早从海外回望中国，让珠海包括曾经叫作香山的这个地区成为中国近代文化的一座高山，成为中国近代史的摇篮，摇出了影响中国和世界的伟人，摇出了一个伟大的名人队伍，摇出了推进中国近代史进程的伟大思想。

"中国近代史是珠海人历史的最重要的时段，同时珠海人对于中国近代史有着不可取代的非凡意义和广泛领域的影响力。"

珠海的人，让了解他们的人们充满崇敬。

珠海的城——

二十世纪八十年代初，香港某电台曾经说过一个谜语：只有一条街道、一个红绿灯、一个交通警察、一间百货商店的内地新兴城市是哪里？谜底是珠海。

这个谜语虽然有夸张和调侃的味道，有些人也不是很赞同，但我认为从城市建设这个角度看，还是很形象和确切的。

然而，四十多年后的今天，珠海却已经建设成一个国内外闻名遐迩的现代海滨花园城市。

珠海渔女，情侣路，日月贝，横琴岛，港珠澳大桥……小小的珠海，竟然有那么多、那么美、那么著名的城市标志。

"这座年轻的海滨城市，她那么明亮，每一天都比昨天更美，所有在此居住、到此流连的人，都因她而更加热爱生活、期待未来。"

实际上，在香港那个谜语出现之前，珠海就已经拥有了宝镜湾摩崖石刻、甄贤学校、梅溪牌坊、唐家共乐园等古老而宝贵的自然人文地标。

珠海的城市，是让人充满向往的城市。

珠海的食——

从"海底牛奶"叠石蚝油到横琴蚝，从海岛海鲜到白蕉鲈鱼，珠海在不断演化着咸淡水地理的美食文化。

那么多的人寻味白藤湖的"无情藕"，心底里却流露出丰富多彩的情缘。

那么多的人寻味伶仃岛的"将军帽"，言谈中却吟哦着文人墨客的诗句。

"在传承中发展，在交流中融合，在碰撞中创新，年轻的、活力的珠海，在美食中展现出了独树一帜、与众不同的一面。"

广府菜、客家菜、潮州菜，与珠海的本帮菜相交融。

湘菜、川菜、江西菜、贵州菜，在这里同城斗辣味。

葡国菜、日本菜、印度菜，异国风味摇曳飘香……

珠海的美食，总是让人流连忘返。

（3）

我们是这样考虑"漫说珠海"文旅丛书的创作总体思路的——

在学术指导上：在文旅大融合的背景下，在充分研讨和严格把关的基础上，以中国特色山水文化观照珠海，从珠海透视中国特色山水文化，使中国特色山水文化成为中华民族共同体的基本文化，并且走向世界，成为建设粤港澳大湾区、共建"一带一路"、构建人类命运共同体的文化纽带，充分彰显珠海的江海文化特色。

在写作视角方面：一是采用珠海视角、湾区视角、中国视角、世界视角。也就是说，既要有珠海本土视角，也要有异乡旁观者的视角，当然还需要更大视角来写珠海。二是作者视角上"有我无我"：既要有"我"的在场感，就是旅游个人体验，也要有无我的知识厚重感，也就是跳出"我"。

在写作方法方面：一是从大到小来写珠海，从世界、中国视角写起。二是从小到大，文章以小切口入手，讲好每个故事，有细节，有趣味，做到深入浅出、雅俗共赏；同时又从小切口来回应大时代，通过珠海的城市变化反映中国的城市变化。三是采用专题写作，取法其上，得乎其中，避免切割式写作。文字表达体现一个"活"字，阅读体验感要好，对读者的知识需求有益，适合游客尤其是年轻游客。

每一个城市都有她的过去、今天和未来，一套文旅著作，描绘的重点当然是今天，"漫说珠海"文旅丛书同样如此。然而，由于珠海曾经属于香山包括中山，有八百多年历史，而建制独立后的人们对这一段历史则多有认识不足，因此我们有意突出表现了珠海与"香山"的关联，包括自然和人文两个方面的来龙去脉、渊源基因等，都给予了不少的笔墨。我们觉得这样做是有道理的，更是有意义的。

"漫说珠海"文旅丛书是行走的文化散文。

本套丛书以旅游为载体，以文化为灵魂，通过行走的方式，将可游可感的风景及背后的文化和故事，以散文式、随笔化的语言呈现出来。

本套丛书所指的文化，重视"文"，更重视"化"，"文化"不仅凝聚在高文典册上，是一种知识或者符号，更渗透在日常生活中，成为生活中的日常和共识,进而成为珠海的城市风骨和人文精神。

"漫说珠海"文旅丛书是一套大家小书。

本套丛书强调作者行走的体验性、在场性,需"入乎其内",但又要"出乎其外",有"他者"的视野,并彰显学术的高度、知识的广度,既有原乡人的看法,也有异乡人的观点,从而区别于一般的游记。概括地说,本套丛书,是专家学者采取"漫说"的方式,在知后行,行后知,以浅显易懂、明白流畅的语言传达珠海的山水人文,是学者的散文,但又不受制于散文的文体。

"漫说珠海"文旅丛书,用"漫说"的形式,抒写"浪漫"的珠海;以文字的珍珠,表现珍珠的海。这就是我们的初衷。我们是这样想的,也是这样做的,期望能达到我们的初心。

"漫说珠海"文旅丛书讲究图文并茂。

图片也是内容,作者不仅需提供隽永的内容和优美的文字,还是珠海风景的拍摄者、发现者、展示者。当然,珠海市文化广电旅游体育局、广东旅游出版社也为此做了诸多努力。

《山》《水》《人》《城》《食》,以自然的"五味子"漫说珠海,以人文的"五味子"漫说珠海,丛书会告诉你一个无限精彩的珠海,交给你一个难以忘怀的珠海,送给你一个永记心中的珠海。

《山》《水》《人》《城》《食》,都在漫说着这八个字:"海的珍珠,珍珠的海"——

> 有一个花园城市是哪里?
> 有一个花园城市是珠海。
> 一个比一个美丽的花园啊,
> 装扮成花园般的珠海。
>
> 有一个海滨城市是哪里?

有一个海滨城市是珠海。

二百二十七公里的海岸线啊,

环绕成黄金海岸的珠海。

有一个百岛之市是哪里?

有一个百岛之市是珠海,

二百六十二个海岛是海的珍珠啊,

二百六十二个海岛连成珍珠的海。

啊,珠海,珠海,

海的珍珠,

珍珠的海!

囿于水平,"漫说珠海"文旅丛书难免有错漏谬误之处,谨此,恳请读者鉴谅和批评。

2024年7月11—12日初稿于九连山下

2024年8月31日二稿于珠海、中山

目 录

第一章　海为百谷王 / 001

脚下古航道 / 002

一群唐朝的鲸鱼 / 002

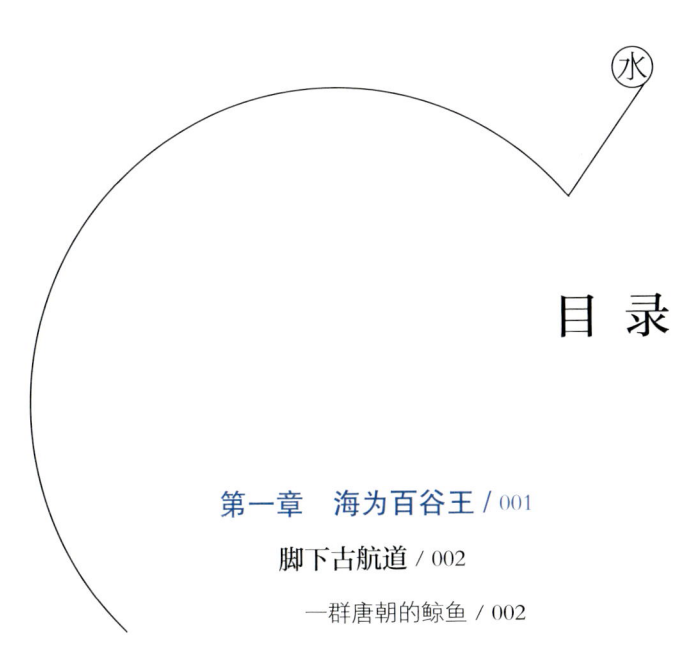

一条珠海古海路针经 / 004

今天的西江航路 / 007

海岸线向南 / 013

高栏崛起第一座海洋文化高峰 / 017

"南国神话" / 017

水晶环玦加工场与石镞铲 / 021

史前海洋文化重镇 / 023

珠江口群岛上的第一乡 / 028

文顺乡："中国化"的唐代新起点 / 028

"三场"：最早的经济开发区 / 031

这只海上的凤凰 / 035

第二章　海上"岛夷" / 041

末梢围海人 / 042

香山立县：珠海是"三围" / 042

"木鹅"的生产力 / 045

海中村落总依山 / 049

山海之间有"三斗" / 053

从金斗湾下南洋 / 053

半农半儒的斗门涌 / 058

"无量斗"的万山岛 / 062

海上乱世 / 066

"岛夷"：海上边缘人 / 066

海禁、迁界的无人区 / 068

争夺三灶岛 / 072

"开水"时代 / 075

第三章　边海风云 / 081

珠海冲口 / 082

小脚趾头 / 082

氹名 / 087

前山水寨 / 091

前山村变身战略要地 / 091

"前山一将功" / 095

亚婆石下 / 099

十字门开 / 107

自由市场的魔法石 / 107

新谋生者"揽棍" / 112

咸汤淡水"珠海流" / 117

香山澳寻路 / 124

金钱时代 / 124

老祖宗的话 / 128

全球势利场 / 131

从王呆子到孙乾 / 135

第一怒涛 / 141

第四章　江海之上 / 149

万山红遍 / 150

家 / 150

珠海县诞生 / 154

"一船两制" / 158

军民一家 / 163

出海口上翻天蹈海 / 167

万人战海 / 167

磨刀门开海辟地 / 171

第五章　比大海更阔广 / 175

开大海港 / 176

够胆就去高栏岛 / 176

小珠海大胸怀 / 180

千古丰碑桥 / 186

百岛千桥 / 186

跨越伶仃洋 / 191

奔涌向海 / 195

同一条濠江 / 195

育我濠江 / 199

龙凤时代 / 206

未来海上城市 / 211

风从海上来 / 211

未来海世界 / 214

后记 / 221

第一章

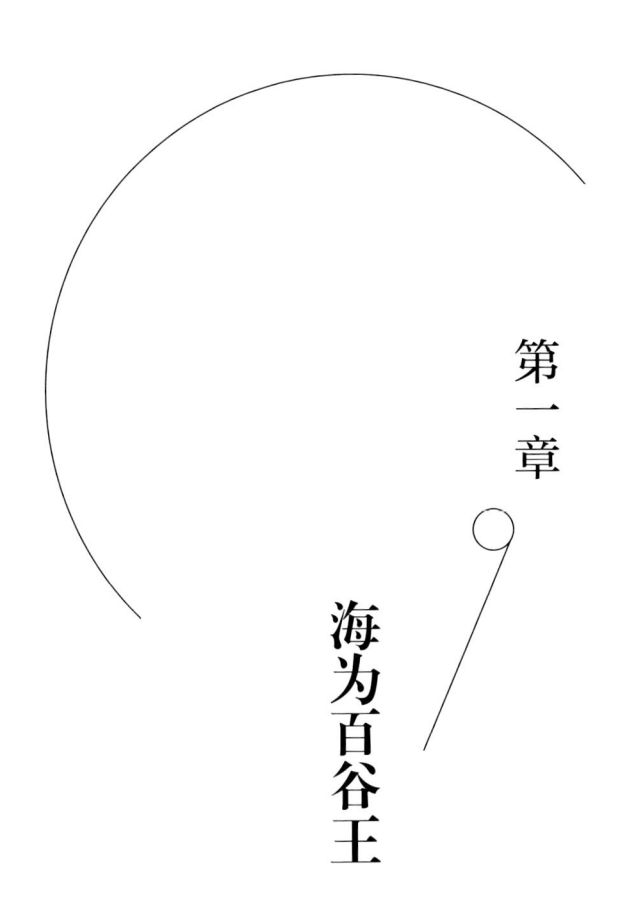

海为百谷王

脚下古航道

一群唐朝的鲸鱼

1200多年前的一个冬天,一艘商船乘着东北风从广州南下,到安南(今越南)的沿海港口做买卖。广州南下的古海道本来十分宽阔,但到达三门海一带时,江门崖山与中山五桂山突然收缩壶口,中间的山岛像筛眼一样把海水给筛成几条口子。商船在浑浊的西江水与海水交织的航道上航行,经过三门海的时候,这里山岛林立、风高浪急。穿过这片海,往南可以到灯笼沙的中深海区;或者由西南方向从黄杨山北部绕行虎跳门进入崖门海区。

就在篙工安全驶出这片水域的时候,海面上突然又出现十余座小山,忽而凸起,忽而沉没。估计商人是初次下海,看到海上浮山惊慌不已。篙工安慰他说,那不是山,是鲸鱼背。鲸鱼喷气,在空中散开来像雨水一样。商船靠近鲸鱼群的时候,不断有节奏地敲击船身,发出战鼓的声音,吓走鲸鱼。商人一路惊恐到达安南的港口,等他们第二年夏天返回广州的时候,还有心理阴影。他们从雷州半岛登陆以后,沿着海岸一路艰辛跋涉,避开海上的鲸鱼。

这则历史故事是唐代刘恂在《岭表录异》中留下来的。这本书写道:"海鳅,即海上最伟者也。其小者亦千余尺,吞舟之说,固非谬也。"故事说到最后,刘恂揣测商人的心理,要是老鲸鱼一嘴把船吞下去,我岂不是像一片树叶掉进枯井里,熬白了头也出不来了。

19世纪初,澳门东、南部海域依旧是"鲸窟纵横",能在海上与鲸鱼以命相搏的只有海上渔民,他们冒着九死一生的危险只能"稍折其锋"。今天的南屏洪湾涌已经波澜不惊,充其量是一条小河。100多年前风雨将作的时候,这里海上云雾弥漫,"海豚跳跃,嘶风吸浪,黑黄苍赤,出没波涛"。在清代屈大均的《广东新语》中,有一种叫"卢亭"的人鱼,"新安大鱼山与南亭、竹没、老万山多有之。"所谓人鱼,就是儒艮。这些活在古文献中的海上生物,并没有从海洋消失,而是随着珠海海岸线不断南移,越来越潜入中深海区,很难在陆地的海岸上发现它们的踪迹。到了20世纪60年代,万山岛渔民还在小万山海域捕获2吨多重的鲨鱼,还有海豚。在今天的珠江口、黄茅海、万山底的深海区,中华白海豚作为国家一级保护动物仍栖息于此。

冬季,商船放洋,渔民旺汛;夏季,商船回航,渔船上滩;涨潮煮盐,水涝排泄,天旱引泉。每一种海上渔农业生活都伴随着祭祀活动,还有特定的祭祀祝文,最具有代表性的是渔民的妈祖祭祀。即使在200年前,这些海上生活都有不间断的历史记载。在渔船还依靠人力,甚至部分动力被内燃机取代的时候,海洋鱼类习性、海上航道、捕捞习俗都通过一代代渔民传授保留下来。只有适应海洋季风、鱼汛淡旺、海水涨退的规律,珠海的海上人民才能生存繁衍与迁徙。老渔民都知道,每年冬春交汇的季节,大海的鱼群上溯,往岸线洄游产卵,它们引来了大量凶猛庞大的海洋捕猎者。在海上牧鱼的时代,鲸、鲨丛集珠不足为奇。珠海如果没有足够的海深、丰富的鱼饵、清洁的海水,这些海洋生物不可能贸然出没。

今天的珠海人难以想象,古珠海的山岛树木曾经只是一湾大海上的盆景而已。这里的海洋是大型海洋生物生存、追逐、孕育的天堂。到了明朝中期,江门外海与中山古镇上游的水道被称作鲟鳇沥。鲟鱼生长在南海浅海湾的咸淡水交汇处,是海洋大型哺乳类生物的食物。这个名称不仅记载了它盛产鲟鱼,而且也将它曾作为出海口的历史保留下来。

我们今天亲眼看到的陆地、群山与平原,千真万确;我们知道的珠海的平原面积占陆地总面积的70%以上,千真万确。而珠海有大鲸鱼、大鲨鱼、大海

▲ 宋朝以前番禺、三门海与古珠海海洋、海岛位置示意图（原图源于《珠江三角洲农业志》）

龟、成千上万的水母，也是千真万确的。只不过要发现它们，需要我们用历史的眼光去寻找了。这些历史上的海洋故事，尘封在古文献中，刻录在老一代渔民的脑海中。它终究有一天会回到我们的眼前，让珠海古海洋活起来的最好办法就是科技的力量、讲述的力量。

一条珠海古海路针经

大约在葡萄牙人登陆澳门不久后的一个夏天，一艘双桅福船从海南航行到珠海沿海，乘着涨潮驶入三灶海门。船长在这里遇到第一位吏员，三灶岛的西侧就是浪白港。商船穿行大、小林岛，北上黄杨山与白藤山之间的大海，继续沿海而上到达明虾头的海面，还要向北驶过三门海，过了竹洲的纵列小山就是磨刀海，商船转头向东，顺着海流进入坦洲海。

坦洲海北有高大的五桂山，山顶有塔。顺山南麓往东南行驶，在入澳门之前，商船在茅湾涌一带遇到第二位吏员。茅湾涌对面有秋风角组成的一列小岛，前山的濠潭村有天妃庙。前山海道是前往澳门的口门，南北皆可通航。往南，商船就进入澳门。

澳门住有成群的葡萄牙人。商船从澳门南下经过内十字门，可以进入澳门南湾；不进入澳门的话可以直接向东行驶。东南侧是大万、小万、白沥、东澳4座大岛，往北则是九洲洋。商船可以在九洲岛停泊补给淡水，再横跨伶仃洋。

这是福建石湖郭氏保留的手抄航海针经，现收藏于泉州海外交通史博物馆。在中国历代航海针经或者民间更路簿中，这是记载最完整的古珠海航线。为有益于探求珠海古航道者深究历史，现全段摘录。

至香山，水涨三潜，拜舵须防，宜驶入流。一垵至三灶，三灶垒内，山下垒有门。垒前有另屿员，对面有低屿相连。西内是龙会港，港口下面一屿，名曰红赤色。

芛州垒上，一另屿开门。船在西边过，有名瑕公屿，上去一长屿，又一点屿，往东取香山澳。内门身南有一屿，名曰娘片。上来山边东头，直取有门，上下门都好过。上来西北有白屿，不用向西畔，去是屈头港。向东香山垒，驶出流。

香山垒山高大，花白色，山顶有塔，顺山而入。将入垒前有另屿员。对面有长屿，名曰娘片。从此门入便是垒口。大门内有中门礁一块，南北俱可过。

此处住集番仔。垒门下，外有一块沉水礁。欲入垒，对西北边过；不入垒门，对东畔，外有大四屿，内是九头山。九头山九个相连，屿下好寄船。驶出流，接入到赤庙，过伶仃洋。

这一段古航道记载最早的源头应是明朝民间航海家的针路手抄本《指南正法》。这个抄本的原作者叫吴朴，写作的时候，他就居住在澳门。他是来自福建漳州的航海家，结合流传广泛的郑和航海指南，总结自己与民间各种航海针经，写出了这本航海针路。在《指南正法》之前，明朝还有一部重要的手抄针经《顺风相送》。这两部手抄本都流落海外，其中的《顺风相送》是1639年一位耶稣会士捐赠给英国牛津大学博德利图书馆的，当时以校长威廉·劳德的姓氏命名为《劳德航海通书》。直到20世纪30年代，中国学者向达才将它们抄录回国。

郭氏的珠海航行海道传承到了清代，有一部分进入福建水师航海路线。在《厦门港纪事》《海疆要略必究》中都有记载，只是有些地名不同，如高栏称为"交鳞"，虾山一带称为"虾蛄"或"虾公"，澳门被称作"番仔城"。清代时的航路已经明显淤浅，如虾山海水变成沙泥地，需等到涨潮才可以行船。

▲ 清道光《新修香山县志》中的澳门西环图。图中水道就是从古金斗湾（濠潭）南下，经澳门、湾仔出十字门海的濠江水道

在明、清时期的各类民间航海针经、更路簿中，除了鸡啼门、磨刀门、三门海航线，最多的就是广东海道东路上的万山、担杆、九洲、淇澳等航线。万山、担杆分别被称作"鲁万""黄姜"，大万山、小万山之间的海门被称作"南亭门"。广东航海家出了万山放洋大海，而对于更遥远的沿海航海家来说，它们如同不可或缺的淡水一样，是海上人重要的安全航标与精神寄托的祭祀地。《顺风相送》记载："南亭门，对开打水四十托，广东港口，在弓鞋山，可请都公。"都公是传说中跟随郑和航海的助手，回程中在南亭门死去，后成水神，"舟过南亭门必遥请其神，祀之舟中。至舶归，遥送之去。"这与南越先民行舟下海之前祭拜"孟公"一样，孟公生前为水官，死为水神。明朝的航海针经记载表明，万山岛曾经有过远洋航海人的都公祭祀。

与珠海的海上农耕祭祀一样，海上航行九死一生，必祭祀敬神，祈祷海不扬波。妈祖祭祀在香山始于唐代，在宋代被封为天妃。到了明代中期，妈祖等寺庙被当作淫祠捣毁。更路簿中的祝文将所有能保佑航海家的神仙、祖师一一敬拜，以求"暴风疾雨不相遇，暗礁沉石莫相逢"。

今天的西江航路

三门海通道自古就有，可能是这里山岛林立，礁石潜伏，海域险状万千，商船不敢轻易冒险，非有过人胆识与经验的航海家掌舵不可。如果古人看过《加勒比海盗》，一定会认为这里与百慕大三角有得一比。三门海虽然危机四伏，但它一直是广州西海航道。北宋初期的《太平寰宇记》记载，从海南岛乘西风三天三夜便可到达崖门，一天到达新会县，再顺风十天就可以到广州，但是"路经黎冈州，皆海之险路"。"冈州"就是唐朝的新会，"黎"则是黎（里）民所在的山岭之地。在1152年香山建县之前，高栏、三灶、斗门的山岛

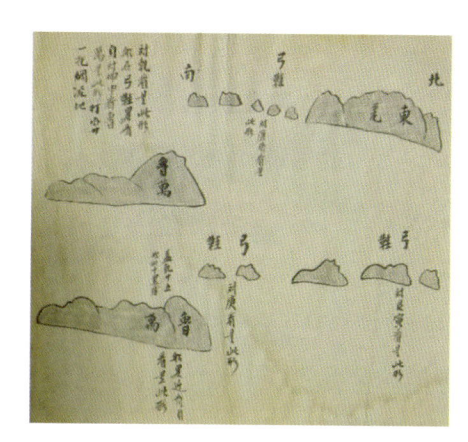

▶《清代东南洋航海图》中万山列岛地形与针经图

海洋皆隶属于新会。到了1965年,斗门县北部的竹洲、上横、大沙,包括三门海等地区才划入斗门县。

唐朝贾耽明确记载全国有七条国际通道,其中之一是"广州通海夷道",但只提到向东南行200里至屯门山。这条经典通道已载入史籍千年之久,但广州西南道似乎不见于史籍。16世纪初,香山县出了一位大学者、儒家黄佐。他的《泰泉集》收有《广东图经》,文中记载了广州东、西两条海道,其中对西道是这么叙述的:"西道七十里出上弓湾,见西海壖;又西南二百里抵新会县。出城南八十里为崖门。"这条记载确凿证实了明朝嘉靖末年以前的广州西海航线的存在。广州西海道抵达新会县,接下来就到了三门海海域。

站在今天的珠海山海之间,要想把古珠海的自然地貌说清楚不容易,画出来又太简陋。但是与理解古珠海才能看清新珠海的大义比起来,办法不重要,达意更重要。因为看不见珠海的水,难懂珠海的心。一旦懂了,看珠海如读人生。百折千回,因水而生;砥砺前行,向海而兴。

有两个办法,一个是登高望远,看今天的群岛展开联想;另一个办法是到因水而生的最大变迁地去,从一个个地理位置探寻历史源头。这个地方就是江珠高速。

古珠海位于南海浅海湾的出海口中心,如同龙口璞玉。

南海浅海湾形成于3万多年前，6000多年前海平面稳定下来。东江、北江与西江汇聚广州，源源不断地把内陆的泥沙搬运下海。千百年来，劳动人民经过前赴后继地围海垦地，浅海湾渐渐变成今天的地貌。珠海处于末梢，水下淤积深度远超上游，水面沙田成形远晚于上游。新中国成立以后，珠海平原的主体才从海水中诞生。

如果我们今天想看到古珠海的海上样貌，请登上任何一个可以放眼海洋的地理之巅，或者坐上观光旅游直升机，你就能看见碧海环抱的万山群岛，那就是最近似万年前的珠海老模样，一群群岛屿伫立海上，大海无涯无际，海岛无依无靠。海水环抱着岛屿，可看到堆积的沙滩、丛林与裸露的花岗岩、山涧谷地的溪水。虽说这些岛屿都有溪流，但对于人口集聚的农耕生活而言远远不足，更无法满足大规模用水的工业文明需求。古珠海不具备农耕文明的生产要素，却是"以舟为车，以楫为马"的南海海洋文化源头之一。与万山群岛唯一

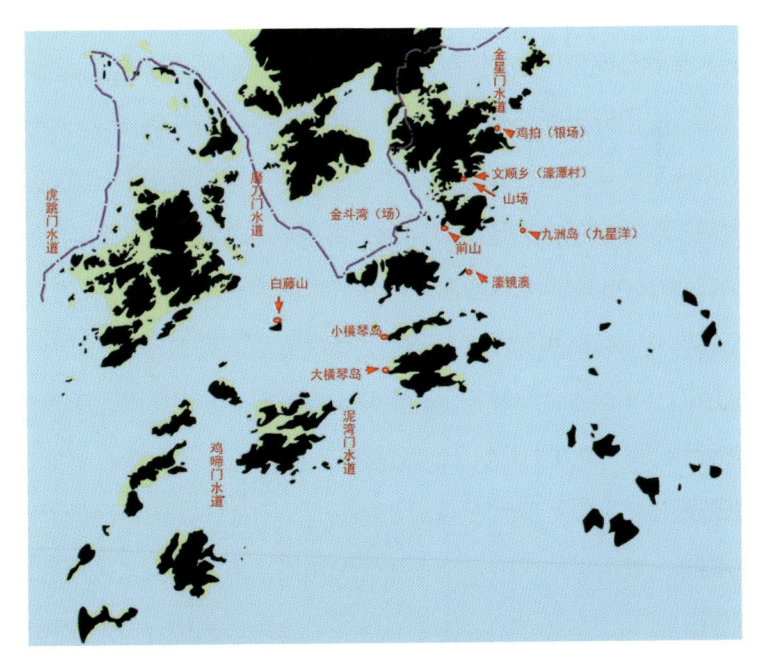

▲ 约宋、元时期古珠海海洋、海岛与泥沙冲积区域模拟图（管宪制作）

不同的是，珠海有两座古老大山，一座凤凰山，另一座黄杨山，这是海岛无法比拟的庞大身躯，能够在沙丘文明以外，为农耕与现代文明提供给养。

接下来，让我们一起沿着江珠高速由南往北，去往三门海。你想要知道珠海壮阔的地理变迁，就去走这条贯穿珠海胸腔的道路，去感受一下这块平原从年轻到古老的变化。我心里一直叫它"西江航路"，你走在上面，能感受到西江曾经奔腾入海的迂回与宽广，体会自然的伟大定力与人类的坚韧不拔。有很多地名你可能没有听说过，当你到了对它的发音与形象无比熟悉的时候，你一定会有和我同样的想法。

18世纪的清乾隆年间（1736—1795），齐召南在《水道提纲》写道："西江于新会县东、北，香山县南、北入海。"这条高速路就在这条西江向南的古航道上。在磨刀门没有形成的500年前，就是明朝嘉靖年间（1522—1566），这片海域从北到南有很多名字，叠石海、三门海、螺洲海、磨刀海、大托海、白藤海、乌沙海等，海水覆盖莲洲、白蕉、鹤洲、红旗、三灶湾、洪湾整个区域，与泥湾、鸡啼、崖门水道东西贯通，是仅次于伶仃洋的巨型喇叭。喇叭口外，是一列列拱卫北部海区的山岛礁石，高栏、三灶、鹤洲、大杧、大小横琴、澳门、万山，就像是有人从广州撒开一张巨网，网坠落在珠海的海头。

我们从珠海大道泥湾门大桥东3000米左右，由南向北驶入江珠高速，这里离白藤大闸不远。我们在高速上驶过第一座河涌小桥，它的东边是八围。过了小桥，两侧都是20世纪60年代解放军战士建设的军建围、军建农场。新中国成立之前，鹤洲只有东六围。没有军建围，就没有后来向南延伸的围垦。正在建设的鹤洲中心枢纽站就在军建围内。军建大堤、军建围是灯笼沙围垦的奠基性工程，为20世纪70年代末持久、壮阔地治理磨刀门创造了条件。

灯笼沙是整个珠江三角洲泥沙淤积的最深点，63.3米，泥沙淤积万余年。沉积的古海洋生物有孔虫、介形虫化石，与中山三乡的古海洋生物遗存属于同一个地质历史时期。三乡小琅环山麓有一个有孔虫博物馆，由中国科学院院士郑守仪捐赠研究成果，是在2007年建成的。这种海洋生物大规模集聚，是一万年前中国古海岸线共有的古生物特征。

灯笼沙是珠江流域围垦史上时间最晚、地势最低的地区，围垦与治理的难度巨大。没有磨刀门治理，就没有今天的鹤洲、三灶、洪湾平原。斗门区有一位长期从事基层文化与宣传工作的同志，名叫胡坚，他在20世纪八九十年代拍摄不少磨刀门、虎跳门围垦治理的图片。1990年，他画了一幅"新大陆"，灯笼沙沧海变桑田的景象让他一辈子难以忘记。江珠高速就横贯在这块"新大陆"上。

再往北穿过香海高速立交，我们的左侧是桅夹村，这个村的洪圣殿附近有一把"大王丈"，阴刻在削平的岩石上，是香山县沙田清丈升科的历史遗存。在1948年11月出版的《中山县新编乡镇图》上，桅夹村西侧与白蕉隔河相望，南临一片汪洋的大海口，白藤山是海中孤岛。

车过天生河，经过一片广阔的海鲈鱼养殖区。300年前的清朝雍正年间（1723—1735），这里叫"新沙"，围垦的沙田从大、小托山的北部，向南侧延伸到这里。今天的西部沿海高速、黄杨大道的丹东线都穿过这片区域。这里是斗门白蕉平原的"鲈鱼腰"。如果把大、小托山看作鱼头，从山南一直到珠海大道，全是海鲈鱼平洁光滑的身躯，几乎见不到凸起的山峦。这里就是国家地理标志保护产品"白蕉鲈鱼"的主产区。你抬头看向远处，左前方是大托山，右上方紧挨着的是小托山。两山之间有黄麖门（今称黄镜门）。"麖"是一种小鹿。从小托山往右看，越过磨刀门，就是中山五桂山的西南麓，古称"南野角"。

高速路穿出大托山，右侧就是革命老区月坑村所在的竹篙山南麓，虾村、涪涌、盖山等乡村都聚集在山脚。车再前行，跨过螺洲溪大桥就进入莲洲镇。螺洲溪由东北向西南流入黄杨河，并入泥湾门、鸡啼门水道，是白蕉与莲洲镇的天然分界线。从车辆副驾往后看，竹篙山北部的一长串小山丘围住蓄水4000多立方米的竹银水库，这是2011年建成的，直接从西江取水，通过穿江管道跨过磨刀门送往香洲，确保珠海、澳门两地人民安全饮水。水库大坝在群山的西北与北部扎了两个口子，你返程的时候，更容易看到拦水坝上"竹银水库"四个大字。这里还有一个竹洲水乡国家水利风景区。为了建设好水库，有300多年建村史的马墩村迁移到灯笼沙安新家。

这群由竹洲、竹篙等一连串小山丘组成的纵山横岭，正在抬脚向西行走，古时俗称"百足"。你在高速上无法看到的是，就在这群小山东侧，还有六乡水厂与平岗泵站，这是20世纪90年代初为开发西部地区兴建的。珠海的淡水主要来自西江"客水"，为了保护宝贵的淡水资源，莲洲、白蕉北部地区都实施严格的水源地保护，所有沙田河网不允许开发工业区，珠海市正通过乡村振兴战略、生态农业科技园建设以及财政转移支付等手段，保障这片地区的人民群众过上幸福生活。

过了螺洲溪，进入莲洲镇，驶过东湾村、光明村的一溜小山，你就看到荷

▲ 江珠高速沿线历史地理信息图

麻溪特大桥耸立在大沙、上横、横山的沙田上。上了大桥，你突然有一种升腾而起不见前路的忐忑。大桥由东南向西北跨江而过，从驾驶室看向左侧，这座桥与莲溪大桥、横坑大桥恰似架在江水上的一把三角尺。驶下大桥，满眼沙田水网中不时冒出一个个小山丘。

这一带曾是广州南下出海的大动脉，也是今天江门、珠海与中山三地沙田、水道交错的地区。西江裹挟着泥沙穿过这里的黄布、飞鹅与竹洲等海中小岛，任何一块貌不惊人的岛礁都可以制造一个冯·卡门涡旋，把一片汪洋撕裂成劳劳溪水道、荷麻溪水道、螺洲溪水道、西江主干等多条水道，古文献所说的"三门海"就在这片区域。

海岸线向南

三门海北部的大沙、上横一带的海上山岛是最早淤积垦作的，可上溯到13世纪中后叶的宋、元时期，不过当时虽然开村，"四面仍是大海，耕作只在山坑田中"。到了600年前，大沙、上横一带已成村落聚集。

大沙的东安村一带曾被称作十八排，也叫红旗六队，此处有一座康王庙，建于明朝宣德六年（1431）。20世纪70年代，华南师范大学地理系教授曾昭璇在这一带开展田野调查，研究珠三角冲决平原形成机理与历史。康王庙正中是康王像，左为车大元帅，右为华光大帝，像台下左为禾谷夫人，右为南海洪圣广利大王。正门左木柱刻有："抱大沙而环奇岭，千秋壮庙貌巍峨。"这是无数修建在海中沙田之上的乡庙之一。

19世纪初，三门海一带已经淤浅，水道不断收窄，只有磨刀山以下还保留着一望无际的海水。清道光的《新修香山县志》是这么记载的："由斗门涌……经下洲山、上洲山……经小赤坎滘口……经粉洲及明虾头、竹洲，过三门……入邑城。"1828年前，人们从斗门涌到香山（今中山市）石岐，乘船由西北的下洲北行上洲水道，向东航行至大、小赤坎，再跨过黄杨河，从粉洲进入螺洲溪，驶向东北的竹洲头。过了三门，再横穿磨刀山北部的水道，通过石岐河抵达石岐。这个时候的三门海已经被驯服了，从斗门涌到石岐已经不再有海上惊魂。

在南海浅海湾由海到陆的过程中，以斗门平原为主体的珠海平原属于最末级冲决平原。珠海的海底淤积时间并不比其他地区晚，但是海岸线的形成却是最晚的，地貌成形也最晚。西江河口与河海交界线不断南移，西江主干道分合曲折，由少增多。海中岛礁成为河道走向的节点，既控制河口的宽度，又是成陆的地点。在西江干流形成于浅海区的过程中，沙淤成坦，坦成围堤，古人所称的"黑水""卤水"一步步从西樵山退到珠海。

唐朝时期（618—907），海岸线在西樵山—佛山—顺德西部一线。五桂山、凤凰山、黄杨山等山岛被海水包围，四周开始有了沙堤、沙栏和沙坦堆积。

宋、元时期（960—1368），海岸线大致在甘竹滩至外海一线。新会的三江、睦州一带已淤沙成田。三灶岛已经开始垦海农耕。

明朝初年，前山的莲花茎沙堤成形。永乐年间（1403—1424），"香山为邑，海中一岛耳，其地最狭，其民最贫"。

从明朝成化至弘治年间（1465—1505），出海口南移至外海—古镇一线。虎跳门、崖门水道基本形成。金斗湾沉积旺盛。

明朝末年，海岸线推进到白藤海—外海—叠石海一线。大鳌沙开始筑围。

清乾隆年间（1736—1795），河口移至珠海的大沙—白蕉。乾隆末年，香山盐场裁汰盐场大使，改盐田为禾田。蚝生长在咸淡水河口附近的浅海地带。在东莞、宝安已有千余年历史的养蚝业，此时发展到西江下游的河口地区。横琴养蚝业始于乾隆年间，蚝田后又向南水、北水与崖门口一带扩展。

清道光年间（1821—1850），中山平原的东海十六沙、西海十八沙成形。

唐、宋时期清海军所守护的广州内海荡然无存，西江泥沙加速向磨刀门集中。1840年前后，磨刀门的海岸线抵达今天的天生河，大、小托山以北成为广袤的冲决平原，乡村林立。坦洲海已经大规模围垦，逐步将前山水道堵塞。这一年，翠微村的吴健彰以7000两银子购买500多亩土地，兴建赈济助困的乡村义仓。这是金斗湾由海到陆的前所未见的变化。此举载于《景贤谷仓碑记》，收藏于珠海博物馆。

清光绪初年（1875），竹洲山至天生河筑成堤围，螺洲溪、黄杨河与磨刀门水道分道。光绪年间的《香山县志》记载，"蜻蜓洲山……四际巨浸，今成潮田"，"大托山……枕水通阡，村落环居"。斗门尖峰山东南侧的青鹤湾变成大面积沙田。

到了清末，磨刀门航道、虎跳门航道已经无法通行商用大船。光绪十五年（1889），张之洞撰《广东海图说》称，磨刀门水道"内皆浅水，非要道"，虎跳门"今口外沙淤……并无商船"。

1911年，西江出海口推移至三灶—大、小横琴岛一线。鹤洲的水下三角洲逐渐抬升为沙坦。

1932年，磨刀门南的灯笼沙围垦东五围、西五围。黄杨山南麓大海环淤积成坦。

1946年，灯笼沙围垦东六围。

1950年，灯笼沙海滩向南推移到鹤洲。磨刀门口门水深大于2米的区域仅限于深槽内，横琴至三灶间大片水域均浅于2米。

1955年，平沙农场开始围垦大海环。珠海县围垦大小林岛。

1958年，中山、珠海开始建设以坦洲为重心的联围。白藤山建设东、西两座大堤，开展磨刀门治理的尝试。

1963年，灯笼沙的军建大堤开始建设；白藤山延伸到三板、小林的八一大堤同时建设。

1979年，刚刚成立不久的珠江水利委员会实施磨刀门综合治理工程。

珠海古人垦海四部曲"鱼游、鹤立、橹迫、草埗"。到了海坦露出海面，垦海人会种植海草固沙，抛石筑堤围田。斗门人常说自己是围出来的，珠海由海岛变平原，每一片珍贵的沙田何尝不是围海而来。西江含沙量占整个珠江水系近半，这是西江出海口不断南迁、珠海由岛变陆的主要因素。1973年中山大学地理系调查结果显示，磨刀门的泥沙每年平均向南推进120米，传统的"四部曲"围垦跟不上泥沙推进的速度，泥沙反而将出海口的河道堵窄，河床淤高。到了新中国成立初期，珠海主要出海口已经无法行驶500吨以上的货船。

岸线南进，沙聚田，田锁水，方有农耕；传统的狭窄山地开垦，刀耕火耨，广种薄收，珠海的绝大部分人口在历史上长时期处于半渔半农状态。

无农耕无人口积聚，无积聚无社会繁荣。中国数千年封建社会赖以生存的基石是农耕文明，但凡列入香山方志传记的宦官不是劝农，便是劝学。南宋香山立县治于石岐，是珠海边缘化的开端，根本原因是沙田在香山北，香山南部是黑水盐田，珠海缺少农耕文明必备的土地、淡水两大要素。直至18世纪末，珠海的盐业生产逐步退出舞台，盐田变禾田，围坦成沙田。有土地，珠海才有农耕，家族才能聚族立祠，乡民才能立学入仕。直到清封建王朝灭亡前夕，土地仍是珠海海洋社会最稀缺的、最宝贵的硬通货。

水生土，土生民，珠海的自然地理与资源变化不仅决定了千百年前人们的海洋生产、生活，也深刻影响珠海改革开放以后的交通、城市与生产力布局。珠海未来的海洋生产力发展，同样会从这个历史进程中获得启迪。

高栏崛起第一座
海洋文化高峰

"南国神话"

高栏岛南迳湾位于珠海西南角风猛鹰山下。约4500至4300年前，山脚下沙滩细软，不远处布满大大小小的卵石。山上巨石崩裂直指苍天，只有坡谷的溪流旁才有土壤、灌木林与乔木。野鹿偶尔会从高栏岛到这边遛圈，海鸟如精灵在天上自由翱翔。台风、雷电经常侵袭海岛，一旦暴雨来临，溪水暴涨直泄而下，扫荡无根无挂的一切。这并不是理想的生存地点，但有淡水、有土、有浅滩，海洋有取之不竭的资源，山脚有各种蕨类，浅海有紫菜、海带等海草，还有海螺、海贝、虾蟹，深海有大鱼。

在风猛鹰山西北坡，一条溪水两旁的斜坡上，有一群珠海先民就在这里凿石立柱，搭建像高脚屋那样的木屋，成为这里的主人。他们抬眼就能看到崖门对面的山峦，看到黄茅海西南方的上、下川岛。北边是平沙的大虎、二虎、三虎，眼前就是荷包岛、三角山岛。他们是从海对面来的？还是本来就是本地人？为何不选择黄杨山或者凤凰山？这个谜底可能还要等待很久才能揭开。

他们的祖先曾与淇澳岛的部落关系密切，大约在700年前带回来一个彩绘白陶盆子。据说这只盆子的故事很久远，来自神秘而遥远的北方古国，被当作最珍贵的宝贝收藏了一代又一代。但是这里哪有白土？砂土、花岗岩才是这里的特产。他们采集坚硬的花岗岩并且掌握了切割、打磨以及凿刻凹槽的技术，打造开山的段石锛，制造刀、锥子甚至是钻头的尖锐石器，可以把花岗岩当作画布来刻画，刻画陶土更不在话下。他们很善于就地取材，扁平的鹅卵石用作网坠，大圆石当作石锚。虽然砂土烧制的盆盆罐罐、杯杯盖盖极容易破碎，毕竟还有土，还有手艺。

他们每天的生活都有新意，但是每隔数百年才能发生文化上的蝶变。到了4100多年前，一位很有天赋的后生仔（年轻人）想把他们的海上捕捞生活用线条表现出来。他爬上大坪石山腰，在一块宽3米、高1米的石面上开始作画。他用尖石当笔，速写出一大一小，一船一筏。这与万山群岛渔民捕捞的"子母船"很相似。这不是他的重点，他想把数十位兄弟姐妹潜水采集海螺、海贝的场面表现出来，下水的、上船的、仰泳的、踩水的、潜水的，捉虾采贝的。4000多年了，这些先民还保留着他们的海中姿态。这种场景今天依旧存活在日本海女潜水采集鲍鱼的生活中，令人十分惊讶。时空相距千年千里，但海洋生活的本来面目就是这么简单。技术改变了生产效率，但改变不了生活规律。

又过去了一个多世纪，部落人口越来越多，他们觉得这幅画太童真了，用来祭祀真的不够庄重。部落首领找来年长的巫师，问能不能刻一幅震撼灵魂、感动神鬼、激励后代勇往直前的作品？他在50多米高的山坡上找到一块崩裂的巨石，一俯一仰，一唱一和，像一扇神秘的门。他决定亲自打制几块最尖锐刚劲的尖石，去凿开那两扇花岗岩，刻下神魂共鸣、庄严雄浑、壮阔深厚、生死

▲ 宝镜石　　　　　　　　　▲ 大坪石岩画

相交的世界。

他从东壁的最右侧起笔，刻下第一笔。岩画是天书，他要打开天眼，穿过祖先的心灵去感召神秘的未来。

3000年前的某一天，他们似乎不辞而别，突然消失了，7幅岩画留在巨石上。一同留在祖居之地的，还有上万块陶土碎片，2100多件石器，其中包括精美的"硬玉"，水晶玦、环等。

1989年，广东省博物馆与珠海市博物馆正在淇澳岛、三灶岛开展考古发掘。10月24日，梁振兴、陈振忠两人从南水岛坐船登上高栏岛，高栏村党支部书记张长华向他们提供了清代海盗张保仔藏宝图和藏宝洞线索。他们爬上风猛鹰山的藏宝洞，仰面发现所谓的藏宝图是迷宫一般的巨幅岩画，粗犷有力的线条布满15平方米岩面，就像一支高栏史前船队扑面驶来。在这块岩石正对的西侧岩壁上，又有一整幅岩画，只是经过千百年风吹雨淋已经斑驳不清。

高栏岩画惊动了广东省考古学界。1989年11月2日，广东省文物管理委员会、博物馆的专家队伍赶往高栏岛研究。他们顺着藏宝洞发现了高栏岛先民数千年以前的生活遗址。从1997年到1999年，高栏岛宝镜湾史前遗址经过4次考古发掘，一层层揭开史前先民漫长而丰富的生活面纱，为珠江口史前文明研究提供了不可替代的重要考古依据。

他们的石器、陶器、陶纹、网坠都易于辨识年代、材质与功能，然而他们刻画在岩石上的思想之谜却难以解答。1991年，许恒彬、梁振兴首次发布宝镜湾岩画研究成果，立即引发中国岩画研究领域的极大关注。1993年，这项研究成果被纳入珠海第二届科技重奖。1999年，内地沿海地区与香港、澳门特别行政区的岩画研究专业力量齐聚珠海，确认宝镜湾岩画"规模之大、内容之丰富、艺术之完整，在我国东南沿海地区乃至全国岩画中都占有突出位置"，是"从连云港到珠海的东南沿海岩画环状地理分布格局中极为重要的一环"。

"南国神话"不胫而走。

在首次研究分离出船、动物、人物、干栏式房屋等形象后，1998年，李世

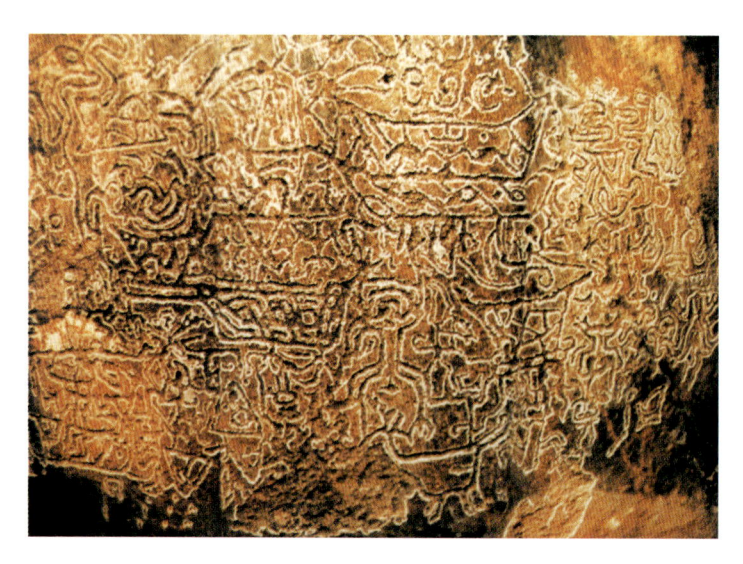

▲ 高栏岛宝镜湾摩崖石刻　何华景　摄

源参加到考古队伍。他将整座风猛鹰山视作先民的精神家园，判断7幅岩画是整体构思创造的。他是藏宝洞岩画"面壁者"，从系统到结构，从刻画路线到线条，对最复杂的画面展开深度解谜。

岩画是从右到左展开叙事的。

第一幅图是一条龙。李世源经过长期临摹，对比研究与先秦古籍考证，将其命名为"中华岩画第一龙"。紧接着，岩画中的猎豹、猴、男觋、女巫、载舟之王、翼龙、双首蛇、船舞人等形象被一一分辨出来。在他看来，高栏先民在经历了某次重大的祭祀之后，决定告别故土，漂流航行去寻找新家园。

这个谜底既悲怆又感人。高栏先民有没有做出这个决定？是什么惊天动地的大事让他们做出这样的决定？有没有一种可能，那就是在3000年前的某一年夏天，这群有肩石锛、树皮布石拍、水晶环玦的祖先带着原始技术，又向东方、西方或南方迁徙，去寻找能够进化到青铜、铁器时代的矿产之地、稻作之土呢？谁又能读懂镌刻在岩壁上的千年天书呢？

水晶环玦加工场与石辘轳

宝镜湾史前遗址发现后,其作为环珠江口海洋文化中心之一的历史地位获得更多、更深入的研究支撑,宝镜湾的海洋文明代表作并非只有岩画,还有水晶环玦以及一种技术工具——辘轳。

玦是一种有缺口的玉石饰物,穿耳佩戴。《说文解字》称,玦是佩玉。

世界的玉器文明发源于中国。中国发现的最早玉玦是东北地区的兴隆洼文化遗址,距今已有8000多年历史,此后的长江中下游、环南海、环珠江口地区都发现史前玉石文化遗址。

1999年,香港中文大学教授邓聪首次接触到宝镜湾水晶环玦发掘资料。作为研究玉石科学历史的科技工作者,他敏锐地发现香港、澳门与宝镜湾水晶加工制作技术之间的关联性。在东亚玉石研究领域,邓聪探索的是前人未曾涉猎的玉石加工技术体系考古研究。

他研究确认,4500至4000年前,环珠江口水晶玦环加工遗址存在3个重要节点,"宝镜湾、黑沙、涌浪都出土较为丰富的环玦作坊资料,显示4000年前环珠江口的不同聚落,已各自形成玉石饰物制作集团"。

这3处水晶环玦加工场是环珠江口南越先民的宗教与艺术品制作中心,受到长江流域的文化影响,形成自身独特的加工材料、工艺技术,在环珠江口占据不可替代的主导地位。

香港涌浪、澳门黑沙分别发掘于20世纪30年代及70至80年代。宝镜湾于90年代发掘出水晶环玦饰物近70件,其中8件水晶玦完整无缺,加工原料有石核、石片;生产工具有砺石、石锤、石琢、石锯、辘轳。

在他看来,水晶是世界上硬度最高的材料之一,环珠江口水晶环玦制作的难度令人难以想象。珠江口的史前先民到底用什么科技手段制作水晶环玦?破译史前玉石制作技术着实令人着迷。

他对比研究了香港、澳门与宝镜湾玉石的采集、打制、磨制、穿孔、切

▲ 宝镜湾遗址水晶玦成对出土

割、抛光生产流程与工具，高度关注玉石穿孔工具——辘轳。辘轳是环珠江口水晶环玦作坊的常见工具，圆筒形石头的顶端显著冒出来圆锥形的乳首凸，是玉石穿孔技术的核心工具之一。

2000年，他在首次发表的《环珠江口考古之崛起——玉石饰物作坊研究举隅》中大胆指出："现今环珠江口地区出土的具有乳凸状的石器，很可能是辘轳……在4000多年前环珠江地区，很可能是一种以辘轳为轴心的旋转机械，被用作环玦的管钻穿孔。""环珠江口环玦穿孔旋转机器的发现，对中国科学技术史有着重要的意义。"

从2007年起，邓聪担任中华文明探源工程玉器课题组负责人，从技术类型学角度探索中国史前玉器的体系。此后，他在香港开展石器轴承实验制作，进行大量软玉玉器及蛇纹石穿孔实验。在经过一系列运用于中国玉石穿孔的科技实验后，他更坚定地认为"辘轳机械是中国科技史的重大发明"。"石轴承"正式确立了在中国史前玉石制作技术中的地位，考古中的"石钻""研磨器"被改称"石轴承"。

在兴隆洼文化遗址的考古工作中，科技工作者郑重提出："在查海—兴隆洼文化的阶段，由木石构造的立轴辘轳已经发明。"这无疑将中国史前玉石制作的石轴承科技直接推进到近一万年前。

▲ 宝镜湾遗址出土的玉玦　　　　▲ 宝镜湾遗址出土的水晶玦毛坯

从香港到澳门，又从澳门到宝镜湾，环珠江口的水晶制作工场给邓聪的考古科技研究带来巨大的启发。从辘轳到石轴承的思想突破、试验突破、应用突破，一个4000多年前的石辘轳，竟然转动中国一万年玉石科技史的文明之门。

史前海洋文化重镇

直到20世纪90年代初，关于珠海的史前海洋文化遗址有几个不靠谱的推论，一是沙丘遗址上的原住民是流动性的，无法形成文化整体；另一个是珠海的文化遗址与东南沿海地区属于同一个文化系统。这种说法通俗理解就是，从中华文明的古国时代到王朝时代，广东的大陆居民因为好奇心，划着木筏跑到珠海的海岛上度假旅游，待上个把月或大半年，晒晒太阳钓钓鱼吃吃海鲜，台风一来，就丢下一堆坛坛罐罐跑回陆地。似乎在海洋文明开始孕育的时代，珠海的海岛要么是季节性的度假胜地，要么就是怒海滔天的穷山恶水，想来便来了，想走无牵挂。若果真如此，珠海的古海洋文明还能生根？

珠海新石器时期考古始于20世纪50年代，发现12处沙丘遗址。80年代，珠海大搞基础设施建设，建设的土地还是几千年前先民曾经生活过的山脚沙堤，因为除了环山绕海的海岸，珠海就没有多少建设用地。正是在这个建设时期，拱北、前山、南屏、唐家等地的公路、厂房工地上时常会有发现陶罐、砂盆之类的消息。它们躺在不足1米深的沙土之下，甚至是沙滩上。那时候捡到几千年前的古文物残片就像渔民捞鱼，随便弄个竹篮子就能从海里提上一筐。1986年4月，南屏镇广播站站长吴金喜走在北山村与东桥村之间的沙堤上，不经意就捡到一把青铜剑和三块陶罐残片。这把剑很短，剑柄、剑身总长不到22厘米，差不多露在沙丘上。你真不知道，哪一场潮水能卷走千年沉沙。这把一字格剑是典型的古云南、广西与越南地区的骆越青铜武器，整个珠江口只发现这一把。2500多年前，究竟是骆越人跑来珠海，还是珠海的南越族先民跑去骆越？谁也不知道他为什么带着一把剑和陶罐。但是这把剑就像魔法神刀，把黎族祖先与珠海的时空通道划开了。

考古不是发现一把壶、一把剑这么简单，它需要一个社会集体生活产生的系统证据，居住的、生产的、祭祀的、墓地的、战争的、雕塑的、装饰的、绘画的物质与思想产物。然而这种遗址迟迟没有在珠海发现，珠海发现的80多处

▲ 珠海博物馆内古代先民生活场景还原

沙丘遗址之间无法建立文化上的年代关系。不仅如此，整个珠江口早期发现的史前文化遗址也没办法与珠海海岛建立联系。20世纪80年代末到90年代初，宝镜湾文化遗址发现之初，也没有激起多大的浪花。20世纪90年代末到21世纪初，随着宝镜湾文化遗址研究的深入，珠海各个沙丘遗址之间的文化编年关系逐步清晰，珠海在环珠江口史前文明中的地位得以确立，珠海独特性与融合性的海洋文明画卷被逐步展开。

早在1932年，香港南丫岛大湾遗址首次发现新石器时代的彩陶盘，被命名为"大湾文化"。随后，淇澳岛后沙湾、高栏岛宝镜湾等环珠江口21处遗址都发现同类型陶器，它们都是五六千年前大湾文化的一部分。到了约4500年前，宝镜湾与香港大屿山的东湾陶器群如同孪生兄弟，使用夹杂砂土壤制作的盆、杯、釜、罐上，布满先民对大海波浪的记录，粗犷的、纤细的、寓意的、庄严的，如绳、如织、如翅，忽而潮水相逢，忽而锦绣涟漪。约4000年前，以宝镜湾为代表的各类石器、陶器遍布凤凰山、黄杨山南麓的各个海岛。

在珠海各地沙丘遗址的陶器饰纹中，最具海洋特质的涡旋纹波澜壮阔、丰富多彩。这些饰纹在考古调查报告中被称为S纹，更准确地说，这是海洋生产、生活中最常见的涡流纹。珠海的先民数千年前就观察到海水涡旋的现象，他们摇橹划桨能产生涡旋，海水落潮时遭遇礁石阻力也会形成涡旋，而且是一股股水流相反、相对互生的连续旋涡。他们将这些涡旋从写实到抽象记载到先民的陶器上，成为珠海史前海洋文化中最突出的文化记忆之一。

物理学家冯·卡门在20世纪初从理论上解答了在这种流体动力学中的常见现象，那些涡流被称作"冯·卡门涡街"或涡旋。要是那时候祖先们之中产生一位物理学家，那是多么伟大的科技神话。这很科幻，但这种事实只能发生在机械动力革命，尤其是飞行文明之后。

每一个地区的陶器都具有强烈自身特质的纹样，如河姆渡的稻穗纹、半坡的树纹、仰韶的花叶纹、庙底沟的花瓣纹，都是代表自身文化个性的经典。珠海新石器晚期的陶器文化产生于海洋，珠海人应该更多从纹样自身的个性出

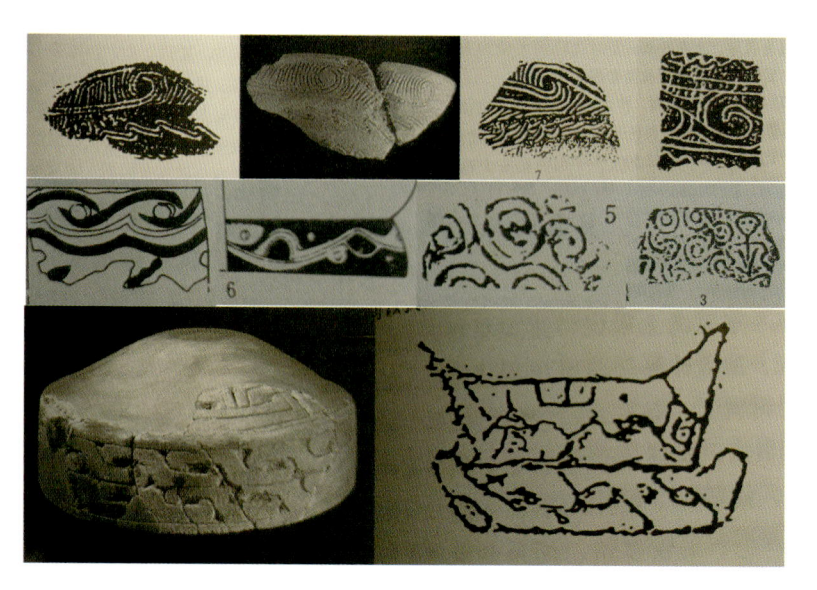

▲ 珠海各地沙丘遗址中陶器、陶片与石刻上的涡旋划纹及变形。图片源自《珠海考古发现与研究》《珠海宝镜湾海岛型史前文化遗址发掘报告》

发，总结出珠海最具特质的文化符号，涡旋纹或者涡街纹无疑就是其中的经典之一，这是珠海与其他中原古国文化纹样的最大差异所在。到底珠海的万余片陶器碎片还有多少海洋的独特样式、神秘符号？珠海的古海洋文化历史发现之旅并没有终结。

珠海的史前海洋文化是一群群海上先民一手一脚创造出来的，人们对它的认识经历了从肤浅到深刻、从碎片到系统的过程。在这个过程中，宝镜湾文化遗址的横空出世是一个里程碑。

2002年，邓聪说，每次登临高栏岛宝镜湾，"倍感这是南中国海史前文化的重镇"。2022年，中国考古学会副理事长赵辉说，广东已经建立了深圳咸头岭文化的考古学纪年序列，咸头岭之后是宝镜湾、草堂湾、龙穴、古椰等遗址。"在史前到先秦的相当长时间里，珠江三角洲是岭南最重要的一个中心。"

从无足轻重到文化重镇，这个科学结论是无数考古学人以考古事实与研究结论证明的。事实上，除了考古研究领域之外，很少珠海人懂得自己的史前海洋文化是什么，也没多少人知道珠海是岭南史前海洋文化的中心。

成为一个文化中心何其难。即使放在今天，珠海的经济、社会、文化、卫生等任何一个领域要成为珠江三角洲的中心，不付出几代人艰苦卓绝的努力难以实现。宝镜湾偏居珠海西南角，生存条件极其恶劣，先民们仅仅依赖石头、砂土、树木、鱼骨贝壳等最原始的生产资料就创造出一个海洋文化中心，他们拥有多么坚韧顽强的毅力与信仰才能实现这个壮举。2002年，中央民族大学教授陈兆复在《珠海宝镜湾岩画判读》的序中说："勇敢的精神、开拓的精神、团队的精神、同舟共济的精神"是海洋文化的底蕴。

珠海在中国新石器晚期海洋文化中的地位是否具有全国性的影响呢？今天看来，这个影响并没有走出岭南。一个重要证据是，在谭其骧主编的空前巨著《中国历史地图集》中，中国原始社会的遗址分布于珠江口两岸，其中的旧石器时代遗址图标有广东、广西的马坝、麒麟山、柳江等处。到了新石器时代，地图集中未见珠江流域遗址图。但他在《长水集补编》中提到，华南较早期新石器文化遍布广东、广西、福建、江西等地，单独提到以广东曲江石峡文化为代表的北江、东江流域古文化。很显然，珠海宝镜湾文化遗址的重大发现明显晚于这部著作的编辑定稿时间，也晚于图集在20世纪90年代的修订时间。在《中国历史地图集》未来修订中，或者在中华文明探源工程之后，珠海应该在中国新石器时代海洋文化地理中占有一席之地。

珠江口群岛上的第一乡

文顺乡:"中国化"的唐代新起点

从秦汉统一岭南到唐朝立乡,在这近千年的历史上,古珠海先隶属于南海郡番禺县。到了两晋时期,珠海一分为二。西晋初年,凤凰山山岛地区归入东莞;东晋末年,横琴、南屏、坦洲海以及磨刀门以西的黄杨山地区归入新会。划来割去,古珠海作为珠江口的海上群岛一直分属周边郡、县,却没有被纳入中国传统的"乡里"基层管理体系。

中国的乡里治理理念源远流长,为什么南越先民生活的古珠海海岛地区一直游离于中国封建基层治理体系之外?这在所有的古籍文献中都没有记载。从考古文化体系看,古珠海的史前海洋文化早就与长江中下游、北江、东江、西江有着悠久的交流融合,早就与中国化的文化进程休戚相关。到了秦朝统一时期,珠海更与中央王朝发生直接的文化交流。尤其是两汉时期南越王赵佗推行"和辑百粤""以其故俗治",民族关系融洽,农业、手工业发展,以番禺为中心的平原山区越族逐渐融于汉族。这被称作岭南历史上第一次民族大融合时期。在珠海发现这个历史时期的"朱师所治"陶片与汉墓都是明证。

但是从行政建置角度看,这里的基层管理一直是空白。

《周礼》是中国乡里治理的理论源头与制度蓝本。乡是县以下、村以上的地域性行政管理单元,是封建王朝的基层行政单位,负责将广大乡村的土地、人口统一纳入全国性社会、经济、军事与文化系统。建立在农耕文明基础上的乡里制度在历代王朝都有流变，但作为各地域、各民族在不同历史阶段的融合体，乡是最基础的一体化标志。

珠海僻居浅海湾海口，南越先民组成的社会人口稀少、海上交通不便是不足以纳入基层行政治理的原因之一，更重要的原因取决于秦汉以后的民族治理模式——依赖社会部落或富户家族的基层自治。

秦汉时期的汉族移民主要聚集在五桂山东北地区。明嘉靖《香山县志》提供了一条大族富户的线索，"汉、唐，陈、梁；宋、元，王、蒋"，五桂山以南都是"遗黎""小姓"。陈氏、梁氏是唐代以前珠江出海口海岛上的主要家族，也是在宋代推动建置香山寨、香山县的主导家族。而在五桂山以南的凤凰山海岛地区，海域广阔、土地稀少，只有人口不多的黎族部落保持着枕山临溪行大海的生活与生产方式，汉族并没有主导这个区域的社会发展。汉朝的乡里制度遵循的是"百户为里，十里为乡"，一千户人家才能聚落成乡。无论是民族治理方式，还是人口规模，抑或治理成本，秦汉时期的珠海都不是基层治理的核心区域。

珠海跨入中国化的行政体系是从唐朝开始的。这也是广东民族史上所称的第二次越汉融合的时期——第一次没有融合的山海边远地区的黎族，继续与汉族进行经济开发与文化交流，吸收先进的生产经验，进一步融入中华传统文化体系。

自三国两晋南北朝一直到隋唐时期，这500多年间的北方移民逐步覆盖到珠海地区。汉族与黎族先民的社会融合已经使人口超越秦汉时期。589年，隋朝平定南方最后一个政权陈朝，对南方地区的汉代乡里制度进行调整，即"百户为里，五里为乡"，大幅度减少乡里建置的人口规模，对少数民族实行怀柔政策，并在乡设乡正，在里设里长。隋朝还没来得及在珠海地区推行这种乡里制度便昙花一现。

唐朝统一中国后延续了这种制度。在唐武德七年（624），《大唐令》规定："百户为里，五里为乡，四家为邻，五家为保。每里置里正一人（若山谷阻险，地远人稀之处，听随便量置）"，"在邑者为坊"，"在田野者为村"，"凡天下之户，量其资产，定为九等"，"每一岁一造计帐，三年一造户籍""若当里无人，听于比邻里简用。其村正取白丁充。无人处，里正等并通取十八岁以上中男、残疾等充"。唐代针对福建、岭南的"山洞"等"内地的边缘"地区调整县域、编排乡里，著籍户口，将珠海这样的离群独居的海上社会更紧密地吸收进入行政体系。

至德二年（757），宝安县更名为东莞（东筦）县，同时设置文顺乡隶属于东莞县。据《新唐书》《旧唐书》对8世纪中叶发生的重大历史事件记载，751年，唐朝在怛罗斯之战中败于阿拉伯帝国（古称大食国）后，失去西域国际商道控制权。紧接着，755年，安禄山叛乱，西北及中原战火绵延。756年，李隆基传位于李亨，唐朝举全国之兵讨伐安禄山。757年九月，京师长安收复。同月，宝安更名东莞。十一月，唐朝要求"宫省门带'安'字者，改之"，全国大凡含有"安"字的地名都——更改。为加强畅通稳固海洋国际贸易通道，处于珠江口外的珠海"边缘"海区被"更紧密"地纳入行政、军事管理。文顺乡

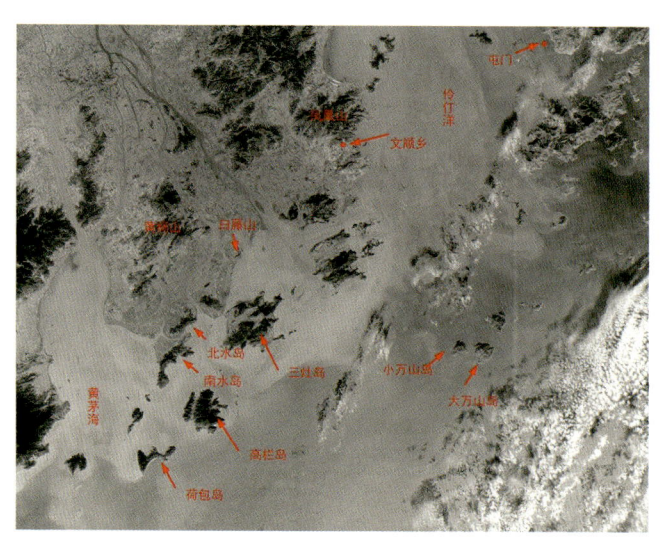

▲ 757年文顺乡成立时，该地在珠江口海区的相对位置图

正是在这个历史背景下产生的。

文顺乡设在濠潭村,"五里"分布在五桂山、凤凰山山海之间。这是珠江口海岛历史上第一个海上之乡。珠海从这一刻起,开始踏上由海洋文化融入农耕文明、由黎民散居融入汉族社会的新历程。与此同时,处于磨刀门西岸的黄杨山群岛地区还隶属于唐代的冈州(今江门新会),当时称作"潮居里"。我们不妨倒过来理解它为"里居潮"更形象,一百来户人家的黎、汉先民分散于各个海岛,居住在大海之上。即使到了17世纪中后期,方志记载的黄杨山海上社会还是"海中村"。

"三场":最早的经济开发区

文顺乡是从中唐时期开始设置的,但是文顺乡成立前后的社会经济的历史状况如何,史籍不载,后人无考。

2021年4月,鲁西奇立足于历史实证研究的重要著作《中国古代乡里制度研究》出版。这部著作将中唐时期乡里制度的形成、发展与差异结构状况呈现于世,"军镇、冶场、输场等原本专业性的管理机构渐次渗透进乡里控制体系中"。这是今天了解文顺乡来历及多元治理模式的重要考证依据。我们由此得知珠海当时是岭南地区"内地的边缘",文顺乡诞生的前提是中唐时期的一场大开发。

珠海本身属于典型的地远人稀的"边缘"海区,距离东面的东莞遥远;距离北面的南海也远隔大海;距离西侧的冈州一样需要渡海奔波,给谁管,谁都要横渡大海精疲力竭。假如这是一部影视作品,那么这里的自然环境是这样的:海洋广袤、山林低矮、巨石突兀、土地匮乏、溪水稀缺。社会状态是这样的:人口稀少,黎族人民傍山临涧而居,逃役而来的流民在山间东躲西藏,反抗朝廷逃散到海岛的落败者只能以捕鱼为主。他们依靠简陋的工具开发盐业与矿产，譬如煮盐的工具，还是使用蚝灰涂泥的竹釜，农耕技术还停留在新石器时代，连一件铁锄、铁锸都没有。这是不是一个发生在中国唐代的海上冒险故事的开场白？

在这片混沌未开的狂野之海，中唐时期以军镇、监场、羁縻等制度于一体的行政管理在这里落地了。1200年前珠海的历史的原样是什么？人民是什么处境？那需要更深入的考古与历史考证，需要珠海版本的《阿凡达》的想象力。这里只能从历史逻辑上说，珠海就是在这种历史条件下按下了启动键。

文顺乡在踏入中国封建王朝的基层行政管理体系时，它就是一种集军事、经济、行政与文化等多样化手段为一体的混合社会，既是重要的盐业与金属矿产开发区，又是军、场、村落的混沌区，还是推行怀柔政策的多民族聚居乡，其最终目标是建立一个由农耕文明主导的海上乡村。

正是集多重身份于一身，叙述文顺乡到香山县的历史沿革变得极其复杂："故镇，即宋金斗盐场也，在县东南一百五十里，地名濠潭。旧为金斗镇，属东莞。宋绍兴改为香山场，后迁于场前村，址废。""镇（乡）""场""村""县"，军事、经济与行政单元混在一起如乱码。

文顺乡是利用唐代的军事系统实施管理起步的。在文顺乡成立前21年，也就是开元二十四年（736），唐朝在宝安县设置了屯门镇，"领兵二千人以防海口"。据宋朝欧阳修、宋祁始于1044年编撰的《新唐书》记载："广州南海郡……有经略军，屯门镇兵"。文顺乡就在屯门镇管辖海上丝路贸易、外国使节往来以及海防的范围内。在没有设置文顺乡之前，屯门镇的军事行政管理已经施行于珠海。当时的珠海作为南海、冈州（新会）、宝安（东莞）等政权交接的海上"边缘"地区，军事单位首先对珠海采取了"军政合一"的行政管理，对海岛社会进行临时性社会管控、经济开发与安全防范。这有点类似于珠海县成立前后一段时期实施的军政一体化管理模式。

唐代的"军、城、镇、戍"本来不统乡里，也不治民，但到了中唐时期，

▲ 清道光《新修香山县志》舆地图说中的鸡拍村，即为古老的鸡拍银场所在地

唐朝败于怛罗斯之战，又有"安史之乱"，西北陆路丝路阻塞，内地战祸蔓延，发展岭南国际贸易，强化"隙地""边缘"的管理以开发岭南成为新变化，以军事力量强化控制，对边缘地区"采取驻军、屯田、互市等途径，扩展大唐制度与文化的影响"。

梳理集纳古籍的分散记载，在文顺乡立乡前后，凤凰山沿海地区有"三场"，金斗场、山场、鸡拍银场。用今天眼光来看，这"三场"是珠江口海上群岛中最早的"经济开发区"，凤凰山毫无疑问成为整个香山开发的先导区。

这"三场"中，直接由驻防屯门镇的经略军组织起来的，首先是金斗场，也就是今天前山、翠微、上冲以及茅湾涌一带的海岸，集聚地就在濠潭村。最早参与规模化煮盐的有兵士、原住民、渔民甚至是逃户，由军镇开展编户、治安、纳税等日常管理，进行盐业大规模开发，改变了海上民众零星煮盐贩卖的局面。可以肯定的是，在中唐时期，坦洲海与凤凰山南侧的海水相通，尚没有淤积成陆。

山场也是开发区，主要是采伐山林、开垦与发展少部分盐业，同样是由军镇统领。濠潭村最初就设在山场，采取与"场"不同的管理模式。山场以经济功能对劳动力进行管理，濠潭村则是文顺乡的所在地，由村长或村头登记户籍、分派劳力，按照当时的均平模式承担少量或者不担负赋役。这是唐朝羁縻制度所规定的。山场的开发时间很久，从中唐一直延续至南宋初年才逐步衰落，后又演变为乡村，被后人称为山场乡，实在是把"场"与"乡"这两种不同属性的管理单元合二为一了。

最有特色的就是鸡拍银场。"鸡拍"是珠海最古老、最稀少的黎族地名之一，鸡拍附近的"鸡山"同样如此。"鸡"属于黎族崇拜的动物图腾之一，也是黎族与其他南越族祭祀的重要占卜动物，常用于居住地命名。在黎语中，"拍"就是"村"，"鸡拍"就是鸡村，后人转译黎语之音而未识黎语之意，多加了个"村"字。在珠海，凡是以"鸡""鹤""那"等字起头的地名，都是古黎语地名。前2个名称来源于黎族的动物图腾崇拜，"那"是水田之意。鸡拍，这个仿佛从花岗岩中冒出来的古老地名与汉民族的采银技术连在一起，在唐、宋时期并不稀奇，今天却成为被掩盖在珠海地名中最底层的百越族古文化符号。当我们不去寻找这些地名中的人类学史、民族史、语音史，它们仅仅是三两个词汇而已。一旦从新视角打开它们，我们就会发现，数千年以后，我们还与古人在某条认知的缝隙里相拥而行。

香山的县志记载，鸡拍银场开采于宋初，把这个时间提前到文顺乡设立之后的唐末宋初更符合历史原貌。唐中前期，百姓可以自行开采矿场，官府设场征税，收买矿产。根据唐朝李吉甫的《元和郡县图志》所载，9世纪前，古广东、广西大部分羁縻州县都有银矿开采历史。在文顺乡设置的中唐时期，政府加强银矿资源控制，开采银场的民户被纳入冶场或输场管理体系。银场拥有乡里民户，实行相对独立的行政管理，这正是设立文顺乡的历史要求，便于将凤凰山东侧的鸡拍、洋寮一带山区散居的黎族纳入开发与管理范畴。

隋唐"五里一乡"，文顺乡也有五里，有较为明确的地域范围，但无乡长与乡治机构，社会管理主要依托各村，由大户或富豪担当里长，5位里长轮流到东莞县衙坐班当差，统计户口、缴纳税收，与"三场"的行政管理不同。当时的凤凰山麓大约有濠潭、鸡拍、雍陷以及乌石等聚落区域，以及后期发展起来的前山、翠微等聚集区，而在五桂山地区，则是东、北部的陈、梁等富户望族所主导的石岐、釜涌、沙涌等地。这大致是文顺乡设置之时，镇、场、乡里与村的基层社会分布与运行模样。

310多年后，梁杞、陈天觉先后进言将文顺乡升为县。正是由于他们是地方富户，具有良好的教育、经济与社会地位，在各里、各村的领头人中最具有发言权。而以黎民为主的凤凰山各居住区缺少社会影响力，更缺少立县需要的土地。这才是南宋立县于五桂山北部的历史原因，而不是石岐的泥土含有铁，比任何地方都贵重。香山县治被称为"铁城"，完全是经不起事实检验的善意谎言。

这只海上的凤凰

中国有很多山名为凤凰，珠海这只海上的凤凰是独特的。它是唐代文化融入珠江口海岛的重要标志。

唐咸亨二年（671），义净高僧再次从广州出发前往西域取经。他在《大唐西域求法高僧传》中这样写道："初秋……随至广府，与波斯舶主期会南行……往冈州……至十一月……背番禺，指鹿园而遐想，望鸡峰而太息……长截洪溟，似山之涛横海；斜通巨壑，如云之浪滔天。"他们冬季从新会出发，借力东北风驶往西南方。义净乘船驶出浅海湾海道最后见到的"鹿园""鸡峰"，都与黎族地名有关。因为那时候这里还是飞鸟家禽崇拜者的家园，而"鸡峰"就是鸡山，也就是后来的凤凰山。

有人会问，古老的民族地名还在，古老的民族还在珠海吗？这是今天所有人关心的话题。让我们来看看100多年前的一次追问。这次追问不是由香山发起的，而是新会。《新会乡土志》曾发出古民族存续之问：为什么今天的新会"绝无唐人以前土著哉"？可以确信的是，新会人之问并非仅从当时新会辖地出发，而是从秦汉以后的历史演变中提出问题，并比较客观地考证、解释了这段历史。

唐朝时，新会东南方一带"皆沮洳泽国也，越民陆梁，本山居"。这个"泽国"完全包括了香山立县之前古珠海隶属于新会的区域。将古越族称为"陆梁"，源于《史记·秦始皇本纪》，"岭南之人多处山陆，其性强梁，故曰'陆梁'"，古越族"山居"的生存方式一直保存到唐朝。从秦汉以后直至唐朝，北方南迁者也"依山栖集"，逐渐同化于粤民。珠海古越族正是在唐朝设置文顺乡时与汉族迁徙者形成民族融合的。自南宋开始，"东南海壖以鬱水（西江）灌输之故渐成土壤，中原士族避难而来者，咸开荒秽立家业，近水浮淤田多膏腴，交通尤便，后至者反占优胜之势，生聚骤增，山居之民日虞侵逼……山居者反以客籍目。"在更大规模的南宋移民潮下，掌握先进围田耕织经验的中原来客反客为主，以至于"今广属……民户几无一非宋、元后迁居之种"，都成为广府人，而本来是主人的古越族反而成为户籍图册中的客居人。更多的古越族后来远走高飞，但是各类经典地名，如"鸡""那"等地名、乡村名称被保留下来传于后世，从新会一路往西尤其多，珠海寥寥无几了，但无比珍贵。

我们不再去追问为什么中国人的移民没有《阿凡达》的故事，也没有印第安人的悲怆，我们只须记得中国人说的"入乡随俗""客随主便"，这里面有着迁徙者背井离乡的苦难，更有着相敬如宾包容一切优秀文化的基因。可以确认的是，中华民族不是文明的毁灭者，而是集成者、开拓者。

1988年8月，《人类学学报》刊载一篇短文《珠江口水上居民体质特征的研究》，这是中山大学人类学系在珠江口斗门、虎门、广州莲花山三地开展的一次水上居民体质特征研究。研究结论是："珠江口不同地区水上居民分别与广西壮族、广东黎族和江华瑶族相比,均相似于广西壮族。"这是DNA技术应用于人类学之前,能证实珠海古越族与古黎族、古壮族关系的重要依据。决定性的证据最终将来自基因,因为基因数据是最沉默的历史记录者。

我们可以打消珠海到底有没有古越族留下文化遗产的疑问。《新会乡土志》没有完全解开的谜题,民族学、语音学,未来的人类学一定可以帮助我们揭示这个历史文化遗存。

从鸡山到凤凰山,这是一个民族融合过程中生成的文化蝶变的故事,是中华传统文化与海岛原住民精神世界的一次交融与升华。今天珠海的地名中还有"鸡""鹤",就因为这些古老图腾糅合了中华文化的美学特质而保留至今。作为一座提供生命之源的祖山,被称为"鸡峰",这个名字就算保留到今天,也无法传递它的信仰,让人难以欣然接受。但是如果它保存在某种非物质文化遗产中,那就十分稀罕珍贵,比如前山的"凤鸡舞"将凤凰与鸡融合为一体。它的文化由来一定不是始自清朝,而是更久远的中唐时期的文顺乡立乡。凤凰、鸡都是古珠海不同民族文化的精髓,慢慢渗透到这片海上自然世界与社会记忆。凤鸡舞以其独特的造型与表现形式揭示出中华文化与黎族文化的完美统一,只是我们还没有从古珠海海洋民族与中原文化交融的历史熔点中参透而已。

从秦汉统一岭南各民族第一次大融合开始,命名就开始了文化之旅。《释名》在说"越"字时是这么释义的:"夷蛮之国也,度越礼仪,无所拘也……至秦改诸侯、置郡县,随其所在山川土形而立其名,汉就而因之。"珠海立乡,遵循了祖训,立名、立义、立神。用古人的话来说,"揆文教以化迩";用今天的话来说,以文化人,是最深入人心、最持久的力量。

当初设立文顺乡的时候,必定来了一位形家(堪舆家)。这是古人必不可少的一课。文顺乡选址何地、启用何名才能风调雨顺、天人合一?这位高人观山海,看地形,把人脉,补缺憾,必须以最好的地址、最美的名字赋予这个新生命以祝福与憧憬。

凤凰山四围山连海，海接山，长水海湾不可胜数，深潭巨渊不可测。给这样的地形命名首先就要符合中国古文字的本意。"奥区"就是这种地形的准确表达。唐朝时，"奥""隩"通音、通义，是身处海陆相接处的内湾，黄佐说它是海水遇山分流之意。再深入一步，奥是澳，是濠；区是海区，是深潭，这就是珠海古地理名称"濠潭"的由来。濠潭村这个名字便是源自中国深厚的文字魅力。

1736年5月，清高宗乾隆在批奏中写道："广东山海奥区……朕思粤东山多田少，小民生计艰辛，故以捕鱼为养瞻之计。""奥区"人民生活得很艰难啊！1779年，山场村重修北帝庙，《北帝庙重修序》的碑文中刻有"帝居于北极坎水，镇于南海具阙"。"具阙""奥区"皆为一义。这是珠海的自然之名。其实黄佐先生早在其12岁所作的《越都赋》中就有这样的描写："接黄莲之巨峤，信南戒之喉襟，呀峡山而陟韶石，抚神皋而挹奥区。"而"奥区"在历代《香山县志》中也不少见，比如说香山是"广属之沃土奥区"。这些古名后来都弥漫着仙气了。

自然地名有了，还需要更深厚寓意的乡名。到底起什么名字呢？

天与山为阳，为乾；地与水为阴，为坤。

假如我们从《说文解字》中寻找"坤"的释义，"坤，顺也"。天地、山水只有相合，才能孕育万物。

又假如我们偶然翻阅到一本《康熙字典》，那里面有一条这样的解释："凤皇五色，心文曰德，翼文曰顺。"再追溯这句话，原来它来自《山海经·海内经》："凤鸟首曰德，翼文曰顺，膺文曰仁，背文曰义，见则天下和。"这里就深藏着破解文顺乡立名的重要密码，"翼文曰顺"。"文顺"来自凤凰，凤凰山改名自鸡山。这个命名竟然来自中华文化无处不在的人生追求，"天行健，君子以自强不息""地势坤，君子以厚德载物"。"凤凰"对"文顺"，多么深刻的寓意，多么美好的祝福。

命名者希望孤悬海上的古珠海能日积月累，顺势成长，英华勃发。这是

"文顺"乡名的总源头。"濠潭"是古珠海的山水之名，"文顺"是顺势而为的文化之名，而凤凰就这么降临到"鸡峰"这座古老的群山之上。

中唐时，岭南少数民族所在的羁縻州县已有立城隍之举，祭祀风云雷雨、山川、城隍之神。作为中华传统文化在古珠海的落根之地，山场、文顺乡与濠潭村所在地一样曾有城隍庙设置于此，每一年的春、秋仲月，场监、乡里之长亲率煮盐、垦山、耕作之民，将风云雷雨之神居中，山川之神居左，城隍之神居右，摆放祭礼，祝词于神说：赞美天地之神，请降福于我，保佑苍黎众生，扶佑灵性教化。请你以磅礴高深的神佑长保我安贞之吉；请你成为我们建设家园的依靠，提供给我们抵御风险的功力。幸民裕之殷盈，仰神明之庇护⋯⋯

农耕文明祭祀的兴起，与珠海人口开始集中、社会居民相对稳定息息相关。那时候，汉民族的祭祀之神、黎族的祭祀之神与航海的妈祖之神，都能在珠海的山海间找到他们的身影。

濠潭、凤凰、文顺，山海之间，乾坤之象，中华情愫博大深厚、细腻绵延。对古人而言，这是命名的根本，并非刻意而为。对于今人而言，这些简单的古文字竟然穿过时空，以巨大的文化张力启迪我们去追求生命的真谛，让人无法不敬仰动容。

4000年前，宝镜湾诞生了"中华岩画第一龙"；757年，"凤凰"从文顺乡诞生。中华文明"龙凤呈祥"的图腾终于在珠江口完成历史性融合。然而，这一对海上龙凤注定要穿过中国传统历史从未经历的千苦万难，方能拉开人类新文明的历史巨幕。

第二章

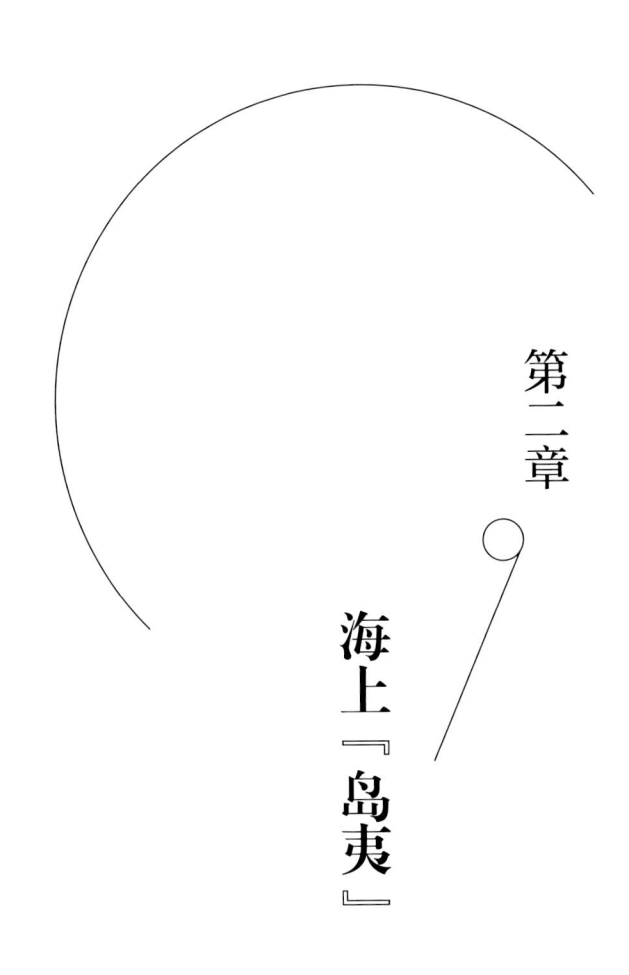

海上『岛夷』

末梢围海人

香山立县：珠海是"三围"

从北宋中后期开始，中国在两个重要出海口实施围垦。一个是具有悠久农耕历史的江淮地区的圩田，另一个就是珠江出海口的围田。一个在江湖之间，另一个在海上。相比于江西、浙江、福建沿海，珠江出海口围垦从内陆沿岸走向海洋的历史更晚，而珠海又是最晚的。

1152年，香山县主要是因为围垦而从东莞县独立出来的。嘉靖《香山县志》中的《姚孝资传》说得很清楚，他"下令阖境筑堤护田，水利大兴"。

香山县下设立10个乡，没有了"文顺乡"。整个香山的基层单位全部以"围"命名，古珠海有两个乡，长安乡、潮居乡，有恭字围、常字围、黄字围3个围，三灶岛垦田隶属于黄字围的上、下两围。

土地是农耕之母，民必有土才有食。"仓廪实而知礼节"，有温饱才能兴礼仪、行善德；"衣食足而知荣辱"，食不果腹，生无养，死无葬，生命何来尊严与自由？中华传统文化根植于农耕，注重食货，首重田土，由人及家、由家及国，早已经深入人心。海上群岛的农业生产组织就是要先垦海获得沙田，再解决水利、桥梁、储备、祭祀、教化、戍防等问题，这种简单的社会再生产过程与今天相差不大。但是这个过程在中、南部的凤凰山、黄杨山沿海难以实施，泥沙淤积远非北部可比，代表封建生产力水平的富裕家族也聚集于北部。香山的政治、经济、军事、教育以及祭祀中心全部集中在五桂山北部是历史的必然。

缺土地，是影响古珠海历史发展的致命伤，也是香山搬迁立县的根本原因。拿最简单的事实来说，宋朝施行农桑绢税，要求各地广植桑树养蚕，抽丝织绢纳税。香山养蚕制丝只在石岐、沙涌、三乡等地，珠海的海岛上从来没有养蚕织绢的历史，今天的桑树、桑蚕都来自"移民"。再譬如南海、顺德有闻名遐迩的桑基鱼塘，这在珠海绝无可能。同属于珠江，沿江、沿海，物产有天壤之别。就说吃海鲜，唐朝的时候，广州人就"人厌鱼蟹，五谷胥熟"，海鲜满海湾，人人都吃腻了，就想吃土地里生长的食物。珠海没有的，别人都有；珠海有的，别人多得腻味。假设这是一道摆在当代的发展选择题，解题并不难，但古人无人能解。

北宋中后期，珠江三角洲建成的沙田包括南海的桑园围、东莞的东江堤。宋朝南迁之民大多迁居于滨江、滨海。宋朝人余靖在《武溪集》中这样说："下真水至南海之东、西江者，惟岭道九十里为马上之役，余皆篙工楫人之劳，全家坐而致万里。"真正下到海中央，能在苦海扎根繁衍的，就是珠海的那些"遗黎"以及几个弱小的姓氏家族而已。

在珠江三角洲平原形成的过程中，中山冲决平原的形成是具有决定性的。中山平原包括东海十六沙与西海十八沙两大部分。宋朝时，属于西海的小榄、古镇、外海、小黄圃一带已经浮沙成型，这是香山、新会与南海之间的海域，也是这些地区之间相互争夺围垦资源的重点区域。

在珠海，所谓的三个围区，只有凤凰山东北部的沙堤、黄杨山西北部与三灶岛勉强获得围垦的机会。南宋时，黄字围的上、下围就在三灶岛，这是由于三灶岛特殊的"品"字形地理构造创造了泥沙淤积的围垦条件。"三灶山，抵海洋番国。有田三百余顷，极其膏腴，玉粒香美，甲于一方，在宋为黄字上、下二围。"三灶岛在宋朝隶属于黄字围，围垦是毫无疑问的，而且开发得卓有成效。今天三灶岛上茅田山北部平原地带在宋代已有水稻种植，其连片种植面积比凤凰山、黄杨山两个地区的山地、沙堤零星耕地广大得多。

▲ 清道光《新修香山县志》舆地图说中的三灶岛，依旧保留南宋垦海时保留的春花园、圣堂等地名

    珠海因为缺少土地、缺乏围田资源，难以得到发展机会，相比于五桂山北部地区，凤凰山、黄杨山沿海逐步走向边缘化。而从珠江口经济地理看，发展重心在围垦资源丰富的南海、顺德、东莞、新会等县，由北及南、从东到西，发展就像下楼梯，越往香山县走，越下等，而珠海更寒碜，真拿不出什么像样的农田，即使有山田，产出效率也极低，土地贫瘠、物产稀少的生产状况一直持续到新中国成立以后。一个仅仅依赖盐渔业勉强糊口的地区，无法吸引人口、财富与权力，也支撑不起海上社会的长期发展。到了清乾隆、嘉庆以后的人口爆炸式增长的时候，那是完全不同的社会发展样貌了。

    在珠海的山海之间，农耕资源也决定了不同地区的发展差异，黄杨山、凤凰山早在南宋时期就分道扬镳，主导西部的是农渔，东部则是盐渔，而渔业从来没有成为中国封建王朝的经济支柱，更不用说渔业人口在历史上长期处于被歧视、被压迫地位。

    宋、元时期，凤凰山、黄杨山区建有不少寺、庵，以求佛道、入仙境。凡是寺、庵，皆有供养的可垦种土地，考察寺、庵供田多寡可以了解这两个山区的田地与财富状态。黄杨山有龙归庵，凤凰山有西竺庵、西山庵、普陀庵，龙归庵有供田200多亩，而凤凰山3座庵总共有田179亩，黄杨山沿海的农耕资源明显多于凤凰山。

到了明朝时，斗门已经有货物贸易之地斗门墟，每月二、五、八日成市，而香洲还没有墟市记载。香洲最大的亮点是元朝时建了3座桥，2座在前山天妃庙附近，1座在唐家。元朝时，斗门人赵梅南说他的家乡是"山穷水尽之乡，刀耕火种之俗。周王马迹之所不到，谢公屐齿所不及，盖遐裔也"。相对于凤凰山区，黄杨山区已经好了不知道多少倍。直到清乾隆以前，黄杨山区的乡贡、举人、进士数量始终碾压凤凰山区。

古人说，"陆田命悬于天""水田之制由人力"，珠海天生是放大洋的地方，缺田、少人，路在何方？3000年前，宝镜湾先民远离故土，是不是同样的原因？黄佐说"熙恬之世，有人有土"，在黄佐以前，珠海何时拥有"熙恬"的世界？在黄佐以后，珠海越来越堕入深不见底的岁月。

"木鹅"的生产力

大约在13世纪中后期，新会有个姓赵的大户人家，女儿出嫁，一出手就给了24顷土地当嫁妆。大户随后在海上放了4只木鹅，让它们随便漂泊，漂到哪里就在哪里围垦，"定为子孙基业"。3天后，这4只木头鹅越过崖山，漂到新会与香山交界的上沙、大横、粉洲。这就是珠海西北部上横、粉洲一带围垦的由来，"飞鹅岭"一名估计也由此而来。这些呆萌可爱的木鹅有强大的生产力。没有木鹅的生产力，谁也别想在海岛上十数年就围出一块大沙田来。

围，就是堤，要用钱、用人堆起来，再用时间完成围垦过程，雇佣大量佃户租田生产，或者转让增益。围田兴家，是所有迁移者抛旧产筑新业的理想，围的是经济实力，还有政治实力。

按照斗门老围垦人的传统经验，海上围垦要经过鱼游、鹤立、橹迫、草埗等阶段，只有淤沙露出水面植草固泥，才可以形成沙田。这还没完，沙田形成的早期，海水涨潮会淹田，退潮才能耕作，这时候被称作潮田，只能种植耐咸碱的农作物。要将潮田改造成熟田，还需要绕田打石桩或者筑土堤，在堤上种上结土的草，千万不能种那些具有穿土破堤能力的大树。为防止旱涝，围田必须建设排涝灌溉工程。这才算是围田。到了清代，堤围由石料取代泥土，防止堤围决口。修筑一条石堤动辄数万两真金白银。围田的过程快则数年，长则十数年，绝非一贫如洗的耕作者能获利立业的。

在珠海漫长的各代王朝统治时期，要发展就必须依靠"木鹅生产力"，绝大部分围田最终都是一群群"木鹅"创造出来的，跟在它们的身后是一个个家族与受益者。他们在创造围田的物质与文化财富的同时，为了获得更多的围田利益去剥夺普通劳动者的生存发展机会，直到把他们逼上逃亡之路。这里面有善举良知的大户，会被当作乡村贤达载入史册，而更多的被称作"豪家""势家""豪右"或者劣绅土豪。他们亲手创造了自己的飞黄腾达，又亲手扼杀了给他们创造财富的劳苦大众的希望。被压迫者要么选择反抗，要么选择逃亡，而逃亡到海岛、山野与大海上的，便成为"不治之民""岛夷"，或是海盗。

西方有歌谣，"偷窃公有地上的鹅，法律会把你关起来；但偷窃鹅栖息的公有地，法律会让你富起来。"明朝中期曾任太子少保、礼部尚书的南海人霍韬，他引经据典，把王朝国家公有的沙田比喻成野兔子，他说："一兔在野，众共逐焉，无主故也。积兔在市，过而不问，有主也。海中沙田，野兔之类也。"木鹅也好，野兔子也罢，都是奔着利益去的。没有私利驱动，就没有围垦，而追逐沙田、地租获利者无时无刻不在践踏以地求生的劳动者的生存权，以至于沿海地区的底层劳动人民卖儿鬻女以缴纳苛捐杂税，逃进深山孤岛以避税。

明朝初年，香山"遗黎耕田凿井，不知机事"，随着豪强势力侵入社会经济机体，香山人"交易每为人所欺，自寄庄夺利而俗日以变"。有一股强大的豪强力量主导了香山县的海上围垦，这就是从明朝嘉靖县志一直到清朝道光县志中屡见不鲜的"寄庄"。

黄佐编纂的明嘉靖《香山县志》，真是一部山海志，半部寄庄史。

所谓寄庄，就是连县州府衙、巡抚总督都无能为力的豪强势力，他们抢占香山沙田，掠夺香山本来稀少的土地、水产资源，又把赋役负担转嫁给当地政府与老百姓。最早处理豪强吞并沙坦的案件发生在宣德元年（1426），香山知县冯诚只是平息了一桩抢占诉讼。成化十四年（1478），又有县令朱显扶弱抑强，豪强不敢吱声，但问题并没有解决。这些豪强介于官府、乡绅之间，说到底还是官绅富族的同路人、代言人。豪强哪里分什么地域、姓氏？利益在哪里，豪强就在哪里，香山县受到发达诸县劣绅的祸害最为严重。

到了明朝中期，香山有坑田、旱田、洋田、咸田与潮田，坑田在山径之间，岁用荒歉；旱田候雨而种，旱则抛弃，又称"望天田"；洋田就是山麓的沙堤平原；咸田是临海之田，需要筑堤拦山坑水耕作。珠海的农田大多是毫无抢夺价值的坑田、咸田。潮田不同，"沙田皆海中浮土，原无税业"，像三灶岛上那些围垦稍有起色的沙田，豪强不仅"截而夺之，争讼至于杀人"，而且将"田畔、水埠、海面罾门并而有之"。这些掌握着稀缺生产资料的掠夺者，最终从生产力发展的推动者变成吃人不吐骨头的剥夺者。

1535年，黄正色担任香山县令，霍韬告诉黄正色说："香山在郡南海中，如琼厓而差小……番禺、南海、新会、顺德、东莞五邑之民皆托寓产焉。一邑丛五邑之产，则多大姓；五邑大姓丛一邑……有力者利焉。"霍韬对黄正色可谓推心置腹，香山也是"五邑"啊，是五邑大姓抢沙田夺利益的地方，在这个地方当县令有"四难"，操权难、追呼难、任职难、自守难，身处各种官绅豪右夹缝中，得罪大吏厄运就会网住你，豪右恶棍会陷害你，乡里百姓还有可能揭竿而起，弄不好连七品乌纱帽都保不住。

从20世纪80年代以至于21世纪初，香山的"寄庄"历史被中外学者关注、研究。傅同钦研究了明、清时期豪强势力侵夺广东沙田眼花缭乱的手段，包括占沙、抢割、减价买田、引作投献、冒承、退耕等等，尤其关注到南海的霍韬家族。霍韬看得很清楚，但也无法亲力亲为阻止，只能在家书中提醒"每事当早收敛""沙田不许再作了……田业越多，罪恶愈大"，责备家人"如何又与人做香山沙……我只一身岂能为尔兄弟担受许多罪名""今后……有引做田人此处访闻，即送官，一百棍打死。"

围垦，岂止是简单的海生浮沙，人定胜天的天人关系，奈何它控制着香山生存的命门，把各阶层的身家性命都拽进漩涡。

霍韬、黄佐都明白，驱动围垦的动力是豪右私利、乡绅家族命运，他们自己的家族一样是这个循环里的一部分。没有这些乡绅、大族与豪强的介入，围垦是泡影；有了这些围垦力量，只能寄希望于他们的手段文明些，做人厚道些。他们哪里知道他们都运行在人类社会发展的历史轨道里。那些看不见的推手能将他们推送到特定的历史地位，只能让他们保持一份士大夫的文化清醒，维持家族、宗族与社会之间的伦理、礼教的约束力。马克思在《1844年经济学哲学手稿》中说，"没有无主的土地"，封建的土地占有包含了对人的统治。土地所有者就像"对待自己的祖国一样"，从物质到精神上对土地拥有经济的、政治的、文化的占有。

面对侵吞夺利、恶棍为害与巫觋妖术丛生的家园，黄佐曾发出谁才是最大祸害之问。这些大儒文化改变不了木鹅的所有权，阻止不了私利的残酷与社会混乱，只能在有限时间、范围内以微弱的星火点亮公平正义的良知，延缓了封建王朝的寿命罢了。中国数千年来创造并践行的优秀思想文化只能在今天才能开出大大的花，或者说，中国人数千年以来就追寻这样的文明世界，在跨过一次次王朝辉煌，一场场金戈铁马，一年年民间苦难后，最终在社会主义道路上将理想变为现实。

海中村落总依山

18世纪末,香山县令彭翥在《归自澳门》诗中写道:"天上风云全护水,海中村落总依山。"这句诗点中珠海自然与社会地理的要害,沙田依山堆积,垦者依山而聚。从南宋围垦立县到珠海的海岛地区终于有沙田可围垦,其间跨过了6个多世纪。从18世纪中叶起,香山县的人口才逐步回升。

即便当时的社会获得短暂恢复,但珠海的农耕资源依旧极其匮乏,所耕之地还是山场、荒地。那时候的珠海山区开垦种植是何种情形呢?"上无寸许之泥,下皆砂石之底。天雨一过,水即消洩,即种植薯芋杂粮,收成难必",只有"山侧岭畔,地土稍平,土性深厚并无砂砾,又得源泉,接引可资灌溉"。珠海的山上、山畔是两个截然不同的生存世界,山脚有淡水的低坡或者滩涂是最好的生存地带,而能在山脊、峰峦与洞穴之间艰难维生的,都是历经千辛万苦熬过来的生命。

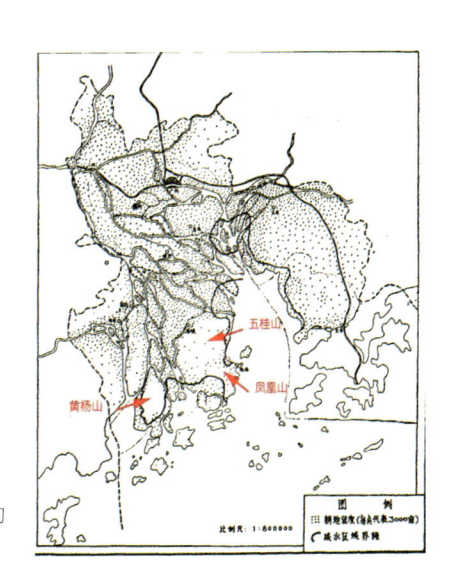

▶ 20世纪50年代,广州地理研究所钟功甫调查绘制了珠江三角洲耕地密度图

珠海以百亩为计的大规模垦海始自18世纪中后叶，而形成大面积沙田区是19世纪以后的事情了。到了18世纪末，也就是乾隆中后期，珠海的乡村数量才有增长，香洲乡村总数增加到54个，到19世纪30年代前，又增加到79个。斗门的乡村聚落增长也是如此，从康熙时期的17个增加到乾隆时期的68个，到了道光时期递增到194个。

1729年末，焦祈年受命为广东观风整俗使。1730年年底，他从广州乘船，一路过海翻山抵达澳门。他在《巡视澳门记》中描绘的场景，反映了18世纪前叶珠海、香山与南海、顺德等地的地形差异。"雍正七年（1729）冬十二月，使者奉天子命巡视东粤。次年十二月将有事于澳门……初二日，出永清门，登舟南行……两岸多沙田，潮汐所通也……初六日，抵香山县……越日，陆行十余里，即入山口……俯视绝壑，为之凛然……再前为驰马坡下，此则平原旷野，无复崎岖。初八日至前山寨，都司守之，所以扼澳夷也。"焦祈年一路经过南海、番禺与顺德一带的沙田，到了香山，翻过五桂山，从三乡一带进入凤凰山西侧的海岸盐田区，也就是今天的南溪、上冲、翠微一带的沙区走廊，再抵达前山寨。实际上，这一带是凤凰山西岸最好的土地开发区，与其相似的就是唐家、乾务、青鹤湾、斗门村与三灶岛了。

焦祈年到澳门20年后，香山县北部的沙田围垦还处于浮生状态，远没到围沙成田的时候。香山县令暴煜在1750年成书的《香山县志》中说，"香邑民众食繁，现在沙田尚蒙"。他又说，"水色近县治以北者清且绀。前山近洋，则碧而黑。若西涨暴下，则黄浊。惟黄浊，故海旁多积淤以成田。碧黑者，其性劲，其味咸，故煮之成盐。"这句话，200年前黄佐就说过，"积泥以成田""碧黑斥卤以煎盐"。

到了道光年间的19世纪初，珠海沙田淤积情况发生改变。道光志记载："香山、新会间入海者，去海门较远，其势直且长，其流浊易淤，故新积之田为最多。"此处就是今天的大沙以南的竹洲头、大小托与白蕉一带。此时的磨刀门尚未形成，但是下游出海口已经出现鹤洲水下沙坦，鹤洲东、西两侧分为东、西两沥。"东沥较巨,南过香洲,恭常都卤田赖焉;西沥出大门、二门,黄梁都卤田赖焉"。所谓的"卤田"此时已经是潮田,而不是盐田了。在坦洲海中,孖洲、蜘洲、洪湾涌、灯笼沙一带,"田数百十顷,今水道淤积"。到了十字门附近,"西江下流将出十字门,咸潮为淡水所薄,故水所至则田美"。

珠海的大规模围垦离不开沙田自然成型的自然规律。第一次鸦片战争前后,珠海东、西部地区的水道、海湾与海岛淤积成沙严重,大量追逐土地利益的家族移民而来,阖家并族奋斗,这是乡村数量激增的由头,也是珠海沙田围垦大幅度增长的由来。第二次鸦片战争之后,穷途末路的清政府为了偿还战败赔款、镇压风起云涌的人民起义,除了向国外银行贷款,还在广东大量出售沿海沙田围垦以筹集资金,珠海本地的围垦投资人通过各种途径加入海上围垦,盐户、商人、行伍以及由南洋汇入的新投资者成为新兴的土地拥有者,合股、合资围垦沙田的新势力阶层出现了,珠海海岛原来的"贱民"获得咸鱼翻身的机会。

1947年6月,《中山文献》创刊号出版,有地理学家何大章所著《地理志初稿》。他准确、清晰地描述中山各地的地理物产:中山"北部土壤最肥,农产至丰""中部多为山地、坑田潮田,耕作有限""南部全为岛屿,土地星散多山,不利农耕,人多以海为生,发展渔业至为要图"。何大章所见到的"中部"与"南部"情况,就是珠海在新中国成立之前的土地与经济结构。

新中国成立后,珠海县正是从自身的地理特质出发,依靠港澳流动渔民回归,以渔港、渔轮、渔场为依托,开创史无前例的社会主义渔业,凤凰山地区的陆地居民开始了半渔半农的社会主义新生活。而在沙田淤积规模庞大的黄杨山地区,千万人加入沙田围垦与水利建设大潮,掀开珠海围垦历史的崭新篇章,对改变珠海地理面貌、扩大珠海土地资源做出巨大贡献。

1915年,康有为在《七十二行商报》上刊文《答祖咸知交告惨书》,他有感于1914年西江大水"粤人困苦",希望"用英人为埃及治尼罗河之法以治水",若果"万夫齐作"修筑水利,"上游既有潴水之地,下游必无汛难之祸"。这种"万夫齐作"奇观,是40年以后的斗门围垦壮举,他是看不到的。

山海之间有"三斗"

从金斗湾下南洋

金斗就是金斗湾盐场,香山立县后改称香山场盐场,在谷字都、恭常都交界处,北、东与南侧分别伫立着五桂山、凤凰山与将军山,明末清初时一直称为坦洲海,也就是今天的坦洲平原所在地。

它之所以是盐场,很简单,因为这里都是黑乎乎的海水,这种景象在200年前还存在着。金斗湾经济历经三个历史演变期。第一阶段是12世纪中叶的香山立县,珠海主要的盐渔业经济集中于此。第二阶段,从16世纪中叶的明嘉靖年间开始盐业走向衰败,这一带成为海洋贸易的交汇点,冒险者下南洋的始发站。第三阶段是经历了清朝迁界后,金斗湾从18世纪下半叶起逐步退出盐渔业,变成沙田农耕区。

金斗湾的盐业生产起于何时,没有专门考证文献。清道光《两广盐法志》专有《历代盐法考》称,南海之盐业起于周朝末期。公元前110年,西汉在包括南海郡番禺、苍梧郡高要在内的全国28郡设立盐官。三国时,广东属于吴国,东官(东莞)郡设置司盐都尉。到南宋香山立县之前,"东莞、靖康等十三场岁煮二万四千余石"。这些考据是珠海煮盐历史可追溯到先秦时期的重要依据。

南宋香山立县后,文顺乡所在的濠潭村就从山场迁移到金斗湾沿岸,拉开完全由煮盐捕鱼主导的"前山时代"。濠潭村并没有消亡,而是紧邻前山村南侧，直至1717年修筑前山城以后，才消失在乾隆年间方志的乡村名录中，但有关濠潭村桥梁的信息从来没有中断。珠海有史记载最早的3座桥梁建于元朝，其中的天妃桥、白石桥就坐落在濠潭村附近。多啰唆一句，我们所知道的"前山"并不是前面的山，而是摇橹行船的水上村落。"前"不是前后，而是"歬"，用的造字之初的本义，从足，从舟，利用舟楫生产生活。濠潭村迁往前山村，说明南宋时期珠海主要人口开始向金斗湾盐渔业生产中心积聚。

宋朝时，金斗盐场由1名盐场管理。元朝时这里由勾管带领4人管理。明朝初年，香山场首次设有盐课大使加强监管与税务。这时的金斗湾最红火，人口最密集。一直到1436年前，盐、渔与农产品贸易兴盛一时，"每岁泊、场与农谷互易，两得其利，故香山鱼盐为一郡冠"。渔户有6图，共2620户；盐户、灶丁共有20000人。但由唐朝到明朝的700多年间，煮盐生产工具并没有重大改

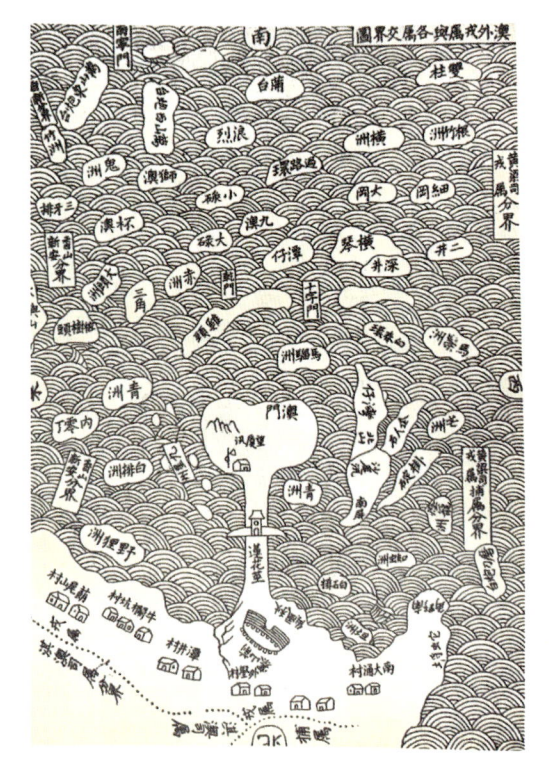

◀ 此图出自祝淮修、黄培芳纂，清道光八年成书的《新修香山县志》。图中莲花茎的右侧即为金斗湾海区

进，依旧使用竹制品，用竹篾编织竹盘，用蚝灰涂层，火越烧越牢固。稍稍变化的是，唐时是竹釜，明初是竹盘，"大盘日夜煎二百斤，小盘半之"。只有到了清朝康熙年间，煮盐工具才改为铁镬。从宋代开始的"禁民煮铁"，明朝"罢坑冶铁"以及明、清时的严禁"私铁"等政策，落后的制盐工具始终制约古珠海煮盐生产力发展。

16世纪中叶是金斗湾盐业的转折点。明嘉靖年间，盐场还有501名盐业生产者，每年官盐额度为1491引，相当于年产140多吨。盐田大部分集中在金斗湾盐场，还包括盐场下所设的唐家上、下栅，中山东北部海岸以及过路环盐灶湾、十字门西灶（草）湾等地区，海上盐田分散。17世纪初，豪强对金斗湾盐池下手了，"障隔海潮，内引溪水灌田，以致盐扈无收"，煮盐的无田产盐，还必须交一辈子的人头税，只能逃命而去。到了明万历末年，盐业生产者只剩数十户，"共行引二十道"，也就是200引。清朝迁界"海禁森严"，"香山一迁再迁，赋额仅存十之一二，流亡困苦一览瞭然"。盐场不得不转给埠商，从外地买盐填窟窿。而家住盐场的盐业劳动者反而要替埠商打工，"煎盐计工糊口"。

到了1673年，"复展香山场"，盐业生产者恢复到清朝初年的598人。1684年，迁界完全结束后，三灶岛、高栏岛被开发成新盐场，为香山场供盐。由于采用铁质煮具，每灶3口铁锅生产，香山盐场的年额定销盐量大幅提高到6046引，约710吨，不断增加灶户与生产者的盐田税、人头税，并把渔民海上用盐也纳入官盐以防偷税、漏税。金斗湾的14顷盐田被分成820口盐灶，每口面积只有高栏、三灶岛的六分之一。这种看似巅峰实则疯癫的举动既违背了金斗湾海水日益淡化的现实，又拼命地压榨劳动者血汗，很快就破产了。古珠海的盐业生产要么产品卖不出去，要么制盐受制于腐烂官僚体制成本太高，香山场盐额调整到5570引，又把3300多引转拨给龙南、和平等盐埠，实际上只剩下2200多引，大量盐税虚置无法上缴。香山场在1738年重设盐场大使，1756年，大使被裁撤，改为委员。这是明末之后第二次裁撤大使，也是最后一次了。1790年，盐场委员也被裁汰，"所有盐务总归纲局"。这还没结束，所有盐商、灶户与盐丁要通过盐田改升禾田的方式补交税款。金斗湾彻底告别盐业生产。

金斗湾在这个过程中遭受海禁、迁界的沉重打击，贫富差距激化的社会与民族矛盾引爆反抗斗争，豪门劣绅一如既往围猎沙田，直接损坏盐田生产基础，而风起云涌的海洋贸易资本纠缠着海商与流浪无产者加入海盗行列，一浪又一浪地撞击沿海脆弱的封建堤坝。这里与全世界所有的出海口一样，都是咸淡水交汇之地，但却是世界上最强大的封建体制与新兴海上霸主缠斗之地，仿佛有一双倒江翻海的巨手把金斗湾从谷底推到波峰，又重重摔进深渊。生活潦倒的盐、渔民从没见过如此混乱而衰败，中外交错、官匪难辨、商盗不分的光怪陆离的社会。金斗湾所有的自然变迁、家庭与个人命运都被拴在一条绳索上，屈服、从属于生产资料的所有者，要么成为盐水泡烂的木桩，要么在自由的海洋上冒死一搏。

就在16世纪的盐业转折期，金斗湾突然出现珠江口上其他地区从未有过的"南洋庙"。最早的一座在南大涌，也就是今天的梅溪、南溪一带，建于明朝万历年初的1580年。作为一种来自下南洋的信仰，民间行为必定早已成型且持续良久。要么起始于郑和下西洋，要么兴盛于明朝海禁期间的南洋贸易。1601年、1629年，古鹤、平岚两地又相继建起2座南洋庙。毫无疑问，今天的金斗湾是一片沙田平原，而在400年前，这里是切入凤凰山、五桂山之间最古老的海

▲ 梅溪牌坊

▲ 陈芳故居

湾，也是金斗湾沿岸人民最早远洋的始发站。陈芳故居坐落在梅溪并不是历史偶然。

元朝人邸元谦曾撰《长生局给揩记》，开篇就是"南海广斥，游民远贾贫旅实繁，死恨有身，伤哀莫诉"。在波罗的海附近，有一个小海村，村旁的海中兀立一座花岗岩礁，上面刻着这样一句话："悼念所有死于海上与将要死于海上的人们。"这是纪念海上勇士的铭文。

"南洋庙"即为海上人勇于赴死的精神纪念物。作为南洋游子信仰之所，下洋人与"留乡人"将精神寄托于南洋庙。它出现在金斗湾，只能证明一件事，海上人，不仅是渔民、盐丁，而且包括一切没有土地的人，他们没有从属于土地的人身依附，贫穷落后，但是拥有自由。早在清朝"摊丁入亩"豁免农籍人口的人头税之前；早在通事、买办与引水成为风行的职业之前，金斗湾用实际行动去探索个人、家庭，甚至是家族的新出路。下南洋，这是金斗湾寻找新的经济、社会与信仰的一次重大社会转型——把自己当作产盐工具以外的"商品"，就是背叛奴役的进步，不再听命于土豪劣绅，或是儒家教诲，不再追求乡学入仕，毫不畏惧海禁、迁界，下海洋，管他是海盗、海商。只要能在他乡活着，那就是最好的结果；只要有一天还能返乡，那就是最大的奇迹。

这时候还发生一件稀罕事。1615年，翠微村西侧建起一座礼祀香山县令但启元的但侯祠。县令祠极少出现在香山主流社会以外的南部沿海边缘地区。这个祠与碑早已湮灭，存留的碑文叙述了金斗湾当时的盐场民生、经济等状况。盐民"易子折骨，逃散四方"。但启元任县令后，申请豁免了翠微村97名盐民每年45两税银。这块碑由四川道监察御史潘洪撰文，由刑科给事中郭尚宾书丹。碑文中同时记有"穷乡地邻夷奥，奸商丛集""夷人慓悍不驯，常生事扰我边疆"，表明该区域穷困落后与边关的错综复杂关系。南洋庙、但侯祠出现在同一个历史时期、同一个地理区域，看似官民雅俗共存，实质上是这个区域发生的生存与信仰危机触动了上层官僚社会。

对于底层的海上居民而言，下南洋，一去无音信，一生难再逢。唐家的北山村也有一座稍晚兴建的南洋庙，它在1862年重修。这座南洋古庙周围树木葱郁，但是庙顶"瓦上无片叶"。这给了"留乡人"巨大的心灵暗示。他们将落叶与海上人的命运连在一起：树叶四季不落庙瓦，远在南洋的亲人还好吧。这个记载无一字不牵挂，无一句不牵魂。这个历史事实直到厉式金纂修香山方志时才有零星记载，而且多出于列女传，绝大部分人下南洋都是"杳无音信""终身未见"。

从18世纪中后期到19世纪末，金斗湾从曾经的鱼盐海湾一步步禾田化，金斗湾有了土地的支撑，1757年第一次有了凤山、凤池两个书院。1841年，翠微村第一次有了商绅发起建立的社仓，这是珠海地区最早的、一次性投入土地最多的义仓。40年后，又一个以更多土地支撑的义仓出现了，它在南屏北山乡，名叫"敦古堂义仓"，捐田近1000亩。

潮田、沙田同时对金斗湾航运产生影响，河道被堵。因为围田淤积严重，船运难行，1823年的时候，前山海防同知金锡鬯商议"开渠七十余丈"，引磨刀门水源归于金斗湾，"不独舟舰往来便利""恭常都斥卤潮田亦得藉以灌溉"，因为工程耗资巨大不了了之。1745年，前山城还隶属于海防营，到了1831年，变成内河水师营。1862年，金斗湾内已是"弥望稻田，万绿无际"。到了1870年，前山水道被十顷围截断，南屏北山乡杨云骧倡议并率众人开通河道，"长四百二十丈、阔十八丈二尺"，舟船才能够由灯笼山经前山水道进入澳门。

半农半儒的斗门涌

斗门在黄杨山西北角喇叭口，比金斗湾更像一张大鱼嘴，山溪与江海连通。斗门的开发与南宋末年香山县令赵怿夫"子孙寓籍黄梁都"有直接渊源关系。赵怿夫于1234年任香山县令，3年后卒于任上。他儿子赵时钑元末避难于黄梁都，先在大赤坎安家，15世纪初分出一支迁居大沥岐，中叶时又分出一支择居南门、斗门。

自周朝开始，士大夫皆有圭田，唐朝给官员职田。宋朝时，香山县有万户，"万户以上，县令六顷"。赵怿夫后代选择在黄杨山区安家，就在今天大赤坎、南门、斗门村一带。他们的土地肯定比土著民的山谷坡梁要好得多，属于最早能吞纳西江泥沙的淤积区，能从小到大"生"出更多的沙田。他们安家之处实为山水汇聚入江海的山门口，西江南下至此环流淤沙便于成田。斗门村名见于明朝方志，而斗门涌最早出现于清道光年间的方志，"历各潮潭围田而出"，可见南门、斗门、大小濠涌一带形成大规模沙田是在18世纪末至19世纪前叶。

斗门涌被称作"内水"，也就是季节性的山涧溪流。它源自黄杨山，长13里，算得上珠海不可多得的淡水宝库，可称得上"大河之水"。它从西坑经过"石门阮，汇鹤兜山西北溪水，并汉坑。北经斗门北迤，西汇竹坑，又西入下

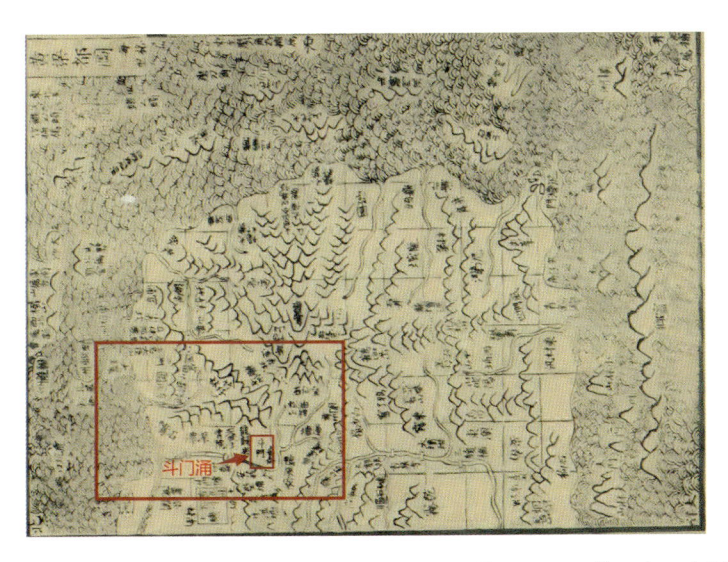

▲ 清道光《新修香山县志》舆地图说中所绘的斗门涌一带山水、乡村

洲海"。所有这些历史古溪水地名如今依然存在,水道只剩下毫不起眼的小水沟,还保持着由东南向西北的原始流向,大致沿着黄杨大道、宋城大道,顺着接霞庄北侧,从南门渔业村入虎跳门。上游两侧全是庄稼地,下游多养殖场。斗门之所以命名如此,还是依照了中国"山川土形而立其名"的传统,更重要的是它比金斗湾更具有鲜明的传统农耕文明含义。金斗、斗门都是"斗"形,最大的区别,一个是历史悠久的盐渔地区,另一个是来自先进农耕文化的半农半儒地区,两者经济、人口与社会结构不同,自古就是珠江出海口上两个不同文化属性的湾斗区。

回看历史文献,斗门地名中绝少含有香山北部与中部的盐田治沙、治水名,如陂、塘、萠、垄、堡等,反而大量山水地名保存下来,尤其多"坑""坎""涌""沥"。此处淡水水源丰富且广阔,围田大多位于水中央的山岛四围,不适宜开展筑坝围堤,治理季节性的山涧洪水冲没农田,同时满足船运需求才是头等大事。一直到新中国成立前,斗门"可行大船"载于史册,内河航运来往新会、石岐与澳门,是这个地区重要的经济、生活内容。

与凤凰山沿海地区一样,清中期以前,斗门地方基层的社会、教育、水利以及军事等管理一直由乡村自己负责,这些历史极少见于方志记载。黄杨山西北地区之所以积聚成规模的寺观、墟市、土城,完全依赖于自身艰苦卓绝的开发。在香山立县前后,斗门即建有龙归庵。宋朝末年,龚行卿与邓光荐都避住香山时,龚行卿就隐匿身份带着家人住在龙归庵,与赵时钠"遍游山水以自适。邑人惯识之,呼为'龚大监'"。他们在黄杨山上"筑金台精舍""读书于此"。"山田数亩可耕……岩洞多素心兰、午时莲、芭蕉、吊钟花、黄杨树,山顶则产黄杨茶"。邓光荐在此期间写下了"草草茅茨桷数椽,鸡鸣犬吠白云边。此山此水前无古,能酒能诗亦是仙""棋酒从容新里社,衣冠萧散古遗民。他年史传收芳迹,应许牵联作隐人"。这些古诗反映出700多年前斗门至大小赤坎一带的生产生活场景。邓光荐祸不单行。1277年,他的家人全部被烧死,只有自己逃脱。第二年,他投身南宋的海上救亡运动,获得陆秀夫托付的书稿，后辑为《填海录》。1279年，他在崖山战役中被俘，跳海自尽不成，与文天祥同时被送往南京，两人于途中结下深厚友谊。

元朝时，赵梅南不入仕，隐居黄杨山的山海之间，筑意翁亭，自号"六一公"。时有黄观光以对话文体撰《意翁亭记》，将赵梅南不喜纷华乐居斗门的心境记传于世。赵梅南将"仁者乐山，智者乐水"之意寄于黄杨山水。他说："潮居之山，巍巍其高，发自万里而重厚不迁，有似乎仁；溟渤之海，洋洋其深，涵蓄万象而流动不滞，有似乎知。"这间意翁亭别具一格，由"竹迳构亭，曰'猗猗'"，门联为"但存方寸有馀地，不可一日无此君"。这个"猗猗亭"是南门村后世"猗猗堂"的源头。赵梅南并没有厌世愤俗，而是作了"潮居八景"诗，每天"琴尊前，后图史，日课儿书数卷"，经、史、艺文、礼乐皆是他的教育内容。在没有任何官方乡学、社学的社会条件下，赵氏后裔身居乡野传授文化，保留了难得的文化积淀。那时候斗门、乾雾两地之间翻过高城山有蟾蜍迳、茶岭迳相通，黄、邝、赵氏等宗族之间的文化知识传播应当十分频繁，这是黄杨山沿海地区古风淳厚、人才辈出的依托。将斗门视为宋、元以后黄杨山沿海的文化中心，并不为过。

从历史记载看，1717年，金斗湾的前山建立兵寨，1731年，黄梁都设置巡检司，1734年，香山协右营驻防斗门。3年后，斗门墟建土城。1757年，香洲地区最早的3座书院，凤山、凤池与金山书院同时建立。到了1763年，斗门土城内才建起黄梁都乡学。1822年、1823年，斗门又相继建成澄澜书院、天衢书院。从历史记载可以清晰了解到，黄梁都、恭常都两地教育落后于香山北部地区长达6个世纪之久。

南宋时期，斗门涌是在南门村，也就是接霞庄与下洲山之间出海的。到了明朝，这里发生更大范围的淤积与围垦，因为农耕生产引发人口集聚，所以有了斗门墟。今天很多人去过接霞庄，都知道这个庄是四面环水的小世界。这是很奇怪的一件事，因为这里既不像上洲、下洲村那样有海中小岛可依靠，也不像南门村背倚后山可成田，完全是从斗门涌出海口的水中建起来的。因为无文献记载也无人考证，我们只能推测这里采用了与筑堤拦沙完全不同的围垦方法，是从水中挖土抬田建成的有"护城河"的庄园。

在所有香山县志的记载中，地名中含有"硪"字的只出现在两处，一处在五桂山东北部良字都的"石鼓硪"，另一处就在斗门的"硪石脑"。硪，是宋代发明、明中期广泛使用的大型防洪、泄洪工程，"固巨石为硪，以泄洪流"，多见于南宋江南地区，主要用以保护农田与船运。但是这个硪石脑建于高城山与鹤兜山之间，就是今天乾务水库淹没的区域。"脑袋上的水坝"应是为了保护山巅溪水在丰水季节不冲毁下游耕地。作为历史上传统的农垦与航运之地，斗门开发的古水利工程是如何建设的，有没有历史遗存？无人知晓。

斗门涌内在19世纪初至少拥有斗门墟、沙垄墟2处集市，19世纪末20世纪初商贸旺盛。石咀村在1910年新开石咀墟，商户600多家，与香山埠时间相差无几。这个石咀村后更名为人们耳熟能详的凤山。这个时期的南门涌、小濠涌，与江门、澳门之间的航轮拖渡贸易频繁，成为进出口货物转运澳门的中转之地，涌内大兴土木，连续建起数十座连接各村的桥梁，南洋华侨资本入驻斗门涌，使古老的乡村、祠堂与西洋商业区相映成趣。

"无量斗"的万山岛

在中国史籍中，"老万山"一名最早见于隋朝，被确凿记录于谭其骧主编的《中国历史地图集·隋岭南诸郡》图中。万山在珠江口航海线路上的战略地位早有定论。

万山岛上有2个重要的水源地，一处叫"大水坑"，在海岛西南部的万山湾，航船往来必经这里补水。20世纪70年代，在万山渔场鼎盛时期人们就利用这个大水坑建设了水库。

还有一处水源，除了海岛上生活过的老渔民，后代知道的人就不多了。它在海岛东北部，被称为"无量斗"，与渔民常常停泊的北沥岛很近。即使整年无降雨，这里泉水仍长流不竭，是养育渔民最珍贵的财富。它很奇特，一口四五平方米的水眼就长在七八十米高的山坡上的巨石中，水眼从山坡直通海底。雨季，万山岛溪水高涨，无量斗会被淹没；旱季，无量斗就会出现泉水眼口。

海岛水源对航海人而言就是生命之源。在无动力航海时代，船上淡水每隔两三天必须更换，这是万山岛的战略资源。与万山岛一样，珠海几乎所有的出海口岛屿上都有溪流、泉水，除非是光秃秃的巨石堆。

在18世纪西方的中国海域航海图上，珠江口外有一座岛屿被标记为"Ladrones Island"。有的旅游网页上至今还能偶尔见到这个称谓。1521年，麦哲伦航行经过西太平洋纳利亚纳群岛时，船队中的一艘船被偷，于是，他把这个群岛称为"Ladrones"。"拉德龙斯"由此成为"海盗之岛"的代名词。

而珠江口外的Ladrones，主体就是万山岛。

▲ 成书于16世纪末的《苍梧总督军门志》中绘制了南头寨巡哨海区图。该图右上角就是万山岛，并注明"海寇年年停此。惟南头西乡口渔梁船知消息。"

明、清以后，随着南海浅海湾淤积成田，万山岛是广州东海道的放洋之岛，也是整个华南沿海船舶往来必经的重要的地标性岛屿。无论是15世纪初郑和七下西洋，还是18世纪末美国"中国皇后"号远航广州，抑或是英国马戛尔尼使团来华，万山岛都是绕不过去的航标。

万山岛在航线、海防上的战略地位无人不知："凡番舶入广，望老万山为会归""老万山……属番舶入中国道""珠江口外最高者为老万山……凡进珠江口者必以此岛为记认准的""守老万山，则凡诸番舶者不得入内港""防香山之老万山，犹防新安之大屿山"。

然而，历史又记载了万山岛的另一张面孔。《苍梧总督军门志》"南头寨"舆图中有记："海寇年年停此。惟南头西乡□渔梁船知消息"。清康熙《新安县志》引旧志称："昔万贼巢此，故名""老万山之南……内有卢亭，俗传为卢循之后"。又有"贼据老万山为害""老万山贼肆劫""白翰纪初战于竹洲、老万山"。这些都是明朝纪事，可见从明朝起，万山岛已被糟蹋得体无完肤，与其战略地位南辕北辙。

万山岛被称作"海盗岛"不是历史的真实结论，而是明、清海洋、外交、海防与民生政策博弈衍生的恶果。回望珠海明、清数百年海禁历史，视人民为敌，把海疆分内、外洋，将海岛变无人区，这种欺民害国的海防从没有实现海防安宁、国家强大与民族兴旺，而自古以来在海岛上生成的海洋文明反遭摧毁、踩躏。就如同1668年广东巡抚王来任所说："弃其门户而守堂奥，臣未之前闻"，"未闻海寇大逆侵掠之事，所有者仍被迁，内地逃海之民相聚为盗"。

万山岛的海防在1621年以前隶属于广州府海防的南头水寨。南头寨就是唐、宋时期的屯门镇。1621年建前山寨后，万山岛是前山驻防水军的11个海防巡哨要点之一。到了1729年，大、小万山岛各设炮台，分兵戍守。炮台建成于1732年，鸦片战争前，共进行5次修护。东炮台有营房22间，炮3位，兵50名。1743年，前山城设立军民海防同知府后，前山海防水军实行春、秋巡洋，轮防万山岛，无论是民船、商船、渔船，只要出入万山岛，一律通报军方，并上报海防同知府。19世纪初，英、美等国鸦片船视万山海防于无物，将大型趸船从万山岛外拖入零丁洋销售鸦片，"凡洋船载鸦片者……一入万山，以三板驳赴趸船，然后入口"。究其原因，"所过地方水师官均已受贿放过"。鸦片畅行无阻，整个珠江口海防、关防彻底沦丧为祸国殃民者的帮凶，这样的国家机构无异于自杀利器。

而到了日本帝国主义侵略中国华南沿海的时候，万山群岛居民、渔民被屠杀、凌辱，万山岛被屠岛，浮石湾尸横遍野。直到1950年万山岛解放，新成立的乡政府才埋葬了尸骨。港澳流动渔民重新登上万山岛成为固定渔民，拉开社会主义制度下"海上大寨"的新历史帷幕。

万山岛从海上航线到海盗之岛，从被屠岛走向新生，是什么原因使它一步步走向黑暗的地狱？它丰富的海洋宝藏又为什么能获得新生？这个问题蕴含着世界风云与人类历史走向的深刻含义。当我们从马克思主义的大历史观出发，掀开珠海海上岛屿的历史面纱，珠海没有哪一座岛屿不承载着人类文明转向的记忆。

海上乱世

"岛夷":海上边缘人

拥有土地,你能拥有产权以及附属的一切收益;拥有海洋,你无法带回家变成稻谷、宗祠、祭田、学田以及义仓,你能获得鱼虾,那只能算是贱民。若能获得贸易,你就是个不能入仕的商人而已。海上的渔盐、贸易都不会形成乡贡、进士和荫袭的经济与政治根基。但是,海上只要是有一点可以成土的机会,没有人能阻止争夺。到了明朝,统治者认为珠海的这片海洋是危险的,他们放弃了这片海区的经济开发与社会管理,以"无人区"的方式驱逐登上海岛的求生者。

到了明朝初年,香山的北部与中、南部地区属于完全不同的世界。官绅所在地获得重重保护,而南方海岛完全被边缘化。自唐、宋以后,珠海所在的海岛地区已经开发,虽然落后但还不至于被视作另类,而从明朝开始的海禁,竟然将海上世界的人界定为"岛夷"。这个特定的历史概念被各个时期的《香山县志》反复记录,你无法不把土地、人与社会权利联系在一起思考,为什么明、清会开历史的倒车?而远在秦朝大一统时期,数十万人可以从北方移民到岭南浅海湾?

明朝中期,香山劳动者分为农人、灶人、织人、牧人、园人、渔人、猎人、市人、矿人9类。岛上刀耕火种的瑶人是"不治之民";工、商是"不与之人"。珠海的乡村、海岛上除了农户、灶户、渔人、"不治之民",剩下的只有经商懋迁的"不与之人"。农户主要集中在斗门、乾务；灶户、矿人分布在金斗湾、唐家湾沿海、山场以及东部海岸的香山崖，而那些分散在三灶、横琴等大大小小岛屿中的渔民、瑶人、商人几乎算不上农耕社会的文明人。

黄佐是那个时代的见证者之一。1548年，黄佐辞官回广州后，先后在《送郑太守考绩序》《赠陈广州序》《东莞县志序》中说，近海之民"其民多知，故其弊文且儳""其习之流也，诈以憝"。这些人虽有智慧，但狡诈奸邪，追逐"商贾货利""东往柘林，西通山越，弄兵恣掠"。

从被定义为"岛夷"开始，珠海的海岛实质上被判作无人区，与主流社会割裂了，海岛居民的生存繁衍没有任何保障。

南宋朝廷流落于珠江口时，斗门有一位民间勇士赵若举，他带领乡里数百人加入抗元队伍，后升为广南东路兵马铃辖。宋亡之后，元朝大将张弘范领兵欲屠黄字围（潮居里，今斗门）。赵若举挺身而出，愿意用自己的生命挽救乡民不被屠戮，"潮居里三百余家赖以安堵"。我们由此可知，在宋末元初的13世纪末，黄杨山沿海地区只有300多户人家。

明嘉靖时期的16世纪中叶，斗门有"图二（14世纪末，三灶岛上的三图、四图被迁界），八十里海中，村十七"，只剩下200多户。香洲的情况稍好，"图三，一百二十里内，村二十二"。整个珠海此时只有5图，39个村。如果加上三灶岛上被当作"通番"赶走的三图、四图，珠海总共有7图。

图，是从宋朝开始在乡村基层管理中推行的一种"每保画一图"的办法，将户籍与地域统一在一起绘图编户，以便于索地追人对号征税派役。到了明代，"每百家画为一图"，一图相当于一里，一里110户。就算把三灶人口也算进来，珠海只有不足700户居民。

1542年的香山县共有35图，6054户，18090人，户均人口不足3人。按此大致推算，整个珠海两座主山分布的"版籍"人口约2000人。海上渔民、灶户、盐民有多少人呢？根据嘉靖县志记载，黄萧养起义20多年后，到1472年，剩下的渔户并作1图，不足110户；灶户同样只剩下110户，501人。这些海上渔民、灶丁逃亡散布到各个海岛，逃脱税赋控制，你永远从图册中发现不了他们，不知道他们姓甚名谁。

从唐代开始，珠海就已经是多民族融合，不分你我共同经营这片海上家园。"岛夷"称呼在中国历史上早已存在，并没有特定指向被社会抛弃者。晚唐诗人施肩吾的《岛夷行》是这么描绘的："腥臊海边多鬼市，岛夷居处无乡里。黑皮年少学采珠，手把生犀照咸水。"这首唐诗确切指明岛夷之民身处海岛，不处于政府乡里治理的体系范围内，但他们并没有遭受驱赶与迫害，反而一代代学会了海上生存技能。

《明史》所称的"岛夷"，历史含义完全改变了，是到处出没的"岛寇倭夷"，属于没有社会认同的非法进入者。珠海广袤海岛，即便是白蕉、白藤头、大小托、三灶岛这些处于东西部之间必经要道上的海岛，都不被纳入版籍，海岛经常被"虚其地"，渔民被强迫从军，岛上人口随时被驱逐，岛间的垦田、山涧梯田被没收、抢夺，反抗者甚至被屠戮。直至清朝道光、光绪年间，方志还一而再再而三地反复告知后人"山海丛杂，本为盗薮""粤海之藏垢纳污者，莫此为甚"。历史证明，这种视民为敌的荒诞愚蠢行动并没有产生实效，反而使所谓的外海荒岛成为更危险力量的侵入跳板。

海禁、迁界的无人区

自明朝海禁开始，到清朝迁界，历史就开着倒车，一直到1790年，清政府才不再一味驱散、焚毁沿海海岛的居民家园。这段历史断断续续绵延300多年。事实上，珠海的海洋、海岛开发到了明朝便停滞不前，15世纪中叶爆发黄萧养起义以后，盐业经济一落千丈，海岛成为空岛，凤凰山、黄杨山2座主岛的人口大幅度减少，整个海上地区的基础教育、海防、农耕水利、海上交通建设一片空白，完全是政府控制力量之外的亚文化区。

清康熙县志纂修者，县令申良翰发出这样的感慨："今香山户口凋残，初迁、续迁之土田未尽展复，赋税远不逮旧额。本富之业，山泽之产，不为民利，反为民害。欲大去其害民者，而形或格之，势或禁之。呜呼！亦尽吾力所能为而已矣。"他虽然作为地方官员治理一方，遇到还处于迁界之中的香山海域也不得不发牢骚感慨，人都被撵走了，谁来耕田煮海，向谁收税？

明、清时期，是世界海权概念兴起定格的重要节点。就在郑和七下西洋半个世纪后的1494年，也就是弘治七年，这个世界的海洋已经被葡萄牙、西班牙一分为二了。而到了清朝雍正、乾隆年间，这个世界的海洋上又有武力海权理论：武器的力量终止之处，即为陆地权力终止之处；大炮射程3海里以内，就是领海范围。如果明、清王朝能知道世界海洋日益被瓜分的信息，还会把自己的家人说成"岛夷"？我们无法推测，但是，对于海上生存者而言，他们在明、

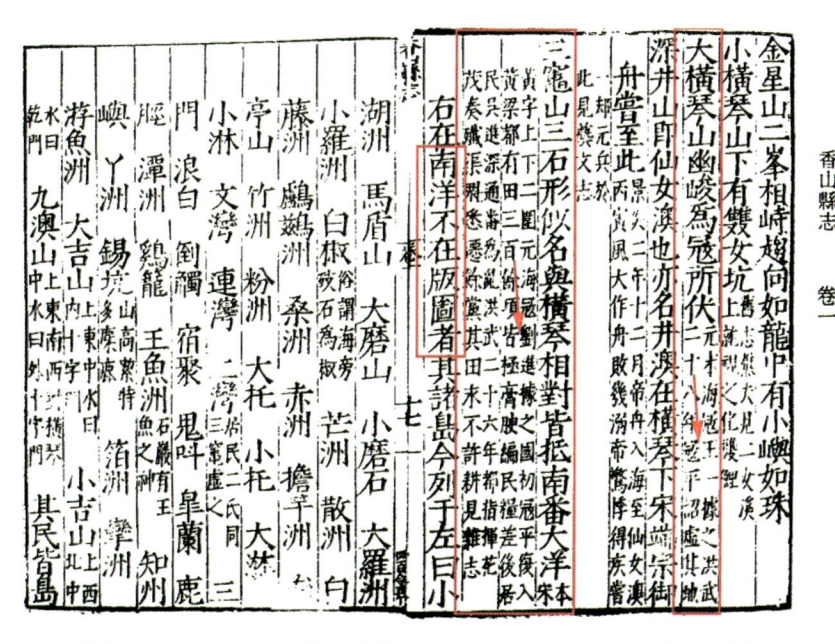

▲ 明朝嘉靖《香山县志》记载的横琴岛、三灶岛"海寇"以及"不在版图"诸海岛的历史信息。直至1673年清康熙县志时，这些岛屿依旧被划入"不在版图"之列

清两代的大部分海禁时间内都是弃儿。统治者们害怕海上贸易、荒岛求生，数百年坚壁清野隔绝商贸的新生力量，而事实上，他们根本无法阻止海上人民的求生力量。

也就是在珠海海上居民被抛入历史低谷的时候，葡萄牙人乘着武装商船登上珠海沿海的海岛了。

但是在士大夫看来，珠海的海岛地区越是人迹罕至，就越安全，越是人间仙境。15世纪中后期，黄佐的祖父黄瑜曾翻山越海来到凤凰山、横琴与三灶岛，写下《凤凰山》《横琴山》《悲井澳》与《三灶山》等诗，凤凰山是"空余一片山""长林暮萧飕"。他好不容易找到一条村落，却是"翛然卧荒村，清猿夜深雨"。他看到的横琴，是长满苔花的琴轸；看到的三灶岛是可以"长伴貔貅宿海边"的避世天堂。珠海的海岛区域只有可资回忆的南宋覆亡旧事。1547年，香山县令邓迁擢升，调离香山县时，他感慨地写道："郊野耕渔作息间，江村樵牧弦歌里。万井畲田海外沙，四山棱角落梅花。"从嘉靖初年的1522年到1547年间，短短二十几年，香山被免了6位县令、4位县丞，邓县令是做得不错，但是他所吟唱的"樵牧弦歌""万井畲田"，真是描述过头了。全县只有14口井，珠海所在地没有一口，没有淡水就不可能形成生产与生活人口积聚，哪来的万井？更重要的是，葡萄牙人在县城南方海岛游荡的时候，他在哪里？

明朝的时候，珠海的海岛是怎样的？海岛只有地理属性，似乎没有社会属性，即使有人登岛生存，也被当作流民驱逐。在地方治理体系内，海岛被列入"不在版图者"。这个版图指的是不属于户籍、图册管理之内的社会，也就是极度边缘化地区。凡是流落聚集在珠海海岛的人，一律被认定"皆岛夷"，或是"不治之民"，就是那些为逃避徭役躲入海岛的"徭人"，"居谷字都及三灶、横琴山，力耕火种"。他们在横琴生产别处没有的旱莲稻，"味尤香美"，但是他们被通通撵走。

到了17世纪中后期，据清康熙县志记载，依旧不在版图之内的岛屿包括：

马盾山(就是竹银水库所在之处)、大罗洲、小罗洲(就是螺洲溪两岸的山岛)、白藤、白蕉、竹洲、粉洲、大托、小托,这些都是今天斗门区的重要城区或者经济区;锡坑,是南屏洪湾的;十字门、九澳山,是横琴与澳门的;大林、小林、文湾、连湾、浪白、高栏,是金湾区的;赤洲、担竿洲、南亭山等等都属于万山群岛。这些处于香山基层政权无能管理的海岛,"不在版图""其民皆岛彝也,今迁",比明朝海禁有过之而无不及。

清朝迁界比明朝海禁更为残忍,斗门的悲剧最为惨烈,历来为沿海岛屿迁界研究所关注。1663年,"海民啸聚香山之黄梁都,赤坎、三灶、高浪(栏)诸大岛皆为渊薮……克黄梁、三灶两岛,斩首逆赵劈山、赵麟生等"。《香山县志》记载了这个历史,但没有确切被害人数。在《清圣祖实录》记载中,这次被屠的共有"二千三百余名"。1664年,黄梁都迁界。当地百姓不愿意抛家离乡,藏匿于深山邃谷。平藩左翼总兵班际盛设计引诱他们说,只要按人头点名禀告大府,允许他们复业,他们信以为真。那些驱逐他们离乡的军人陈兵长连埔,念着乡民的名字,让他们一个个排队从前营进,从后营出。百姓进去一个杀死一个,无一人逃脱。1673年,黄梁都百姓还不许回家,连县令也质疑,必须迁走黄梁都百姓,腾空其地才能无忧?难道这就是设险守国的意图吗?1684年开界以后,黄梁都乡民回到故乡,只见长连埔枯骨遍地。他们将遇害者丛葬于一起堆成一座小山,竖一碑碣,名为"木龙岁冢"。"木龙"隐喻康熙三年,就是说,这座墓是纪念迁界被屠者之墓。

根据朝鲜《李朝实录》记载,珠海海岛地区居民逃出生天的路径远不止广东、广西或福建沿海。1670年,朝鲜发现有60多人乘船漂到了济州。他们是"逃出海外香山岛,兴贩资生。五月初一日,自香山登船,将向日本长崎,遇风漂到此"。

从明朝海禁开始,包括珠海在内的海上边缘人被逼成为一无所有的海上流浪者,与海上的商业资本,与萌芽中的世界资本主义海上冒险力量一触即合,游荡在海洋、海岛的禁行区。在广东,"环郡大洋,风涛千里,皆盗贼渊薮";在福建,"穷民往往入海从盗,啸聚亡命";在江浙,"蛮夷诸岛交舶万艘",通倭、通番不绝于耳。即使到了1730年,清朝迁界早已结束,统治者还将珠海的山海视为盗贼生存的海区,从没有思考过那些在海洋生存的底层人民如何获得生存的尊严与机会。曾任台湾镇总兵的陈伦炯在《海国闻见录》中写道:"伶仃山、旗蠹澳(淇澳)、九州(洲)洋而至老万,岛屿不可胜数,处处可以樵汲,在在可以湾泊。粤之贼艘,不但缯艇、海舶此处可以伺劫,而内河桨船、橹船、渔舟,皆可出海群聚剽掠。粤海之藏垢纳污者,莫此为甚。"

当珠海的海岛被列为"不在版图"时,葡萄牙人、海盗几乎在同一个时间出现在珠江口。海上的边缘区成为不同力量的跨界区,社会变化的前缘区。2005年,李德元在《中国边疆史地研究》发表的《明、清时期海岛开发模式研究》中指出:"明中叶以来的'海禁'政策使大量渔民和海商的生活日益艰难。为了生存以及利益的驱使,他们开始违禁下海通番,从事亦盗亦商的活动,进而成为强大的海上走私贸易势力。"

珠海真的是海盗之海?决不是如此。相反,它正在浑浊中划开一条商路,为数百年后中国崛起一群近代商贸强梁忍辱负重。

争夺三灶岛

土地是私有制的根基,是封建统治者经济、社会、文化与家族势力发展的依托。香山县以土地立县,土地是维护封建统治者经济、社会、军事、教育以及文化的基础。土地的范围就是海上的权力范围。在没有土地的海上,香山县官僚与各地豪强劣绅都失去利益根基,无法实施统治、管理与文化粘附,也没有人服从他们的剥削与社会等级秩序。一旦风险来临,他们没有人对属于"莫非王土"的海岛承担保护义务。这是他们将海岛视为"不在版图"的根本原因,也是明朝将珠江口海域划分为外洋、外海或者内洋、内海的依据。

从南宋潇洒的"木鹅"漂流,到明、清时期武力兼并、掠夺沙田资源,南海浅海湾在漫长的沧海桑田进程中,土地私有制主导了这个历史过程。在私有生产力无力开发海岛的时候,身处海上的海岛是私有生产关系、社会关系无力覆盖的区域,在暴风骤雨的社会变革前夕,私有制的统治者对这个海区充满惊恐、歧视,这里必定成为荒蛮之地、流民之所、海盗之区,而生存在这里的人民必定是不治之人。

要看透明、清时期珠海海岛治理的本质,有一个特别的历史观察对象就是三灶岛。它随时可以被抛弃,随时可以被争夺。若掠夺者是官绅土豪,不算海盗、海贼;若是流民、反抗者,那就是匪寇。

三灶岛是珠海所有岛屿中最早拥有垦海土地与民籍的岛屿,历史源于南宋,到明朝时已有300顷肥沃土地。正因为拥有土地,多方利益在这里轮番抢夺。从明朝初年的1393年第一次海禁被清空,到清朝末年的1871年又差点被"迁其民,墟其地",在明、清两朝近500年历史上,三灶岛一直是官衙、水军、豪强、番商、流民与所谓盗贼反复拉锯争夺的混乱之岛,不断被颠来倒去得生无宁日。

1393年,广东都指挥花茂以三灶岛吴进深通番作乱为由,歼杀渠魁,"其田永不许耕"。1465年至1487年,因为三灶岛、横琴岛之间的乌沙海"番船侵扰,岁令官军千人防之"。1506年至1521年间,南海县豪强侵占土地,招集"瑶、僮立为十甲,聚众盗耕"。1536年,黄梁都人又把土地赎回自主经营,再被认定是"素通番舶"。1546年,香山县令邓迁以"裁节豪强,销患海岛"的名义,把春花园、圣堂一带15顷土地没收充公,由黄梁都的唐国进、黄鼐等21人轮流担任里长耕作,每年上缴1100石稻谷给县预备仓,并缴纳官租、军饷。

按理说,一县之侯说话是算数的。但是没多久,这些土地很快又落入豪

▲ 三灶乡图出自祝淮修、黄培芳纂《新修香山县志》

强之手，1581年，香山县令冯生虞再次清丈划定公田。为便于地方管理，1600年，负责汛海三灶岛的水军奏请设立1位三灶抚瑶守备，东澳村周高扬因为精通各种流亡百姓的语言，成为首任守备，其后裔荫袭此武职，以加强三灶与海防水军的沟通。这也是恭常都、黄梁都自南宋以后设立的首个地方"土官"，但收效不大。20年后，公田再次易手，县令周维持又一次从豪强手中夺回公田。等到周维持调离香山后，这些土地又被夺走。如此剧烈的土地争夺发生在海禁的无人区，一点也不稀罕，因为海禁区完全是无法无天的争夺区。当时在广州府担任推官的颜俊彦将三灶岛反复争夺土地的纠纷编入《盟水斋存牍》。他忍不住质问："三尺之法能行之新会，不能行之香山乎？"对珠海的海岛地区而言，只有土地才是争夺目标，根本无人能确保海岛社会的正常秩序。三灶岛的遭遇证明明朝以军治海的海禁手段失效。

三灶岛从清朝迁界后获得了难得的生息机会。1684年，沿海各县百姓被招揽到三灶、高栏盐场开发盐池。接着，三灶岛又于1720年建炮台，炮八位，营房18间。1738年，三灶岛首设香山场盐课大使，1748年建大使署，1756年建谷仓。首任前山军民海防同知印光任曾泊船三灶，作诗描绘这里是"村墟易米盐为钞，蛋艇提壶酒换鱼"。过了62年，三灶岛上建起了第一座书院——三山书院。1828年，香山县令祝淮在县志中写道："古为海寇所据，今俗安耕凿，士乐诗书，弦诵之声熠然而起。"

就是这样一座三灶岛，它既可以被花茂当作海盗之岛，又是黄佐的爷爷说的神仙之岛，还能被祝淮赞为诗书之岛，到底什么才是三灶岛真实的历史身份？封建利益集团的喜好完全可以决定人民的命运，而被社会风云裹挟的人民一样可以选择反抗，以寻找人生的出路。到了1871年，两广总督瑞麟派副将戴朝佐讨平高栏、三灶的"海寇"。这位副将又要搬出500年前的海禁撒手锏，视三灶岛为"盗薮"，准备再祭出"迁其民，墟其地"的大杀器。这种视人民为敌的思维定式是珠海成为"海盗之海"的直接原因。而潜在的根本原因，则是根植于土地的私有制。缺少生产资源，珠海的海洋生产力发展远远落后，随时可以被污蔑为海盗渊薮；有了生产资料，并不等于拥有生存机会，还要看谁是争夺的最终"胜利者"。

"开水"时代

海岛边缘人苦海求生，何尝不像《荒野呼唤》中的巴克，用巨大的能量反抗、杀戮与谋生。生存利益是唯一的准则，所有能满足利益的都能妥协，所有侵害利益的都是敌人。他们没有血缘宗族，鄙视道德礼教，嘲弄贪婪腐败的官吏，并不同情饥寒交迫的苦难者。他们借力葡萄牙人，驱逐荷兰人，绑架英国人，吸食鸦片、嗜好赌博，毫不犹豫地摧毁别人与自己的生命，把社会的惨痛浓缩进个人的悲剧。

谁是这股力量的背后推手？这就是掠夺土地榨干血肉的力量。海禁、迁界就像一顶盖子，把生存的希望封杀在苦难深渊里。中国人长久向海洋移民，那不是春运探亲的向心力，而是躲避社会压迫与灾难的一股股疾风。当他们到达华南沿海被钉死在海岸线上，无头可回，也无路可退的时候，最渺茫的希望就是野性的呼号，宁愿死在鲸海也不后退。正是在这段历史时期，世界资本主义的海洋力量崛起，他们与海上求生者、冒险者形成密不可分的利益关系。这是明、清统治者最不愿意看到的场面，只要是"通番"，就是海盗、海贼。一场旷日持久的海上对抗从海禁开始拉开帷幕。海禁与求生，海商与海盗，地主、豪强与无版籍者，官绅、行伍与"通番"者的缠斗，将珠江口熬成一锅滚烫的开水。

明、清王朝不可能不懂水可以载舟，亦可覆舟的儒家之道。他们以为海禁、迁界仅仅是"外洋"的"不在版图"者，只要牺牲掉像珠海那些荒岛上的小民能换来盛世，那也是上上策。殊不知从明朝开始，广东、广西、海南的"军府之事十居其七"，"山海盗起""峡贼称乱久""贼巢不可胜述""沿海之民多为海寇""未有一岁而无盗，亦未有一岁而不用兵"，到了19世纪中后期，"百姓怕官，官怕洋鬼，洋鬼怕百姓……粤东之民玩大府于股掌之间"，广东等沿海地区的社会已经孕育着摧毁封建王朝的暴风骤雨了。

珠海作为广东重要的出海航线，在明、清封建王朝由盛及衰的历史转弯处，早早就深陷由统治者一手导演而来的"开水时代"。整个华南沿海实际上几乎都成为这口巨大的沸腾之海，海禁越频繁、越猛烈，一心赴海的队伍越庞大，越具有组织性、颠覆性，令统治者付出的成本就越来越高，越来越困蹙，统治的根基就越来越脆弱。明、清时期在华南沿海出现的3次大规模海盗高潮，绝非偶然的历史现象。中国海盗不是西方海盗，他们不是政府或者资本集团出资网罗的保护人，反而是最贫穷的海上生存者、对抗者。他们利用一切海上贸易机会获得生存，逃避政府管控与官僚、地主压迫，而珠海的无人区成为中外博弈的绝佳的冒险天堂。

早在明朝初年海禁备倭，占城、暹罗、爪哇等传统友好的东南亚国家也不得入广州。作为广州的摆渡性外港，珠海是关文交接的必经通道之一。明嘉靖《香山县志》记载，彭豫于1393年任职香山县丞，当时"方物自香山入京"。有一次，负责接待外国大使的当事人在海岛交接时弄丢了公文封缄。这不是小事，朝廷派遣御史问罪下来，把彭豫也连坐了。就因为如此，他干了6年县丞无法升迁。

此时的珠海沿海各海岛被通称为外洋的"香山澳"，对外海上航线不可替代，只要有淡水、能停泊，几乎都是海上接济之处。譬如"天塘水"在九星洲山，也就是今天的九洲港一带，"为番舶往来所汲"。明朝郑若曾所著《筹海图编》记载，珠海的"峡门、望门、大、小横琴山、零丁洋、仙女澳、三灶山、九星洋等处，而浪白澳为尤甚，乃番舶等候接济之所""十字门澳，夷船泊此澳内""大小钓可泊飓风。濠镜澳有夷船""望门山……内包乡都，外泊艘舰，渔樵蜩集""邑南大海中三灶山……素通番舶""高澜（栏）……又西荷包湾，有商旅"。

从明朝开始，珠海这些"不在版图"的外洋无人区都由负责广州海防中路的南头寨负责。在16世纪后期设置广东"六水寨"之前，广州海防同知、广东海道副使每年4月至9月间都必须领船巡哨这些海区。南头水寨成立后，每年分冬、春两汛巡哨，冬季从10月到11月；春季从3月至6月。珠海海区的海上巡哨制度一直延续到设置前山水寨。在《苍梧总督军门志》的"南头寨"舆图上，"南头官哨泊此"就清晰地注明在浪白澳一带海区。但这些海区只是周期性的汛地，并不是南头水寨长期驻守的"信地"，每次巡哨也不是倾巢出动，并非登上每座海岛，无法阻止熟悉海区的海上冒险者的行动。

我们看看珠海历史上有关海盗的记载就不难发现，珠海不产海盗，所谓的海盗大部分是与海岛生活、海上贸易相关的求生者；珠海更不产海上巨盗，而是"开水时代"的中心之一。

珠海最早的海盗历史信息源自孙恩、卢循起义。1600年前，东晋末年孙恩、卢循领导海上起义。起义失败后，卢循部属及后代散布在珠江口各个海岛上，被视为"不隶征徭，以渔盐为生"的"卑贱之流"，有的是渔民，有的是盐丁，在海上"惟食蚝蛎，垒壳为墙壁"。

珠海最早的"本土"海盗记载，是元末明初的王一、刘进等人。王一在横琴岛，刘进在三灶岛。1393年，三灶岛连同文湾、连湾岛被迁民，横琴岛于1395年被荡平，"诏虚其地"。广东都指挥同知花茂在珠海扫荡、海禁的时候上奏说，东莞、香山逃匿的渔民聚居在海岛，"广东南边大海，奸宄出没……遇官军则诡称捕鱼，遇番贼则同为寇盗"。1445年，琉球使臣蔡璇的海船被风吹到珠海海岛，差点被当作海盗杀掉。1457年至1458年间，严启盛招引外国商船到南屏海岸，被视作"寇香山、东莞等处"。1522年，新会"群盗起引倭寇，黄梁都沿海民多遭杀掠，一年始平之"。1531年到1554年间，先后有黄秀山、许折桂、曾本亮、何亚八、郑宗兴等海盗在珠海出海口沿岸活动，"流劫香山涌"，广东"东、西二路沿海乡村居民、商船屡被其害"。1573年至1620年间，流居于三灶岛的群众与官府为敌，官兵追捕。

到了清初迁界，沿海民众只要反抗，皆被视作海盗、海贼。1666年至1667年，被迁界者、渔民等多次袭击翠微村。1668年，被迁界之民反抗，抢滩前山寨，攻占果福园，前山寨副将逃往石岐，前山从此无副将。1677年，翠微村又遭到流离失所者的攻击，"把总郑九琨死之"。

19世纪初，以郑七、郭婆带、乌石二等为代表的海盗集团崛起，横行于珠江口海域。1800年，海盗从浪白澳突入桅甲门。1804年秋，海寇劫白蕉村。1805年，海盗张保、郑一嫂在三门山、竹洲岛与磨刀山等海口建立内河航线锚地。1809年，郭婆带、张保等纠众数万人，船数百艘深入内地，横行珠江内河流域。在白蕉桅夹门一带海域，香山协副将许廷桂被杀。1807年夏，海寇攻入斗门虎山、沥涌等乡。1810年4月20日，张保、郑一嫂的红旗帮在磨刀海出海口的芙蓉沙接受两广总督百龄招降，共有226艘帆船、1300多门火炮。

珠海不产土地，也不产海盗，而是海岛失控，成为海上中西方禁锢与反

▲ 收藏于香港海事博物馆的《靖海全图》（局部）（珠海博物馆存复制件），绘制于清嘉庆年间，反映珠江口水域主要海盗组织"红旗帮"等从海上对抗到接受招安的过程

抗、冒险与侵袭、求生与杀戮等各种势力交织纵横的海区。说珠海是中国封建主义与西方资本主义两种生存方式的密集交锋区，一点也不过分。但是，说珠海是海盗之海，珠海不背这个黑锅。

从16世纪中叶开始，中国华南沿海海盗连绵不绝长达3个多世纪，其中有3个高潮。第一次发生在1520年到1575年间；第二次发生1620年至1684年间；第三次是1780年至1810年。这个时期与西方海洋贸易资本东来探险、侵袭的时间重叠，也与明、清实行海禁，推行内、外洋海防的时间重叠。与前两次不同，第三次海盗集团职业化、联盟化、商业化，清朝廷几乎无力对抗。在历次海盗风云中，与珠海关系密切的是郑芝龙集团和张保、郑一嫂的红旗帮。

在第一次海盗高峰期，也就是明朝嘉靖到万历年间，《广东通志》的3位纂修者戴璟、黄佐与郭棐都对海盗表达了各自观点。两广总督戴璟有上、中、下三计，"用其上，寇者民；用其中，寇自寇；用其下，则民亦寇矣。司海道者,请三思之"。黄佐说:"杜寇之来,莫若于自治。禁豪势交通之私,断小民接济之路,沿海居民相保伍。"他进一步认为,造成沿海海盗之患有三种原因,一是窝藏,二是接济,三是通番。郭棐认为:"寇由海入者,扼港以制之,而又设法断其樵汲,则寇无路矣。"

与历史修编者认识不同,军事机构将广东的海洋划分为"外洋""内洋"。所谓的内洋、里海,就是重点保护的香山县以北的地区,而外洋、外海就是那些"不在版图"的不发达地区。这是面向海洋的管理禁区、海防软肋,又是世界资本主义东来的必经之途,更是底层人民寻求出路的海上通道。19世纪末,郑观应在《盛世危言》中说:"粤之边境……疆吏漠不关心,动为外人侵占"。正因为如此,"中国之边境苦无人以实之,而忍听吾民之逼迫羁栖,飘零海外"。

他无法解释清楚这个水深火热的海上世界的社会规律,只是看到了这个现象的前半场。它的下半场还将一次又一次地、越来越残酷地吞噬中国。一代代苦难的沿海人无不在滚烫的开水中浸灼无数次。他们倔强抗死,从来不畏惧找到真理的牺牲。这是珠海,也是华南沿海人民苦海求生的唯一希望。

第三章

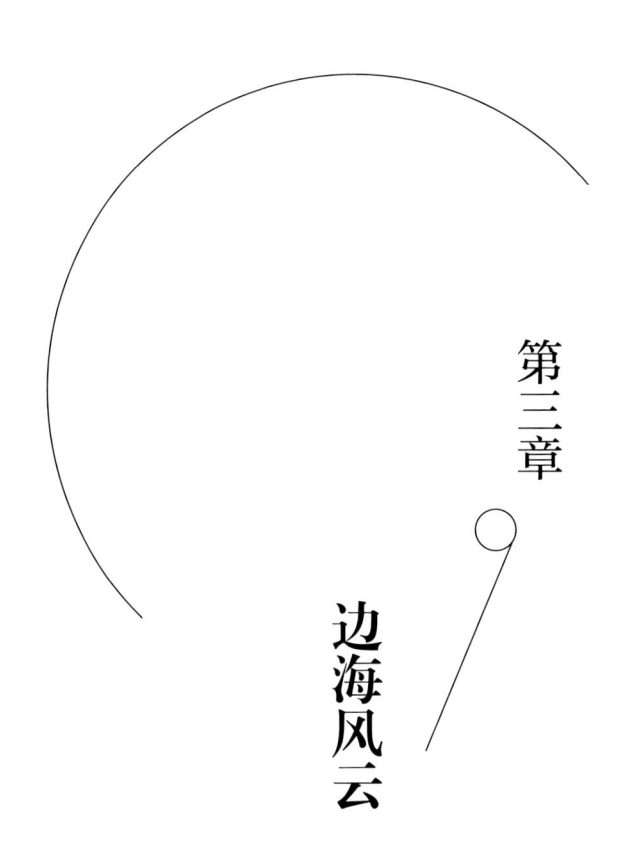

边海风云

珠海冲口

小脚趾头

从汉朝直至宋、元时期,中国历代商人与阿拉伯、波斯、中南半岛的商人们,共同在西太平洋至阿拉伯海打造出海上贸易航线。而在南海地区,由郑和下西洋兴起的民间海商共同构建出远早于欧洲人来到之前的"南海世界经济体"。

当葡萄牙、西班牙航海家发现世界海洋的秘密时,他们先后利用了这个海上经济体的成熟航线,并且采用武力占据要点建立基地,而且一直把据点建到中国沿海。澳门,就是这股风吹来的。用中国的语言来说,这是鸠占鹊巢;用西方语境表达,这是森林法则。葡萄牙、西班牙、荷兰还仅仅是风头,越往后,那就是一场由英国战舰带来的毁灭性风暴了。

葡萄牙从1511年武力征服马六甲等据点后,随后到了广东沿海,在电白、上川、浪白等海岛私下贸易。1521年、1523年,他们分别在屯门、十字门海域的西草湾吃了2次败仗,不得不北上福建、浙江沿海,在月港、双屿等岛屿尝试用不同方法,贸易的,暴力的,行贿的各种手段,希望在中国通向世界的海洋贸易通道上建立落脚点——他们的手法与100多年后用大炮为贸易开路的荷兰、英国如出一辙,但他们面对的是一个强大、傲顽的对手。

16世纪中叶,他们用谎言与贿赂得到意想不到的收获。国内最早记载葡萄牙因贸易旅居澳门的,既有《苍梧总督军门志》,又有广东御史庞尚鹏、两广总督吴桂芳的奏疏。吴桂芳汇报说,"各国夷人据霸香山濠镜澳恭常都地方,私创茅屋营房,擅立礼拜番寺"。万历初年的《广东通志》记载得更详细:1553年,葡萄牙"托言舟触风涛裂缝,水湿贡物,愿暂借地晾晒。海道副使汪柏徇贿许之。时仅篷累数十间,后工商牟奸利者始渐运砖瓦木石,为屋若聚落。然自是诸澳俱废,濠镜独为舶薮矣"。当时与汪柏共事的广东按察使丁以忠曾提醒他:"此必为东粤他日忧口,慎思之。"汪柏不听劝告,致使澳门被租居的事实"深根固蒂"。

可笑且可耻的是,汪柏并非"徇贿许之",而是有更重要的"大事"。这些"大事"。

从历史发展规律看,即使不是汪柏,葡萄牙、西班牙、荷兰等为打开中国市场,也一定会在中国华南沿海的海禁无人岛上扎根,因为他们能为腐朽的王朝提供奢靡消费品龙涎香、葡萄酒、鸦片,还有整个国家的财政血脉白银、利益代理人以及枪炮。从葡萄牙、西班牙,到荷兰、英国,中国华南沿海"既失马头于濠镜,遂开兔窟于彭湖",再丢台湾,又在鸦片战争中失去香港。除了血雨腥风的海上讨伐与博弈,我们在珠海历史上看不到明、清两朝任何开放

▲《苍梧总督军门志》中"南头寨"巡海舆图,右上角记载"香山澳,夷人住此"

083

的、国际化的经济、社会以及城市建设。官僚集团所知道的海上地理知识没有超过唐元时期,甚至比民间海商还缺乏对广袤海洋的认知。今天看来,明朝朱氏集团所谓的"万邦来朝"就是自己编造的笑料。1383年,明朝只给暹罗、占城、爪哇、真腊、满剌加、锡兰山、苏门答剌等国"每国勘合二百道,号簿四扇",没有勘合表文,一律杜绝往来。

从所谓的清乾隆盛世上溯1000年,广州、扬州、西安、洛阳等任何一座城市都有来自东亚、南亚、中亚与阿拉伯、波斯的商人、居住区。广州有专门的社区"藩坊",有被指定的来自各个国家的首领担任领导者,即"番长",还有外商自己的民族宗教建筑。唐朝时,市舶司专门建崇宝寺"以为番舶祈福之所"。远海而来的伊斯兰信徒兴建自己的教寺怀圣寺,塔顶曾有一只金鸡,"绝顶五更铃共语,金鸡风转片帆归"。中国人何时恐惧过"眼睛深却湘江水,鼻孔高于华岳山"的外国人?没有。而到了中国最后两个封建王朝,整个中国最繁华的国际贸易城市却在珠海的"海上绝岛"——一个远离经济与政治中心,生产力水平极端落后,缺乏贸易资源,依赖数个月长途跋涉才能建立贸易联系的荒芜之区。

这是一种外强中干的恐海心理。是什么让明、清王朝对已有千年历史的海上丝路感到恐惧?或许正如德国慕尼黑大学汉学教授罗德里希·普塔克所说的:"是由于其技术优越性……大炮、便于驾驶的船只,探索大西洋世界过程中获得的全面的航海知识……大银行的支持。"明、清的海上来客不再是阿拉伯海、印度洋上的和平贸易者,而是超越领先者。明、清王朝并不担心造船与航海技术,但是他们害怕枪炮中的贸易,征服下的和平。1517年9月,葡萄牙费尔南·安德雷德船队抵达广州海岸,在即将入城时,葡萄牙人为允许进入中国官府所在地而兴高采烈,他们在海上放炮为礼,"铳声如雷",震骇了从来未见过如此猛烈火器的整个朝廷。到了17世纪初,荷兰人闯入华南海区,大明水兵用火器攻击,荷兰船队"第见青烟一缕……不折一镞,而官军死者已无算,海上惊怖"。至于海洋贸易的金融体系,明、清王朝也从来没有感受过其覆盖整个世界海洋贸易的融资、投放与组织效率，他们还在为纸币无人要，铜钱大贬值犯愁。

这又是一具无力回天的奢靡躯体。

1998年，李世源发表了葡萄牙租居澳门与龙涎香有关的文章。2001年，金国平、吴志良发表《龙涎香澳门》，系统地考证出"龙涎香在葡人入居澳门过程中所产生过的难以令人置信的决定作用"。正是因为皇帝朱厚熜委派广东、福建、浙江各地官方搜集购买龙涎香，才使得葡萄牙有机会以龙涎香为"护身符"入居澳门，而汪柏正是获得龙涎香这把"尚方宝剑"，是"有功之臣"，随后一路升职官运亨通。

葡萄牙人入居澳门30多年后，1591年，中国一位伟大的剧作家汤显祖被贬往雷州，顺道游历澳门。1598年，他把香山澳写入《牡丹亭》。在第二十一出《谒遇》，汤显祖创作了以

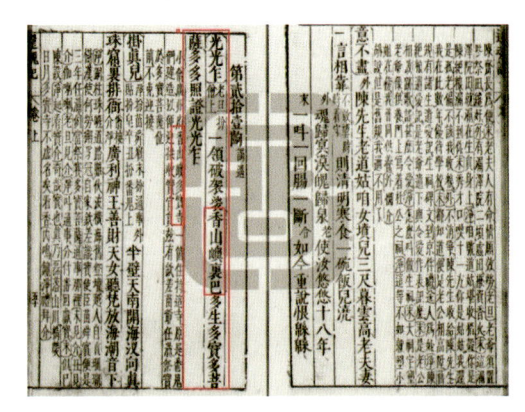

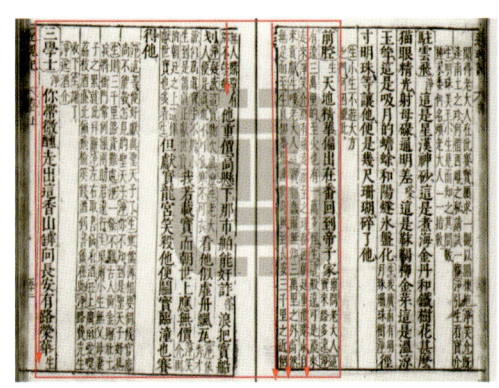

▲ 汤显祖《牡丹亭》第二十一出《谒遇》："这宝物蠢尔无知，三万里之外，尚然无足而至。生员柳梦梅满胸奇异……倒无一人购取。"

"宝物"为核心的剧情。主人公与钦差大人的问答对话尤为精彩:"这宝来路多远?""有远三万里的,至少也有一万多程。""这宝物蠢尔无知,三万里之外,尚然无足而至。生员柳梦梅满胸奇异……倒无一人购取。"汤显祖借剧中人物讽刺道:"你带微醺走出这香山垆。向长安,有路荣华,无过献宝当今驾。"谁能想到,一部魔幻爱情剧中竟然有如此奇异的宝贝,比文献、史料更脍炙人口。

在根本没有改变技术、金融、人才与知识结构的腐败体系内,编制谎言、堵塞视听、自欺欺人是最"英明"的选择,只管自己统治,哪管贻害百年。鸦片战争以后,整个中国沿海沦入半殖民地半封建社会,英国、日本、德国等所有帝国主义国家从沿海深入内地,忙着瓜分世界上最大的蛋糕。而那些私有秩序的统治者、维护者从来不愿意放弃既得利益,他们宁愿迅速与侵略势力结成同盟,帮助他们侵入中国骨髓,切割、掠夺与搬运中国的物质与文化财富,根本没有自身觉醒与解放的意愿与能力。这就是清朝灭亡前所谓洋务、维新运动都拯救不了的结局。

在明、清以来的所有私有制度运行肌体内,珠海是整个体制中暴露在外的小脚趾头,经受着中国历史上最漫长的资本与封建势力的对冲。生于斯、长于斯的土著者,最切实地呼吸着每一口灼热的空气,在海盗、海商与传统经济生活的土壤上长出商业脑袋。从16世纪末开始至20世纪初,西方的自由经济、语言习俗、股份组织、技能知识、哲学思想与商业文化浪潮不断涌入中国,最初、最直接遭遇冲击的就是珠海的宗族与移民,它们在中国的封建势力范围内被排斥,却被珠海敏锐的先进分子所吸收、利用。

在珠海的史籍中,人们无法看到真实的生活场景。满篇建置沿革,满纸坊都古迹,都没有点滴落到贫穷、落后的珠海乡村人的烟火。自明朝开始,香山海上人被称为"轻死重利",这何尝不是在纠缠扭拧的冲口中打出一片天地的求生本色,哪怕这种生活以死亡为代价。从生活的摸爬滚打中学习西方经济并且成功组成新势力集团的一群人,莫氏、徐氏、唐氏、容氏、蔡氏等珠海近代史上新崛起的家族，无不在中国近代化救国运动中挑起大梁。而旧民主主义革命并不能根除贫穷，甩不掉被殖民的灾难，又一群踩过旧革命的海上觉醒者站到历史前沿。他们经过珠江口历史悲剧的一次次洗刷，抛弃了为个人与家族牟利的动机去寻找社会解放的真理，最终成为新民主主义革命的杰出代表群体。

膻名

1601年，新会县知县周思稷听了当地堪舆家的意见，开始兴建凌云塔。堪舆家说的是什么呢？他说，新会的东南方"痹削"，是一个低下卑弱的水口，是"青龙垂首"之象，形气很不好，影响到新会这块文明之地出达官显贵了，需要"建塔以镇压之"。1604年，新到任的县令王命璿组织续建此塔，直至1609年建成。随后，新会文运昌达，举人、进士硕果累累、官运亨通，凌云塔显示出"文明之兆"。凌云塔经过重修存续至今，今人再看此塔，应当知道400多年前它镇压的是什么妖魔鬼怪。

自从葡萄牙人租居澳门，香山的这片海岛名声在外，一直具有"臭名远扬"的轰动效应。无论行伍，还是官僚、绅士，只要拿这块土地说事的，无不自鸣得意。

1624年8月，福建巡抚南居益战胜并驱逐了盘踞澎湖的荷兰武装海商。在此之前，他在给兵部的一份报告中说："抚顺不失，辽至今存可也。殷鉴不远，尚欲踵香山之失计耳？惟是我兵既恇怯于积衰，夷志益骄恣于久，假窟穴日固，徒党增繁。三岁以来，任彼出没，竟无一人敢棹一舟、持一刃，窥左足于厦门之外。"这篇奏文将葡萄牙人租居澳门、努尔哈赤夺得抚顺以及荷兰人盘踞澎湖相提并论，而且视澳门为首害。南居益似乎在说，你们看看，香山澳是大明王朝的前车之鉴，难道你们还要像丢掉澳门那样，丢掉抚顺，丢掉澎湖，丢掉漳州、厦门吗？珠海这片海区的口碑纵横南海北疆。南居益从中国南北两端的变局中看出了导致王朝覆灭的外患，却看不到一个腐朽垂死的政权行将就木的内患，仅仅认为是王朝武备不举，阻止不了西方海上贸易的崛起与恣肆。1644年，南居益死于李自成的农民起义大潮中。

到了1631年，珠海有了新标签，"膻名"之地。这是广东巡按高钦舜在他的报告里说的。这并非他的发明，而是把别人嘴里说的转述罢了。他说，广东那块缺土贫瘠的地方身披"膻名"，"粤之祸乱实胎于是""为粤腹心之疾"。香山县的县令本来负有检验查货抽税之责，但为了躲避膻名，"不欲与身其间"，把事权转给市舶司官吏，导致出入境贸易税收遗漏，白白让官方利益受损，让私商"饱饮河之腹"。

3年后，时任陕西道监察御史的胡平运在奏折中控诉："臣乡澳夷日日杀掳而置若罔顾""海寇日日杀掳而滚如充耳"。我要是不说，皇上就不可能知道"万里之外受毒如斯"。胡平运是顺德人，1631年进士。他上书称整个珠江"外洋""里海"有"三可忧、三大蠹"。在珠海这片外洋，最大的"可忧"就是澳门的葡萄牙人，他们不只在外洋，在番禺、东莞、南海各个内洋都可以"扬帆直抵"，还设置近百个"番哨"，就是与明朝海防官哨相对的海上流动哨。他们"所到之处，硝黄、刀铁、子女、玉帛违禁之物公然般载，沿海乡村被其掳夺杀掠者莫敢谁何"。最大的"大蠹"，是"闽寇""闽商"，尤其是郑芝龙，他们在海上拦截要道，勒索、劫掠盐商，"凡私物通夷勾引作歹，皆此辈为之祟""假饷兵为兴贩"，而那些沿海地方通商之人都是"窝盗之家"。看着这些控诉，崇祯皇帝很冒火，"地方受害殊甚，该督按何无剿缉消弭？又未见报闻，所职何事？"

16世纪中叶到明朝灭亡的百年间，倭寇、海商、海寇、葡萄牙、西班牙、荷兰等"番夷""番鬼"都是社会热门话题，而葡萄牙租居澳门引发的社会舆论群情激奋，一说到海商、海盗，无不把矛头对准首当其冲的珠海。这里本就是"不在版图"的海禁"无人区""外洋"，而与澳门一线相连的前山地区除了盐渔劳作，也几乎是人迹罕至。从海盗之海，到瘠削之地，再被冠以"膻名""大蠹"，凡是掌握主导权的大多无人理会拥有数千条人命的社会。他们的生存权利有多少次被文韬武略的雄文、奏折关注过？尤其是为政的封疆大吏，一旦面临涉及个人名誉与命运的述职、弹劾、申辩，无不卑鄙地将黑帽、黑锅扣给底层人民，被污蔑、遭惩罚的百姓找谁申诉自下而上的不公？

17世纪70年代初，香山县令申良翰将前山地区与澳门作对比，"澳彝日益富庶，我民户口残伤，田野荒岁，岂惟一邑之忧，抑亦省会之羞？！"这可能是最早承认前山、澳门两地贫富差距的客观评价。他看到了两地巨大的贫富反差，提出了谁应当承担主体责任的问题，但还是指望以军事手段防止"澳奸海寇"侵入。相比于鄙视、污蔑而言，他算是还有同情心。

在18世纪中叶之前，珠海一直是整个珠三角地区最贫瘠落后的地区，统治者根本找不到促进这个地区生存发展的任何理由与手段。从宋朝到18世纪中叶，整个珠海地区通过科举考试的举人有18人，只占香山县总数的10.5%，这一比例在整个明朝为5.1%。珠海的全部乡村教育都是以家庭为主的，没有乡学、

▲ 连湾山石刻"息氛"及文至今尚存

社学或者义学。1711年,整个香山县人口恢复到12633人,相当于1391年人口的三分之一。1686年,清政府完全解除迁界时,土地开发只恢复到5772顷,相当于迁界前的81.8%。从1700年开始,围垦潮田才重新启动,1749年,潮田围垦破天荒地达到644顷。到1750年,整个香山新增各类土地2321顷,但这些经济活动的中心依旧集中在香山北部地区。珠海海岛地区人民的生死之所以被长期漠视,根本原因是盐业、渔业与山地耕作的生产力始终处于落后状态,这片贫困的海区根本长不出来经济与政治势力的代言人,他们只能自我救赎。

我们今天说珠海最早的书院兴建于1757年,这已经比香山的学宫晚了整整600年,同在一山南北,这巨大的差距是无数代人的时空阻隔。有经济基础才有文化,这就是珠海落后的有力证据。在那段穷海鼓风的混浊岁月里,珠海唯有怒涛狂飙。

前山水寨

前山村变身战略要地

前山寨是继广东沿海"六水寨"之后的新海防军寨。

1621年,前山建兵寨,配置参将领军,其目的就是建立新的海防中枢,防止葡萄牙从澳门蔓延侵入内地。清康熙县志最早记载前山寨设置的宗旨,其兵防志明确指出:"官兵驻前山以扼其吭,使不得为内地患。此寨所由设也。"

在清康熙《香山县志》的图中,前山寨坐落在马鞍山南麓的台地与沙坦过渡带,既受制于有限的土地资源,又具有地势与地形优势。东、北枕山,南临海,西侧是造贝至鹅槽岭沿海的耕田、山丘,西南门对石龟潭,有炮台,东南部是白石下村。前山寨势高目阔,若没有高楼大厦阻挡视野,从前山寨看澳门,一目了然。它的形制基本与1717年兴建的前山城无差异,由围墙、栅栏和东、南、西部3个寨门与望楼构成,将前山村、关帝庙、大王庙等包含在内,有中军厅与左营都司府为主的内城墙,外设兵房、更铺与民房等。图中信息表明,这大致为1668年到1673之间的前山寨,还处于迁界期,只有一小部分盐户灶丁返回家园。

1574年,在葡萄牙租居澳门20年后,莲花茎的沙堤上建起1座关闸门,"置炮二位,闸上楼三间",有驻守防卫守闸。每个月逢1日、6日,关闸门开启6次,将粮食输入澳门。关闭时,由广、肇、南、韶道"发符封闭"。澳门的海防始终由南海卫、南头寨负责,驻守当地的守澳官负责管理地方。对澳门进出

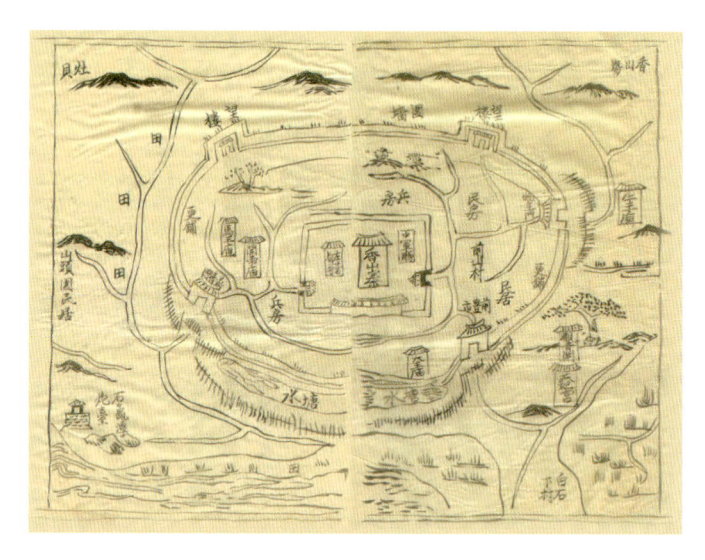

▲ 清康熙《香山县志》中的前山寨图。图中"香山寨"应为"前山寨"

口商船的盘验、抽税，则由广东海道副使、广州海防同知与香山县令掌管，但地点并不在澳门，而是在坦洲海深入三乡的雍陌海湾处。明嘉靖《广东通志》中记录："嘉靖中……舶至澳，遣知县有廉干者，往舶抽盘。"正是因为当时的香山县令不愿意染上"膻名"，不肯负责查验进出口船舶，将事权交由吏员一躲了之。

从1564年广东御史庞尚鹏的奏折等一系列历史档案、文献中就非常清晰看到，雍陌在前山设寨之前的海上贸易管理地位上仅次于澳门，军事建制更是如此。庞尚鹏的《抚处濠镜澳夷疏》被认为是澳门开埠后"第一份中文文献"，其中写道："由雍陌至濠镜澳计一日之程，外环大海，乃蕃夷市舶交易之所。往年夷人入贡，附近货物照例抽盘。其余蕃商私赍货物至者，守澳官验实，申海道闻于抚按衙门，始放入澳。"要害地点是澳门、雍陌，没有前山什么事。

通观16世纪中叶香山的军事布局，前山沾不上边。从明朝初年一直到1551年以前，香山的4个兵营拱卫在石岐周围，与前山稍近的是第一镇头角营，位于五桂山西南部，分驻于谷字都的白石村一带，也就是今天坦洲的乌石、白石附近。1551年，香山县新增2个营，一个是石岐东北部的浮虚营，另一个是坦洲内海湾的大浦洋营，后改为雍陌营，雍陌营也是由广州府与南头寨负责的。在1621年以前，澳门一带的海防、海市位于澳门与雍陌，而不是前山，这是广东与广州两级军政大员主导的。

前山所建的关闸门，希望把香山与澳门划成内、外两个世界，实际上它弱不禁风。从关闸门到前山寨，中间跨过约70年时间，这期间发生的一系列事件让前山战略性站到历史前台。

1598年八九月间，占领了菲律宾的西班牙人驾船到澳门"索请开贡"，11月左右，他们直接跑到虎门一带海岛上"结屋群居"。1601年冬天，荷兰人又驾驶3艘"大舶"闯入澳门要求通商。1606年，葡萄牙人"于隔水青洲山建寺，高六七丈，闳厂奇闳，非中国所有。知县张大猷请毁其高埔，不果"。1607年，番禺举人卢廷龙在京城会试，他提出："还我濠镜故地。"1608年，香山县新上任的县令蔡善继廉直耿介，他一上任就提出《制澳十议》，并将在澳门违法的葡兵捕捉回香山县衙，饱鞭一顿。在他之前，还没人敢惹这些人。两广总督何士晋依蔡善继所言，下令堕澳城台，但是，葡萄牙在澳门的城墙并没有被毁。

1613年，海道副使俞安性强令葡萄牙驱逐澳门的98名日本人，并订立"五禁"，禁止日本人住澳，禁止买华人子女，禁止将海船停泊在南屏与湾仔等海湾，禁止走私以及修筑新房等。1614年，两广总督张鸣冈上奏："粤之有澳夷，犹疽之在背"。这时候的澳门"筑室建城，雄踞海畔，若一国然，将吏不肖者反视为外府"。情况开始演变得像福建沿海一带难以控制了。正是在这个背景下，大浦洋营被雍陌营替代。1617年正月，两广总督周嘉谟向兵部上报海防事宜。5至6月间，兵部回复道："香山一路，有关可绝"，一个关闸门就能杜绝外侵了。但是，为了防范"狼子野心"，广东军政要多加留意，"随宜禁戢"。而为了对付闽、粤"泛海奸徒"，兵部提供的解决方案那是极其超前的——"议将广州海防同知出镇雍陌，会同钦总管严加查察"，后来的情况是"设参将于中路雍陌营,调千人戍之"。雍陌的重要地位是在明王朝与广东军政两界牢固确立的。但是,新情况出现了。1618年,"红彝犯澳,移营鹰鱼浦"。荷兰进犯澳门,南头寨游击率兵400人、哨船6艘前出前山一带,加强防御。这个"鹰鱼浦",或者叫"鹰儿埔",就在前山的鹰管埔,而不是远离澳门的雍陌或者斗门。这一年也应当是开始兴建前山寨的时间。

1621年,前山寨正式驻兵,雍陌营废。

这是珠海历史上第一个常驻军事机构,由参军率陆兵700人,水军1200多人,大小巡船50艘,分别戍守环绕整个凤凰山沿海地区的石龟潭、秋风角、茅湾口、挂椗角、横洲、深井、九洲洋、老万山、狐狸洲、金星门。海道副使每年一次检阅沿海守军,前山寨将兵必身披甲胄受检。

前山寨的由来与葡萄牙、西班牙、荷兰不断冲击、蚕食与鲸吞中国沿海密不可分。香山的兵防终于做出大调整,将龟缩于坦洲海湾内的兵营调往前山安营扎寨。这并不是偶然的历史现象。在同一个历史时期,福建澎湖一样"筑城,设游击一、把总二,统兵二千,筑炮台以守"。

到了清朝初年,前山寨仍设参将,"令前山兵士七讲武、三力农,贷以牛、种",已经是长期屯边的安排了。康熙三年(1664),前山寨在香山迁界时进一步确立在珠江口海区的支配地位,升格配置副总兵,配齐左、右两营,总兵力2000人,哨船25艘,巡守范围首次覆盖除了香山县治以外的所有海区,斗门在历史上第一次被纳入海防范围。早在16世纪中叶,香山县令邓迁曾构想在斗门投放海防力量,但只停留在纸上谈兵,并没有建立海防驻军与设施。到了清康熙初年,珠海两大主要海区都成为前山寨驻军负责的海防区,"陆设墩台、水设汛哨。星罗棋布,防范可谓周矣",珠海海区各海防炮台建设就起步于这个时期。今天珠海但凡以"烟""鹰""莺""鹦""炮台"等为地名的山岭,皆是曾经布防烽火台、炮台的遗址。

为什么在这个时期大幅度提升前山寨武备力量?这是因为迁界。到1668年,反抗迁界的百姓再次对前山、翠微一带发起攻击,副将彭继勋顺水推舟请求退守石岐，香山县兵防升格为香山协，前山寨配置大幅度降格，只保留都司与千总、把总各1名。直至1717年建前山城，设置15个炮位，以都司驻防的建制仍没有改变，只分置左、右哨，防守前山城炮台以及南大涌、雍陌、茅湾、南屏、秋风角、南野角等水汛，总兵力不足百人。

从这个时候起，香山协与前山寨的海防防区明晰化。前山城只负责从澳门、关闸、前山到北部茅湾一带的沿海边防，凤凰山与黄杨山的沿海边防由香山协左、右营防御。南头水寨负责珠海沿海外洋巡哨的格局自此改变了。

"前山一将功"

明末清初诗人屈大均曾作澳门组诗，写的是17世纪前的事情。假如他经历过18世纪到19世纪中晚期的前山城演变，可能写不出来"肘腋教无事，前山一将功"的豪迈。他在组诗中写下"一日蓄商据，千年汉将劳"的沉重历史感，道尽了数百年驻守前山的波折浮沉。

雍正末年的1730年，香山县丞，也就是副县长坐镇前山城处理对澳民事经济关系。到了乾隆初年的1743年，两广总督策楞发现"前山之势益重"，建议在前山高配广州海防军民同知，副县长调往澳门现场管理，前山的管理级别升格为广州海防军民同知署，澳门配备副县长，珠海、澳门两地分别由府、县两级2位副职行政首脑主持，协同澳门的关部行台与周边海防机构管理澳门的经济、社会、贸易与军事。前山城军事级别随之提高，1745年改为海防营，但只设左、右哨2名把总，兵力为100人。1749年，增设了左营都司署，总兵力180人，4艘哨船。

这是应对英国海洋武装势力崛起的调整。1743年，英国、西班牙争夺南亚殖民地的浪头波及珠江口，舰船时常在这里对峙。1744年，在这些海防事件中沉着处置的印光任成为前山同知（又称澳门同知）首位担纲者。

1744年、1745年，西班牙与英国，英国与荷兰、法国等都在十字门海域发生过对峙事件。1745年6月，3艘英舰停泊十字门海域，没过几天，又有3艘法国船停泊十字门。双方相持到8月，英舰升帆备战。印光任与香山协副将林嵩下令各营哨船横截海面警戒，派遣葡萄牙调停人员前往调解，直到法国舰队乘着西南风驶入珠江口，英舰才离开。

从18世纪中叶起，英国武装海商几乎跟当年葡萄牙、荷兰走过的海上路线一样，从南到北，想在沿海占据落脚点，浙江宁波等海港也是英商积聚贸易地之一。乾隆皇帝极其担心此地"将又成为粤省之澳门"。1757年，清朝实行"广州一口通商"，广州成为海商贸易唯一通道，而十字门愈发成为海商与海防焦点。英国始终觊觎珠海十字门海域，企图占夺澳门，以打破葡萄牙垄断中国海上贸易的局面，打开中国市场倾销工业制成品。在中国寻找一个沿海根据地，获得葡萄牙人同样的权利，这是英国海洋贸易的战略设想。1793年，英国使节马戛尔尼出使中国提出6项要求，其中一条便是在"舟山附近划一未经设防之小岛给英国人使用"。法国历史学者佩雷菲特在《停滞的帝国》中这样评价，世界第一个发生工业革命的英国与"最杰出的文明国家"的接触，"一开始就由于殖民征服而恶化了"。1796年，乾隆皇帝给英国乔治三世回了封信：我们拥有一切东西。我不认为怪异奇巧的东西有什么价值，你们国家那些制成品没什么用处。

这时候，鸦片在澳门的走私销售历史已经超过70年了。1729年，清朝制定了中国和世界上最早的禁止贩卖鸦片禁令。到了1762年，西方资本所制造的可吸食新型鸦片烟有组织地从印度流入澳门贸易枢纽。1767年以前，走私的鸦片每年在100至200箱之间，1796年后，每年走私量达到2000多箱，规模越来越大，冲突越来越多。英国与葡萄牙为鸦片走私闹得关系十分紧张。英国将十字门海区作为输送鸦片的重点区域，葡萄牙就举报英国私贩鸦片，要求禁止英国在该地的走私贸易。1802年春天，6艘英舰在十字门海域"淹留数月"。1808年

8月，英国舰队闯入澳门，强占澳门东望洋、娘妈阁等炮台，广东、香山调兵遣将，加强澳门、前山与北岭、关闸一线兵防，多方一直周旋到11月，英舰才离开。此次事件让两广总督吴熊光、广东巡抚孙玉庭皆被革职。19世纪初，葡萄牙国王授予澳门居民进口鸦片专利权，并同意英国东印度公司正式在澳门贮存及销售鸦片。

在这一系列事件中，前山城兵防又做出调整升级。1809年，两广总督百龄、巡抚韩崶陈奏，将前山海防营改为前山专营，"必须设立专营，内护香山，外控夷澳"，又把专营从香山协改辖于广州协，以专制澳门、十字门海域不断升温的海防变局。前山城最高军事将领随之由都司提升为游击将军，增配了守备、千总，兵力升至500人，专守望厦、关闸与南大涌，又"常调左营都司回营经理"。前山城内陆续建设军装局、火药局、药局，具备生产武器弹药与战时医护能力，为加强队伍训练，新建演武亭。2艘桨船在前山内河巡防，还有2艘桨船环绕澳门东、西、南三处海面巡缉。关闸门增加了防御力量，由1名把总领兵60人，兵员最多；其次是望厦村，官兵21人。为扩大兵防腹地，北岭村山丘一线兴建了营房、望楼与3座烽火台。

1828年，香山县志的修编者忧心忡忡，又不无清醒地指出，过去海防从防海盗到防澳门，如今英国人来了，"红毛日强，西洋日弱……恐将来西洋有反主为客之形，红毛成有挟而求之势，则意外生变无有穷期，岂仅为一邑害哉？"令人不解的是，面对前山更加难以操控的趋势，1831年，前山专营却降级了，专营改为内河水师营，归香山协统辖。游击将军再改由都司领兵，兵力减少到363人。这种状况一直持续到第一次鸦片战争爆发。

此时的英国得陇望蜀，既在十字门周围海区贩卖鸦片，又在伶仃洋上兴风作浪。他们在三灶村枪杀卖水果的农夫；逼着东望洋山一带村民迁祖坟，"迁者给洋银一两四钱；不从者夷之，弃残骸于海"。19世纪30年代，英国鸦片走私集团将鸦片走私枢纽从十字门转移到伶仃洋，被腐蚀的官兵民众与鸦片贩沆瀣一气，唐家湾东海岸乡村饱受蹂躏。当时的广东水师提督李增阶曾遣视金星门，准备在淇澳与唐家之间"欲以十余巨舰载沙石塞之"，但毫无行动。1833年，英国人明目张胆在唐家、淇澳"树表量地，皆绘图识墨，复于淇澳山建英吉利国旗，大有营造意"。淇澳岛人民抗击英国侵略者的第一枪就是在这里打响的。此时的英国鸦片贩子麇集伶仃洋，西到金星门，东到屯门。他们不仅贩卖罪恶，而且妄图占据金星门海区，"既盘踞澳门，且欲跨金星而有之，居心殊叵测"。从英国人在珠海沿海开展海域地理勘测起，他们无疑是为进一步侵占行动做准备，但是谁能阻止呢？

1839年，林则徐在虎门彻底销毁了2万多箱鸦片。当年七月，林则徐抵达前山，并前往澳门，为彻底打击珠江口鸦片走私开展一系列军事部署，2000名士兵增兵前山、澳门两地，两广总兵邓廷桢到唐家、前山实地考察布兵防范。督抚标兵、肇庆协与香山协的3大副将波启善、多隆武、惠昌耀前来备战，参将、游击等高级将领也来了好几位。邓廷桢在《香山道中》志在必得地写到："戈船东指虎门回，击楫凌风亦快哉。新水绿摇蕉叶去，夕阳红送荔枝来。朝宗鹡鸰帆樯接，踏浪鱼龙岛屿开。石磴沙堤三百里，欲从濠镜望蓬莱。"他很快发现鸦片战争是残阳如血，大清帝国从此一落千丈。

第一次鸦片战争爆发后，英国舰队先封锁珠江口，并在珠海海域设置封锁带。1840年6月，英国先后有19艘兵船、5艘蒸汽轮船侵犯九洲海域，他们在沙滩上插上木牌，上面写着："内地船只不准出入粤省门口，俟英国通商，再行无阻"。8月19日，由一艘新式铁甲轮舰带领的英国舰队从九洲洋驶至关闸，打响侵略前山第一炮，双方互有死伤，副将波启善与前山水师守备陈宏光"面目俱伤"。据《香山乡土志》所载，此次前山关闸之战以英舰逃离战场告终，"连毙英兵目一人、兵十余人，英船且战且逃，至戌刻向九洲洋窜去"。在林则徐的奏报中，"我军水、陆夹击，将夷船前后桅舵打伤，并击沉三板数只，炮毙夷目、夷兵多名"。

但是，据《澳门编年史》记载，清军与英军隔着莲花茎展开炮战，炮火多不能伤及英舰。"经过一个多小时的战斗，关闸的界墙及附近的炮台被击毁……380名英、印士兵登陆莲花茎，占领关闸，并升起英国国旗"。英军搬走关闸附近的20多门大炮，钉封其余大炮的火门。"此战仅从'窝拉疑'号和'海阿新'号发射的炮弹不会少于600颗……据《中国丛报》称，有100人或更多人战死。英国人只有4人受伤。"英国蒸汽动力舰船第一次到达珠海海域并不是1840年。10年前，英国的蒸汽轮船"福布斯"号就已经现身澳门与珠江，无论冬、春风信变化，它只用一个月就完成过去三四个月航程。这是改变千年以来海商、海战格局的动力船舶，清军怎么能用鸦片烟熏出来的队伍划着桨船打败吸血鬼？1841年1月7日，在第二次穿鼻海战中，一艘名为"复仇女神"号的蒸汽船发炮击中一艘清军水师大帆船，引爆火药，整船被炸得粉碎。这个场景的油画在1842年11月的《伦敦新闻画报》上发表，成为鸦片战争标志性图像。正如郑观应所说："艨艟楼船不敌铁甲飞轮"。大清王朝从此以后输得惨不忍睹，而珠海命运正是狂海中的一叶小舟，时刻面对所谓西方文明令人窒息、愤懑的侵蚀、鲸吞。

亚婆石下

珠海今天的婆石社区在清道光时期还是前山水道中的石头堆与蚝田，其中一块石头像端坐河岸的妇女，被称作"阿婆石"。县志如此记载："阿婆石，在前山寨城外。遵海而南有丛石，周遭里许。参差众石中，一石状如老媪垂首坐水上，俗以'阿婆'名之。虽飓风海溢，亦不能没其顶。"

阿婆石除了是一块人形石头，没有特殊的地理或历史标志意义，但在葡萄牙侵夺珠海水、路的勘界时期，这块石头变得具有地标意义。

鸦片战争后，前山与澳门再也不是依靠一道关闸门能阻挡的旧格局了。

1849年8月22日，沈志亮等勇士刺杀澳督亚马留。25日，葡萄牙攻溃关闸

▲1849年8月25日，葡萄牙攻占关闸门北岭。左侧即为古关闸。图源自《澳门编年史》第四卷

门，接着攻占拉塔石炮台，前山门洞大开。粤海关的关部行台被钉封，香山县丞、望厦汛兵统统被撵出澳门。县丞撤回前山城，望厦汛兵退到白石村三山宫，关闸到北岭一带陆路约四五里范围都被葡萄牙军队侵入，当作葡界，也被葡方称作"局外之地"。从此以后，望厦、龙田、沙梨头、氹仔岛、路环岛、青洲岛等地方一步又一步被葡萄牙蚕食鲸吞。

在前山水道上，青洲岛成为中葡之间的水上节点。前山城守兵退守至此作为巡船锚地。

从鸦片战争后至香洲开埠之间，珠海有一段极其重要的护界斗争史，珠海人民不能不知。为了说好前山河，这里的重点还是顺着主线展开，揭露一批特殊历史人物在历史进程中的千奇百态。这些事件与人物，对今天依旧充满启示。

从1849年到1868年，前山城不但没增兵，反而裁兵110名，只剩262人。1874年关闸门被拆毁。到了1877年，前山城守兵还剩177人，船2艘。到了1887年中葡双方围绕水、陆边界的斗争时期，前山城已是一片颓废，"三十年来操防废弛，营伍几同虚设。文员以闲曹自居，武员以陆路寨门自限""出不能守，入不能追，汛防几同虚设"。

1885年6月，望厦村赵、张、唐、吴等乡民联名上告香山知县萧丙堃，数百家、千余人口的田地被夺，墓地被毁，被勒索地租，请求父母官制止掠夺吞并，这位在县志中被称作"萧活佛"的地方官回信："毋任启衅生事"。他们不断请求政府出手帮助，政府无能为力，乡民失望至极。1886年8月，广东补用知府德福前往澳门调查，乡民拒绝见面，他只能通过前山本地乡绅才联系到2人。他叹息道："若再数年，恐前山一带地面亦将蚕食矣！"

1887年9至10月间，两广总督张之洞、巡抚吴大澂为坚决维护领土完整，在香山、前山与澳门开展一系列调查取证，斥责"澳门关闸以外数十年无人过问"。如果此时此刻不是张之洞等人铁骨铮铮，葡萄牙会从无能的官员手中侵夺多少土地。

历史不能忘记民族脊梁。

张之洞先是在1887年7月底紧急安排江苏候补知县蔡国桢立即赶到广州，并派遣广东候补知府富纯与蔡国桢等人从广州赶往前山，改装易服潜入澳门，里里外外对比图籍进行调查。9月23日，他将蔡国桢等人上报的葡萄牙鱼肉百姓、鲸吞山海的第一份详尽报告递交总理衙门，力陈大义危害，"断不容其格外贪求，占及陆外之海、海中之岛"。10月8日，张之洞、吴大澂又在针对香山县、前山同知等官员要"修明职守"的札文中写道："三十年来，该同知竟以闲曹自居，于华洋交涉事宜不复措意。澳门一带罕有官吏亲到……葡人逐渐侵占……官民阔疏"。他要求前山同知"不得无故进省，亦不得安坐衙斋"，要求香山县令"不得置土地人民于不问"。

那个时候的前山城是何等模样？

就在张之洞派人调查同时，北洋大臣李鸿章也派幕客程佐衡密查。程佐衡是历史上最早实地走访勘察横琴、芒洲、南屏以及氹仔、路环与前山等系列山岛的。他分别起草了《勘地十说》《答问八则》以及《风土记》，并绘制分图。他调查的前山城是这番模样："城内居民数百户。葡人时有来者，望望然去。同知衙门悬'公出'牌。问其人，姓陈名坤，终年居省……城垣矮可及肩，远不如白石村围墙之固。"他质问，不是说前山是"拊背扼吭"的地方吗？身为同知居然退居广州省城，让一个县丞、一个把总躲在海边角落守护疆土，"湾仔、银坑、南屏、北山诸乡，大钓、小钓、新咸鱼埠诸村，均为邻'国'垂涎，十字门四岛将偷占其二，何以懵然不知？毫无布置？"前人所说"肘腋教无事，前山一将功"，功在哪？

这位高挂"公出"牌的前山大员陈坤同知，是1878年至1881年间任职的。从1881年底到1887年之间，前山同知无人接任，陈坤甩手不管，高唱空城计，广东省大员也无人问津。本是保护海边防的兵营没落垂死，如何守土护疆？我们从文献中看到，当时位于南屏北山、南屏村，前山的白石村都是自建围墙以自守。北岭村也是这个时期由徐润主导，出资兴建"三百余丈"围墙。

张之洞在任期间，广东与前山驻兵的爱国护疆行动毫不退缩，挽救了群龙无首、手足无措的颓废局面。在张之洞的坚持下，当时的清廷总理衙门还算有骨气。澳督专门照会总理衙门，要求他们监督告诫张之洞，虽然忠君爱国很可嘉，"但不可逞其忠爱之心，而不敬于外国人"。外国人都是尽职尽责跟中国人有礼貌打交道的，"从无不礼于人也"。总理衙门的回复也是满嘴钢牙，

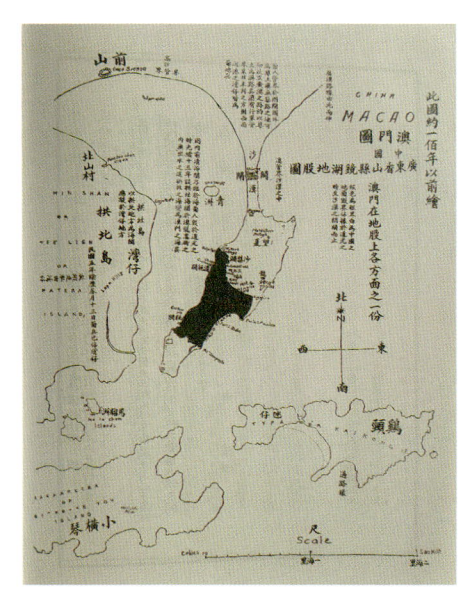

◀《澳门专档》中保存的澳门图

"交接之礼，未尝有失""关闸以北，乃中国独管之地""'局外之区'，此言毫无根据"。在张之洞强有力的抵制下，从1887年起，萧丙堃出任前山海防同知，得到前山乡刘永康捐资支持重修前山城墙。他同时派前山营都司黎中配出兵驻守关闸至前山海岸，驻防巡缉青洲岛以北的内海以及与澳门交界的水域，驻守马骝洲、青石角、大小横琴与深井一带海岛。

张之洞以后，两广总督换成李鸿章的兄长李瀚章。此时，蔡国桢担任前山代理海防同知，与黎中配搭档，不断加强前山兵防，开展针锋相对的护界斗争，持续不停地把护界变化上报李瀚章。李瀚章每次批示都无视底层作为，以刁难责备为己任，动用上层向底层施压。这种状况与张之洞主政两广时期完全颠倒，而前山城的后山脚都被葡萄牙划入自己的地盘，他们的胃口，是吞下青洲岛后，吃进亚婆湾，向金斗湾逼近。

1889年11月2日，黎中配上报请求增加前山城兵防，增添巡防船只，李瀚章批示说，你讲得很有道理啊，关闸巡防的确事关紧要，但我们跟葡萄牙勘界不是还没定下来吗，你们就不要无事惹事了。再讲了，省里的财政缺口很大，现在又是"无事之秋"，正打算裁减各地兵防省钱，你们担心的事让省里的海防善后局搞定了。11月6日，蔡国桢、黎中配上报，葡萄牙在青洲岛修筑海堤"直达前山之亚婆石"，驱赶青洲岛巡船。总督大人运笔如椽写道，对于筑堤一事，我们"会筹预防办法，尚属设施妥协"。而对方驱逐你们的时候怎么不飞速报告，让我们也好马上照会对方？至于你们在青洲岛巡防，这么多年只抓了2名海盗，1艘走私船都没抓到，你们还要增加船只，难道不知道省里面财政很紧张吗？你们所请的"均毋庸议"，就是根本不用讨论，没门。

12月14日，蔡国桢继续报告，担任拱北关税司的英国人贺璧理作为说客到前山城讨论前山水界，并且拿了一幅铜板刻制的水、陆地图。这幅地图"东至九洲洋，南至横琴、过路环，西至湾仔、银坑，北至前山城后山脚，周围百余里，皆加以红线，划入葡人界内"。蔡国桢告诉贺璧理："不准越界滋事，亦不准以寸土让人""不许侵我尺寸之地"。这份报告送到李瀚章手中，他的回答是："筑堤亦未侵越，何必徒与争辩。"

12月26日，蔡国桢不依不饶就那幅铜板地图上报说，他们会预为日后派员定界根据，"恐定界展缓，葡人又将改易红线，由前山而翠微村，而金斗湾，愈占愈远……届时地方官吏再与争辩，已入彀中，势难挽回，关系非小"。李瀚章答复，这幅地图是他们自己画的，"不能执以为凭……尤可置诸不论"。既然你都驳斥了贺璧理，"自足破其狡谋，不必臆度张皇"。

看到两广总督与代理同知围绕护界问题的文献，真像看一出历史活剧。这根本不是论战，而是护疆使者与妥协奴才的斗争。

第二年1月18日，忍无可忍的蔡国桢出手了。他向李瀚章连发"三可"，"三未见其可"。

你说可以安静地等待，好的，青洲填海筑堤，我们"静而俟之，可也"；你说青洲以北水域变成葡界不必惊慌，我们"静而俟之，可也"；你说葡萄牙铜板刻图囊括九洲岛、十字门到了前山城河道是没有实据，我们"静而俟之，犹可也"。但是，葡萄牙不许我们的守船在中国界内驻扎，我"未见其可也"；放弃关闸以北水界等于失去陆地，怎么能确保"关闸以北系中国独管"？我"未见其可也"；葡萄牙画图标记水、陆地界，我们将来"移衙署、厂、卡而他迁"，"更未为可也"。与此同时，蔡国桢把中葡水界辩论、斗争与策略作为3份附件一并上报。

两广总督批示，向总理衙门上报，并照会葡方，同时警示蔡国桢说，葡人越占前山"未免过虑"，"切毋张皇妄动"。

5月7日、13日，蔡国桢又接连上报，报告李瀚章前山巡船被逼从青洲岛退泊亚婆湾，请求增添50名水兵，增设2艘拖船、2艘快艇。到了16日，李瀚章才将亚婆湾一事照会澳督，得到的回复是："不可越亚婆湾内"，否则就是越界。

从1889年11月到1890年5月，蔡国桢、黎中配不停提请两广总督对前山等水域被侵占的大事予以积极处置，李瀚章最终答应增加前山城兵防。

蔡国桢用借到的银子招足了水勇，租了2艘拖船，快马加鞭建造快艇，迅速派巡船驻守青洲岛水域，并在湾仔、马骝洲水道巡防。在这个时期内，蔡国桢收回拉塔石炮台，整修北山岭一座土围炮台，并在这2处派驻部队守卫，又在前山河西岸修建石角咀炮台，派驻部队。蔡国桢出击了，"我先有自固之基，方能往守旧界"。

没想到这一招竟然戳疼了拱北关税务司。明明是中国人的拱北关竟然向总理衙门电报告状。原因很简单，因为鸦片战争后，中国丢失了关税自主权，海关全部掌控在英国人赫德主导的掠夺系统内。税务司就是英、葡等国殖民利益的核心操作工具。他们只需动用鸦片关税收入这个命门，大清王朝就晕厥，不得不乖乖听话。

总理衙门赶紧拍电报给李瀚章。

李瀚章蒙了，6月11日刚发照会给澳督交涉亚婆湾的事，25号、26号接连就收到1份照会、1份电报。照会是葡萄牙领事的，告诉他说："一向未有贵国巡船湾泊亚婆石下"。这次争端都是前山官兵拨弄出来的，我们两国和好三百多年了，你两广总督"有权饬令该巡船退出越境"。电报内容很猖狂，对李瀚章说，葡人说的如果属实，蔡国桢、黎中配就是"无故肇衅，胆大妄为"，立即"将兵船撤回"，查清楚了赶紧上报。

李瀚章信不过蔡国桢、黎中配。他派香山县知县李徵庸、广东候补道施在钰开展秘密调查。他们实地查勘亚婆石位置与周边社会环境："上距前山城垣甚近，约二里有余；下至关闸甚远，约五里有奇。两岸向设营汛厘卡，沿海皆产蚝税田。"前山城守兵的巡船向来都泊青洲湾，这里也是恭常都、谷字都乡民沙艇停泊的地点。前山城守兵并没有越界。

事实清楚了，他们应当上报事实，再由决策者定夺。没想到他们俩还有一手，跟拱北关税务司贺璧理与葡萄牙军方人员谈判。没有文献记载他们的行为是自作主张，还是李瀚章指使的。但对大清官员而言，越权决定涉及水界的谈判协商必定无效，而且还是妄论弄权。没想到他们谈下来了，虽然不接受在亚婆石与青洲岛之间划界，但是让前山营兵退到亚婆石与青洲岛之间，以便"宁人息事"。在7月2日至7日间，这位候补道施在钰与贺璧理通过信函往来就把这事定了。贺璧理代表的是葡萄牙，施在钰代表的是谁呢？

　　7月14日，李瀚章给总理衙门报告。他在报告中兜兜转转，用他人的话说事，为自己撇开责任。22日，他照会葡国领事："在亚婆石以下，青洲以上适中海面驻泊"。27日，他收到回复："和衷了结，实为可贺"。李瀚章得到葡国领事的高度赞赏。

　　李瀚章从1889年任两广总督直至1893年从来没有到过前山、湾仔，对珠海水域的兵防要地毫无概念。1893年3月29日，时任前山同知魏恒向他报告，葡人在湾仔海域驱逐兵船，李瀚章竟然把湾仔水域当成前山水道。让我们看看这位封疆大吏在4月7日的批文中是怎么写的："水师营前拖船何以又被葡兵驱逐？该船停泊海面，究竟与施道（施在钰）等原议暂泊处所是否符合，抑不在所议之内？"在他还没有弄明白东西南北的时候，他又切切不忘"亚婆石"，告诫魏恒，务必要在原来商议好的位置停泊，"以免争执肇衅""切毋逾越取咎为要"。

　　一个李瀚章就把张之洞、蔡国桢等人的坚守化为泡影。大清王朝有多少个叫"李瀚章"的东西？

　　亚婆石是不是像施在钰、李瀚章所说的那样，不是勘界的依据呢？1911年初，葡萄牙在前山河航道大搞疏浚工程，其中一个目的就是控制前山内河，北到亚婆石，西到湾仔岸边一带，为进一步侵入湾仔与前山地区做准备。1911年6至7月间，清政府迫于从珠海扩散到广东、港澳乃至全球的勘界斗争压力，先后派驻2000人的部队驻扎前山，驻防军舰4艘。在前山兵营中，一半是新军。

　　这是前山城历史上第三次驻军规模超2000人的记录，第一次是康熙初年，第二次是鸦片战争，第三次已是大清绝路。这些前山新军后来成为辛亥革命中揭竿而起的力量之一。

十字门开

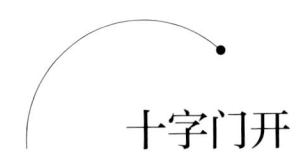

自由市场的魔法石

从16世纪中叶开始至鸦片战争前,前山、澳门就像是立在广州最南边海里的一块跷跷板,不巧的是跷跷板的重心一直在澳门,推动当时海上经济、社会发展的力量在澳门,也就是亚当·斯密所说的自由经济的力量。马克思说,那是东方从属于西方、农村从属于城市的力量。

16世纪中叶时,珠海海域经济与社会发展失灵,经济主导者侵占生存空间,社会主导者逃避治理责任,直接导致珠海海区生产、生活的衰败,人民失去生存发展的希望。这是葡萄牙以及其他海洋商业能在这里立足的直接历史原因。从历史角度看,"珠海长出葡萄牙"是历史的必然,无论是不是明王朝乐见其成或是无能为力,珠海的海洋空间彼时彼刻正为世界海洋贸易的新生力量及其海商文明腾出足够的空间。正因为如此,德国汉学家普塔克分析指出,这个海域对"进行私人贸易活动来说是最理想不过了"。

此时的香山县大多"惟事农圃,不务工商",海岛之人"家无百金,取给山海田园"。织缝贸贩的多为东莞之民;耕获版筑的,多是新会之民,顺德人在这里伐木凿石,反正就是"无务工商者"。生活在石岐城里的人大多说广府话,而金斗湾海岸北部的人多讲潮州话、闽语,香洲人口中一半讲客家话,另一半讲广府话,而"不在版图"的珠海海域正是不被关注,而又四处漏风的海商贸易带。这种违反海禁的民间海上贸易很快在金斗湾沿岸聚集,最后集中到澳门半岛，变成合法贸易。

从明末至清初迁界过程中，在尚未完全开界的金斗湾沿海地带，我们可以清晰地找到清朝康熙《香山县志》中记载的一条由南到北的沿海集市地带。这个集市带从翠微向北延伸，跨过唐家直至南蓢，分别有翠微村、长沙村、雍陌村、平岚村、下栅与南蓢墟市，跟南洋庙的所在地极其吻合。这些墟市分别在一四七、二五八、三六九开业，只有翠微的墟市没有时间限制，跟县城里的墟市一样，属于"市"，而不是"墟"。翠微市成为香山直接对接澳门的重要市场。这个时期的香山县已经有了不少来自远洋航线的物产，如杨桃、橄榄、槟榔等，菠萝与红薯皆于16世纪传入我国。有一种被称作"石栏干"，又名"羊肚石"的矿石，文献明确记载出自"东洋"，也就是明朝东、西洋所划定的菲律宾一带。这些明朝时期引入利用的物产，与葡萄牙在珠海开辟贸易航线、福建海商往来珠海开展自由贸易密不可分。

我们还需要通过翠微村的但侯祠碑文来看看当时这个区域的经济社会生活情景。我们排除文字记录中刻意丑化的语言去贴近历史原貌，会看到这样的场面：这里面对大海，正处于盐业衰败期，盐田正在被豪强改为禾田，很多灶丁跑了，没有盐税可收，就让妇女顶上去，一个人承担三四个男人的税额。有些本来免税的乡间生员也被逼交税。穷人变成乞丐，流落在海岸，有的卖儿鬻女，有的折骨为炊，易子而食。自从葡萄牙人从海上来了以后，翠微市场热闹起来，粮食、蔬菜、瓜果、鱼虾、海盐、家禽，还有平岚一带的纺织用品都在这里摆卖。那些葡萄牙人会给一些银元买走他们的孩子，说着谁也听不懂的话，比画着手势来买货。即使那些穿着怪异的葡萄牙人来到市场，也并不比掠夺土地、强收讹诈的豪强、吏胥和恶棍更可恶，至少他们成了生活收入的新来源。更重要的是，葡萄牙人用银元交换，这比无人问津的纸钞、大幅贬值的铜板强多了。嘉靖初年，1两银折钱1400文，钱文贬值1倍多，买东西要多付1倍，交税却要银元，老百姓被掏空了，称这种交换为"双当"，没人敢碰钱钞、铜币。银元是硬通货，而葡萄牙人用的是银元，即使是洋人的银元，那也好过钱

▶1750年《澳门记略》上卷中绘制的澳门城市建设与城墙图，左上角即为莲花茎上的关闸门

钞。商人们在这里找到了买卖发财的机会。他们一窝蜂涌入这里，精于学习葡萄牙人的"鬼话"，慢慢能说几种日常用品的词汇，再相处一段时间，他们也能摸透葡萄牙人的想法。

这是从明末到清康熙迁界后金斗湾墟市贸易的场景。生活在这个时期的翠微村韦氏家族的生活可以证实，这个历史是真实的。当时的韦氏第14代人韦卓焕"时而躬耕南亩，时而贸易市廛"。他的一位叫韦子超的堂兄弟督理与澳门贸易的抽税工作，"公官税外一毫不取，边人德之"。

翠微市已经超越了集市贸易的概念，上升为中外语言文字训练的沟通桥梁，那些敢于跟葡萄牙交往的商人、文人率先打破民族、职业、风俗的隔膜，成为广东沿海最早的沟通摆渡人。无论是葡萄牙人还是沿海官吏、行伍、商人，他们都是那个时期的"网红"。葡萄牙人委托他们购物，而他们决定买谁的、出多少价钱。被人瞧不起的商人，反而被葡萄牙人青睐。在与外国人打交道的买办、引水等行当没有被官方统管之前，翠微村这些墟市就是诞生这群翻译、买卖交易人才的生活实践课堂。

还有一个语言实践的市场课堂在澳门。

2021年12月，北岭村徐氏后裔卢嘉诺的第一部历史研究专著出版，名为《关闸以北：远去的北山岭》。他从北岭村徐氏家族的族谱研究出发，沿着这个家族在不同历史时期的演进脉络，揭开族群迁徙、崛起与社会、经济、文化的内在发展关系。相对于方志重地理风俗、时政经济、宦绩忠烈，族谱所载是底层劳动人民的人口源流与生存样貌，能听见历史的呼吸。卢嘉诺研究发现，16世纪中叶，就在葡萄牙租居澳门的同时，北岭村的徐氏已经移居澳门。

大约在1560年前后，北岭村2位年轻人徐朝瑞、徐朝璋定居澳门。他们是北岭村徐氏家族的第8代传人，是徐氏族人中最早南下澳门的。此后的200多年间，徐氏移居澳门屡见不鲜，到乾隆年间达到巅峰，他们分布在东望洋、沙冈、龙喉、蜈蚣地等处。他们去澳门经商谋生多以家庭为单位，或父子，或兄弟一同前往。《澳门编年史》记载，1555年到1557年的澳门城，"没有与香山县的华人融合在一起"，一段时间后，"一群为数不少的华人开始定居于逐渐发展的港口"。北岭徐氏家族的徐朝瑞两兄弟就在这群人中。

就在徐朝瑞、徐朝璋南下的时候，澳门已经出现城市贸易雏形。《利玛窦中国札记》记载：澳门"附近海岸的各种人聚集，都忙于跟从欧洲、印度和摩鹿加群岛运来的各色商品进行交易。迅速发财的展望引诱中国商人到这个岛上来居住，于是在几年之中，这个贸易点开始出现了城市规模……航海追求财富的愿望，把这些海上商人带到这个已知世界的边缘。"

珠海、澳门的自由贸易把最重要的语言交流直接联系上了。市场成为最好的语言课堂。在学习语言的过程中，葡萄牙商人也罢，利玛窦也好，他们无不利用这个渠道学习中国话，而珠海人、福建人、潮州人也在拼命地学习可以用来贸易的新语言。《澳门编年史》记载，在16世纪60年代初期，澳门就有两个华人团体，其中一个就是既懂葡萄牙语，又懂汉语，以翻译为职业的通事团体。1579年7月，意大利人罗明坚到达澳门，"他第一件必须做的事就是学习中国语言""必须学会读写中国的象形文字"。他们发现，那些商人虽然都懂得官话，但是只习惯用地方话交流，甚至不会写象形文字，只会写商品交易的信息。如果能找到一个中文老师那该多好。可是找来的中文老师不懂用中国字表达欧洲语言的词义。当利玛窦于1582年到达澳门，他所做的第一件最困难的事也是语言，他也只能在沿海的商业贸易机会里寻找语言实践机会。

1583年至1588年间，罗明坚、利玛窦在澳门、肇庆等地完成了世界上第一本中外语言词典《葡汉词典》，收录航海、自然、商业、外交与神学词汇，汉字对译的编写者就出自珠海、澳门的本地人、福建人等。他们没有受过正统的教育，日常字词句多为地方方言口语，如航海词汇"商舡、买卖舡、客舡""三板""针簿""舡到""抛椗"，交易词汇中的"财付""税""贵得紧""现买""卖货""倒换的"。"市头"在词典中被转译为葡语的市场、集市等。1750年的《澳门记略》也记载了400个左右汉葡语转译的字词，"通事"读作"做路巴沙"，"引水"为"英加米央地"，"鸦片"为"亚荣"等。读为"干打剌度"的"贸易"，正是珠海人与葡萄牙人之间所从事的"买办"活动，后世的英文"comprador"就来源于葡文，专指中国的买办，它又被后人直译成"康摆渡"。贸易，尤其是通过澳门进行的中外商品交易活动正是买办的本质。珠海成为中国买办贸易资本最早的萌发地之一，与世界资本主义萌芽时期的商业经济抵达澳门是同一个源头，但与鸦片战争后的买办阶层的内涵大有区别。

16到18世纪，葡中字典诞生在澳门、珠海，19世纪60年代初，唐廷枢三兄弟编著出版的《英语集全》为中英文学习正音。语言交流是文明交互的开端。中外语言交流史上的重要撰著来自珠海绝非偶然，它们是珠海古人敢于冒着掉脑袋风险学习与传播商贸语言的铁证。在明、清时期，不经官方许可为外国、外商提供汉语服务为大逆不道，严重的要被处死，因语言交流而获罪者比比皆是。

从葡萄牙海商来到珠海海域开始，汉语、葡萄牙语、英语分别成了双方交流的第二、第三语言，在珠海，不光是商人、盐户、渔民、水手，甚至是官员，他们都能连比带画进行简单的对外生活与生产活动交流。有了语言与商业的关联，珠海的人间烟火里飘荡着古怪的洋味也就不足为怪。在缺少土地的金斗湾沿海地区，无论统治者如何排斥"工商"，西方商业就这么扎进珠海最底层的社会，对珠海古老家族善待商业影响深远。

新谋生者"揽棍"

1631年，广东巡抚高钦舜上报，珠海海域"夷商贸易，百货所聚……奸商揽棍饵其重利，代其交易，凭托有年，交结日固，甚且争相奔走……金钱四布。"明朝的海禁成为儿戏，珠海成为"如市之门"。

当时的珠海正在形成一个新的生产群体——"揽棍"，这群坏蛋是这片海域过去所没有的。他们也就是承揽别人所需物品的买货、送货商人。明朝早就有一个词"买办"，指的是那些替官家富户提供日常商品的下层商人或者铺户。比如在香山本地，就有祭祀过程中的买办人，"买办羊一、豕一、帛一……笾四、豆四、簠二、簋二"。但是珠海这群坏蛋不同，他们是替外国人服务的，"买办"这个雅词怎么能用到这帮坏蛋身上？看看这些人，他们拿着洋人的洋元，到处搜集货物，完全破坏了这里的盐商、盐户和农耕生产，跟洋人做买卖，却跟原来的乡绅官家对着干，给社会造成多大的危害！很抱歉我们不能从当时的方志撰写人或者奏疏的报告人角度看问题，我们只能很冷静地把他们描写、记录的文献资料当作历史素材，从辩证唯物主义的历史观分析这些材料。毫无疑问，这个时期的珠海已经出现了新的谋生手段，就是自由贸易的商业生产方式，而引发这种变化的关键，是海洋贸易生产关系的提供者，葡萄牙人。这股风虽然不强劲，也足以吹得明末官僚与士大夫上火。

翠微村的但侯祠碑文记载了一个商人向当地富裕人家发难的细节："陷民之家殷者，株连至数十辈"。这个家境殷实的人家可能是珠海历史上第一个被商人暴击的地主富户，商人极可能动用金钱买通力量打击了他们。不难看出，马克思所说的欧洲资本家曾经联合无产者实现对封建主的颠覆，这样的历史个案曾经在珠海也发生过。珠海打开"如市之门"，好比打开了引发经济、社会混乱的潘多拉魔盒。这就是17世纪初珠海被称为"膻地"的根本原因。这些"揽棍"挑战、颠覆了原有的经济、社会秩序，使传统的社会精英遭受奇耻大辱，而经济发展的结果更使他们坐卧不宁。

清康熙《香山县志》通过几个角度记载了官方视角下珠海、澳门的通事、买办等经济往来与社会状况。县志在《艺文志》中转录了1564年庞尚鹏的《区画濠镜保安海隅疏》（又有《抚处濠镜澳夷疏》等名），称葡萄牙海船到澳之后，货物抽税，准其贸易，"其通事多漳、泉、宁、绍及东莞、新会人为之，椎髻环耳，效番衣服声音。""不逾年，多至数百区。今殆千区以上，日与华人相接。"庞尚鹏建议，"严布通番之令，凡奸人之私买番货，畔民之投入番船，及略卖人口，擅卖兵器者，悉按正其罪。"这些记载表明，珠海产生的买办等经营行为属于"通番"，但珠海、澳门之间的经济生活，甚至衣装打扮

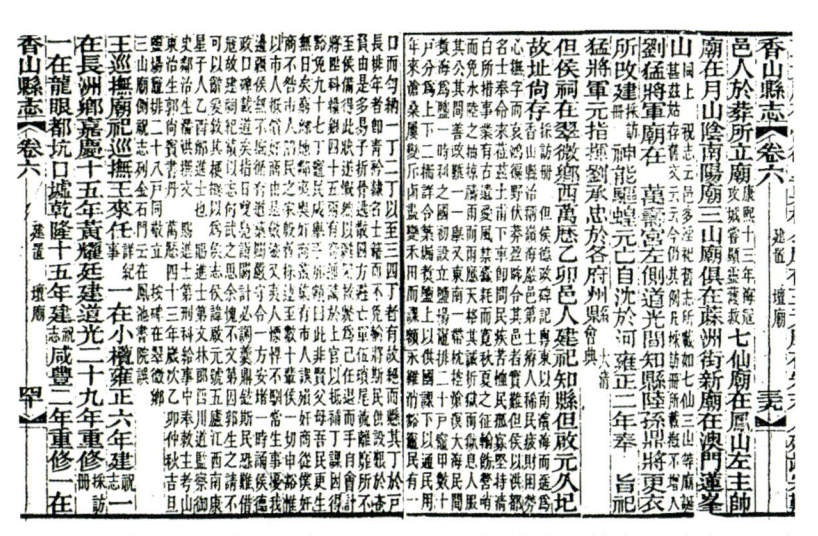

▲ 清光绪《香山县志》记载有1615年建于翠微村但侯祠的碑文（但侯祠及碑刻早已不在，碑文只存于方志）

等生活习俗都难以划清，澳门聚集财富发展成为城市的吸引力让珠海难以抵挡。1567年，周行担任香山县令。每当他盘验葡萄牙商船时，他都峻拒不收贿赂，"惟禁水、陆私贩"。他不可能禁止得了民间的经济活动，因为同一份县志就记载了金斗湾墟市陈列如串的史实。重要的是，官僚对外沟通也离不开从商品交易中产生的语言人才。这本县志写到，"通事番译传语。通事，率闽、粤人，或偶不在侧，则上德无由宣，下情无由达。"一旦离开翻译人员，双方干瞪眼。与此同时，珠海、澳门之间正在产生经济、社会分化。"澳彝日益富庶，我民户口残伤，田野荒岁"。这是葡萄牙人来到珠海之前不可能发生的变化。从16世纪中后期到17世纪70年代，澳门与珠海之间的经济反差日益扩大，澳门越来越富庶，而珠海形容枯槁。

1673年面世的这本方志难得地描述出珠海、澳门的割裂画面，但很难让人看到珠海当时的经济社会全貌。如果我们将整个香山县志、珠海家谱的同时期历史信息重新拼合，我们不难发现，从16世纪中叶到17世纪中后期的百年间，海洋商业文明的浪头翻过关闸门、金斗湾，越过古老的北帝、妈祖祭祀，盖过前山寨，不断触动封建统治者的经济、行政以及军事秩序，发自社会底层的商业力量步伐蹒跚，但势不可挡。

1684年，清朝重新开洋后，澳门的海上贸易迎来重大转机，北岭徐氏家族更多年轻人移居澳门经商并开始海洋贸易。其中最典型的人物是第13代徐亮元。他大约在17世纪中后期与18世纪初定居澳门，他的次子徐卿慈"行商地们（帝汶）国"。北岭村第14代的"卿"字辈后生多在这个时期"大量行商海外"。卢嘉诺统计发现，从徐氏第14代到徐润所在的第17代，"行商海外的北岭徐氏男性平均占在册人数约为10.41%"，他们远洋的落脚点大部分在马来西亚、帝汶、菲律宾，少量分布在泰国曼谷、金山等地。在这些依海为生的后生队伍中，很多人葬身大海，然而无人停步。他指出："随着澳门远洋贸易在18世纪的进一步扩大，北岭徐氏开始进行远洋贸易、行商海外，积累了原始财富，相信这批人就是促使日后徐润跻身成为香山买办……的先行者。"

珠海百姓大多从16世纪中叶后的金斗湾沿岸起步，从珠海行商变为澳门铺户，并开拓下南洋的历史。到17世纪中后叶，珠海移居至澳门成为风尚。澳门城在南边，家乡在北边。澳门海洋贸易从根本上催生了这种新兴的生产、生活方式。在翠微村吴氏家族中，较早迁居澳门的是1523年至1610年间的第15世吴崇现。明末清初，吴氏年轻人不断迁居澳门。从17世纪中后期开始，吴氏家族又向三巴门、望厦扩散，并从传统聚集地向龙田、横琴等地区转移，这样的历史人口流动信息在徐氏、韦氏、唐氏等族谱中同样有记载。

在这个历史时期，旺盛的十字门海上贸易被明末清初的著名诗人屈大均写入诗作中："洋船争出是官商，十字门开向二洋。五丝八丝广缎好，银钱堆满十三行"。透过这首脍炙人口的诗歌，我们能勾勒出十字门海域每年冬、春两季商船去来的兴旺景象。在金钱流动的海船、海商贸易场景下，珠海经商的社会蜕变过程又是什么样貌？

珠海古人是先重学、耕，再重商求财，而且是不得已而为之。在20世纪初清朝废除科举之前，珠海所有家族的历代人都渴望由科举逆袭人生。单说翠微吴氏家族，至少他们在1786年前没出现一位举人，直到第21世"履"字辈中出现两位，他们是吴定魁（履鳌）、吴应元（履云）。但是热爱求学、屡试不中者大有人在，走这条路需要经济基础与官绅社会的人脉支撑。吴氏家族积累了数百年也没获得这样的能力。康熙、乾隆年间，第20世吴兆杰虽是国学生，"为贫故，弃儒服贾"。到了乾隆、道光年间，第22世吴定今虽然功课名列前茅却无力登榜，只能回到翠微村"居乡授徒"。他的妻子韦氏常常是"脱簪饵以供"，年过60岁，她仍然"嘱子孙勤学，无坠家风"。另一位叫吴维北的，从小读书"九战童场"才获得县里的庠生。

买办经商的路，比就地耕读、科举入仕更难走。走这条路的是整个家族中最敢于冒险蹚路的，如果不走这条路，他们可能连出头之日都没有。18世纪中期以后，珠海很多家族的族谱内扎堆记载"生卒葬墓无考"，成对结群的年轻生命都消失在这些记录内。他们冒着生命危险当买办、做贸易，常被称为"奸徒""汉奸",谁抓获他们就可以给赏,他们的船只和物资会全部被没收充公。为了生存,他们只有三条路可走,一条是从流动的"揽棍"变成澳门的坐商铺户。《澳门记略》记载:"国朝设有海关监督行台及税馆,其商侩、传译、买办诸杂色人,多闽产。若工匠,若贩夫、店户,则多粤人,赁夷屋以居。"珠海早期流动买办纷纷转向澳门本地铺户,外来流居者接过了本地人的买办接力棒。第二条路就是直接漂洋过海经商。第三条是最高级路径,向强大的封建势力靠拢。一批获得更多财富的珠海买办为抬高社会地位,他们挣钱之后做的第一件事就是捐钱买官,把自己变成封建体系的组成部分。即便如此,他们在官僚的眼里还是下等人,而在洋商的眼中,他们只是赚钱工具。

1767年12月,香山县令张德洄发文给澳门,要求"立日将买办吴德飞,即德辉送出,交着来差押带回县"。1780年9月,香山知县吴光祖收到两广总督的命令,将擅自与澳门外商交易的"铺民吴宗显折责十五板,所得金花银2圆追解赴司充公"。从文献史料看,在19世纪之前,珠海本地的众多家族,包括曾经是盐业经济的主导家族,都不在乎身份贵贱,有钱挣就好,只希望通过移居澳门,从通事、买办、水手等职业蹚出一条振兴家业的新路。

1794年6月,香山县令查办澳门一起外商案,他的一家7口主妇婢女一逃而空。官方听从洋人一面之词,抓了两个当地人,其中一个是前山徐氏的后生,叫徐亚仲。他早就出省城到广州做贸易,根本没有作案时间。香山县在案件调查中找到前山寨的徐作敬作证才获得真相。前山、北岭徐氏同出一个源头,都是由前山定居而分支繁衍的。我们从这个记录了解到,不仅是北岭徐氏,前山徐氏也一样在买办的路上寻找改变命运的机会。

从19世纪中后期开始,一个个买办商人的成功与显赫彻底改变了社会认知,在珠海家族的族谱、族规中,无论凤凰山,还是黄杨山沿海,没有一条禁止经商。在翠微村,这个时期是吴氏第23代的黄金时代,是天翻地覆的一代,吴健彰就是率先完成由商而官的代表,对珠海形成经商成就事业的社会风气产生重要影响,对上海集聚珠海买办家族启动近代发展的作用举足轻重。

像吴健彰这样的人凤毛麟角。就在他家族的这一代人中，他的一位叔伯兄弟吴士显就是远赴海外经商的。他与同村的韦东琏次女订婚，因为生计困难，还没娶媳妇过门，他就远渡重洋经商，希望挣一笔钱回来过日子。这一去就是十几年，音讯全无。女孩父母眼看女儿婚事遥遥无期，再三劝她，放手吧，另配人家，女儿不听，父母也无计可施。转眼又过数年，"游子行踪仍如黄鹤"，父母强迫女儿另婚，她干脆没结婚就躲进吴家，就算吴士显没了，她也不离开了。万幸的是，吴士显奇迹般活着回家，"苦去而甘来，举家相庆，其乐融融。"而吴健彰伯父吴履星两个儿子就没那么幸运，一个远赴日本，另一个带着妻子闯美洲，他们都消失在"无考"里。

咸汤淡水"珠海流"

从16世纪中叶开始到新中国成立的4个世纪里，在中国所有的沿海、沿边偏僻落后乡村中，没有任何一个地区像珠海这样特别，在中国每一个重要历史时期，这个海隅穷乡都会涌现一批批重要历史参与者、亲历者。他们最初都从珠海的山海出发，慢慢地，三五代、十代后，珠海成了他们的背影。

如果按照中国古人的族谱传世纪事法，他们"始迁祖"的原住地是珠海。

珠海是个移民地区，但我们忽视了移民的方向性，始终强调迁入，忽略了移出。历史事实告诉我们，珠海不仅是迁入地区，而且是迁出地区。随便举个例子，13世纪末，邓光荐、赵时钺移居珠海，19世纪中后期，唐廷枢、徐润移居上海，这是双向的。20世纪初期，珠海移民分布在中国沿海、沿江的重点地区，环太平洋地区的各个国家和地区也有珠海移民，其中最醒目的就是各个城市的"广东山庄"。淡水朝海流，海水有潮汐。秦汉以后，中原地区由先进向落后的珠海移民是基本规律。但"珠海始迁"却背离规律逆向移民。

现有的历史文献、史料虽然零星粗略，但"珠海流"发生的主要人群、历史阶段大致有一条清晰脉络。那就是从翠微墟市产生"揽棍"开始，珠海就开始了连续不断的贸易迁居与对外海商移民了。

澳门是他们的第一站，他们又有人从澳门"下南洋"，成为南洋庙最早的祭祀对象。

到了1684年，珠海各个家族都有从全面放开海洋贸易中获得机会。他们的第二站是直接出入葡萄牙航海线路，远洋吕宋、帝汶等地贸易。

1757年广州一口通商时期，广州十三行变成第三站，翠微吴氏、会同莫氏等都是从这里打拼出来的。

鸦片战争后，珠海移民向香港、上海、天津、汉口等国内地区迁居，这是第四站，或是第四个阶段。有两股移民潮流，第一股是北上的。他们具有商业积累，懂得语言、规则，拥有商家人脉与号召力，是追求资本盈利与顶戴花翎的。他们大多直接参加到近代洋务运动的潮流，也是中国半殖民地、半封建社会内最活跃的新商业要素。另一股移民则完全不同，他们人数众多、贫乏穷困，把自己当作商品出售，要九死一生地去改变贫穷命运，他们大多就是被卖的"猪仔"，成为中国在海外饱受凌辱、顽强求生的最早华侨群落之一。他们有的像南溪村的陈芳那样富甲一方、衣锦还乡；有的像官塘村梁氏、外沙村蔡氏那样从海外归来开创商业传奇。更多的移民分散到日本横滨、俄罗斯海参崴、秘鲁、朝鲜、泰国、帝汶、吕宋、槟城、檀香山、悉尼等地。当孙中山在19世纪末20世纪初发动兴中会、同盟会时，他们力所能及地提供微薄而直接的支持或亲身加入甚至回国参加革命。

珠海所有的"始迁"移民，与明朝以前的传统移民有本质区别，他们不是为了土地，而是被另一种东西所驱动，资本，也就是金钱。哪里有赚钱机会，他们就去哪里。去香港、上海的，是因为西方资本在鸦片战争中轰开了通商口岸，他们把鸦片、机器生产的消费品从这里输送到中国腹地，再把四处分散的茶叶等收集起来，送回西方市场；而远渡重洋的，是因为要到有金矿的地方、种甘蔗的地方出卖苦力卖命挣钱。手段不同，目标一样，主导者都是那些用机器与武器、轮船与金融塑造世界"现代文明"的缔造者。

假如历史能让他们重来，他们当然愿意生在盛世华夏。然而历史决不能重来，因此每个珠海人都决不会答应回到被列强瓜分、凌辱、杀戮的旧中国，决不会跪下身躯捧起掠夺者的嗟来之食，决不会冷酷无情地去剥削农民、小手工业者。但是，100年多前的中国，那些经商者该怎么办？什么样的商人能存活在百年前的中国？或者用正在发生的事追问这个问题，他们在被侵略践踏的巴勒斯坦怎么经商生存？谁决定他们经商的权力？

这群珠海"始迁者"最初只是为了金钱去经商、出海，再用这些金钱租商铺、建祖祠、买学田。有了金钱，他们会再去反复经商，更熟练地获得更多机会。这种在今天再普通不过的创业方式，在16世纪中后期的珠海比登天还难。当时的珠海却有一个极其有利的条件，那就是葡萄牙商人有市场、有船，可以经商、远洋挣来葡萄牙洋圆，赚到比煮盐、比在有限的土地耕种更多的钱，能在官衙收租征兵时有银子进贡。这是400年前珠海的海上乡村经济概貌。拜明朝嘉靖皇帝与封疆大吏所赐，这是中国唯一的地区，唯一的与西方现代海洋商业文明交汇的总接口。这个接口留下最深的烙印就是珠海从未有过的商业求生之路。

珠海人最早跳进这个文明交汇口，在咸淡水交流的源头粗俗又卑贱地野蛮生长。慢慢地，沿着"金斗湾·金星门"的珠海家族里每几代人中总会有一些人跃上潮头，将个人的成功商业史视作家族、社会的共同价值观。当一座座新房祠、祖祠或者大宗祠从某个村子冒出来，几百年前的古人会跟我们今天的看法一样，哇，这是有钱人家！假如宗祠前面又立有高大牌坊，整条乡村又用石块围墙，又有街道、学堂、义仓。哇，这个家族太牛！

这种历史场景不是虚构的，它们大多发生在清朝放开海洋贸易的康熙至光绪年间，这时候的珠海家族已经摆脱了香山立县时的"遗黎""小姓"，成为整个香山的"热土""望族"。经商贸易给珠海，特别是"金斗湾·金星门"

沿线带来的经济、家族、婚姻、文化、建设的各种变化让世人热衷于歌颂它们，而不再是鄙视、唾弃，膻名之地，再也无人提及。翠微的吴氏并不是到吴健彰的第23代才大功告成的。吴氏家族从第19世开始弃儒业贾，"陶朱胜算，获利三倍"。第20世，吴氏开始兴旺。吴兆良"亲历营生"，在1760年左右，"置田数十顷"，这对缺田少水的珠海而言是惊人的数字。但与此同时，他的哥哥吴兆殿则在帝汶过世而不知葬于何地。60年后，吴兆良的孙辈吴帝植在翠微村建了一座池馆名为"亦陶"，香山孝廉梁尚举在这里写下一首《亦陶晚眺诗》："纳凉我向南窗倚，想煞渊明处士家"。

吴氏家族在广州一口通商之前就经商致富并非个案，珠海各个家族都有通过经商获得资本积累的先例。《香山县志》记载前山、翠微的两座书院——凤山、凤池兴建于1757年，这是珠海家族获得财富之后为了教育子孙而一致采取的行动。类似的情况同样发生在翠微村的韦氏家族。韦氏大宗祠共积攒捐投2000两银，在1732年至1744年间建成。《韦氏族谱》告诫子孙："人贵自立""工商竭力生财"，力戒"以财伤义"。他们对待游走海外经商的婚姻态度也很开明，"可以在外国娶妇或娶外国人为妇"，而所有这一切的终极目标就是："族运之隆烝烝日上，安见海滨邹鲁之风不可再觏于今日哉？"这再次印证了珠海家族、社会用财富教育子孙成人的信仰。

19世纪初的嘉庆年间，有一件对珠海经商者非常重要的历史事件发生了，那就是珠海买办商人的身份第一次获得官方认同。1809年，两广总督百龄提出"华夷交易章程六条"，其中的第五条规定："夷商买办之人等，宜责成地方官填选充承""由澳门同知给发印照"。百龄要求，前山同知审批办理外商买办，首要条件是当地拥有财富的殷实之人，要有比较扎实的经济基础才能提出申请，这是看清了珠海、澳门的个人财富来自外贸经济，具有中外交往的能力与经营实效。买办作为传统的贸易中介已不再遭受制度性歧视，而具有受人尊重的商业文明内涵。即使当时的通事在经济、社会地位上高于买办，但珠海这些经商之家可以正式获得资格证或许可证了。以1809年为界，珠海新增了一类得到官方认可的人才，他们在前山城里被官方称作"职员"，也是四乡八邻择婿的好人选了。这种标志性的变化，对贫困家庭的求学、就业选择产生了社会影响。当19世纪30年代澳门马礼逊学校开班时，珠海的唐廷枢兄弟、容闳、黄宽与黄胜等人才会选择西式教育，还有像韦氏家族第16代韦应华那样浪迹外国自学成才的。珠海成为中国近代留学的开山之地，实在是始于源远流长的商贸求生文化，这是珠海人寻找新生存方式的重要途径。

鸦片战争后，中国被迫向西方列强开放沿海、沿江更多通商口岸，广州十三行逐步失去官商垄断地位，珠海的商人之家开始了新的迁徙，向香港，向上海集聚。他们在历史上被称作"买办阶级"，"一个在中国近代历史上起着极其反动作用的买办阶级就这样开始生长起来了。"但不得不看到，这并非这个历史时期的珠海经商家族愿意卑躬屈膝去面对的。这是整个世界被资本主义绑架的悲剧，更是中国经济的恶劣环境造成的。珠海的莫氏、唐氏、徐氏、蔡

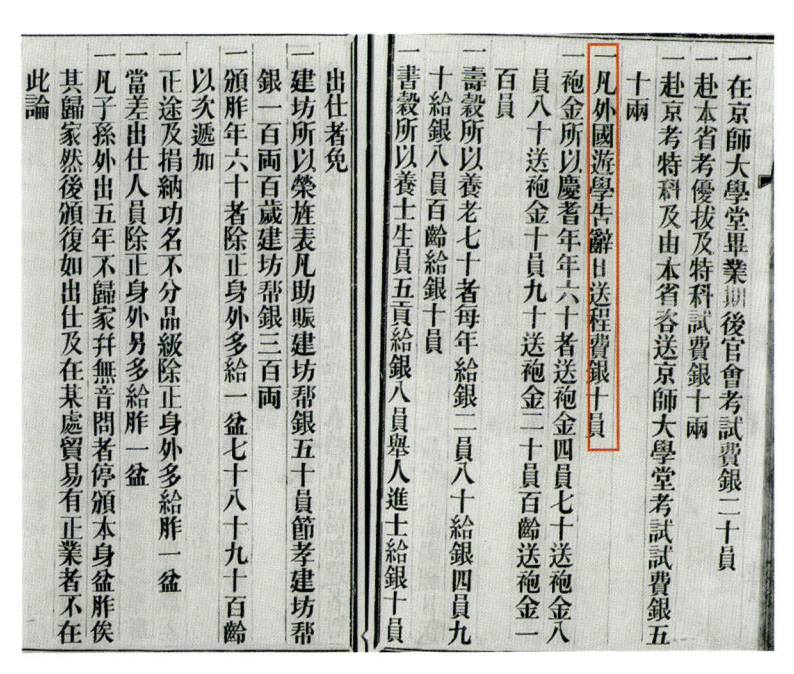

▲ 翠微韦氏族谱载有鼓励出国留学的族规。该族谱在1908年重修

氏、郑氏等家族都在这个时期迎来所谓的巅峰时刻，一样是被西方奴役者中的一份子。这一点是被后世研究上海近代经济史的学者充分认清的真相。丁日初主编的《上海近代经济史》于1994年出版，其中专设的"买办"一章，客观公正地分析上海买办经济在半殖民地半封建社会条件下的经济社会基础、制度与资本积累、向民族经济过渡等。

珠海经商家族在上海近代商业经济发展之初"占绝对优势"，与英、美等洋行有密切的联系，语言基础好，商业经验丰富，"吴健彰、徐玉亭、林显扬、徐润、唐廷枢、郑观应等著名买办都是广东人"。即便如此，"因是洋行的仆役头目，还是被人瞧不起的"。研究编著者直接引用了容闳在其《西学东渐记》所表达的思想观点："买办之俸虽优，然操业近卑鄙⋯⋯以买办之身份，不过洋行中奴隶之首领耳。"我们必须客观、辩证地认识从珠海这块饱受折磨土地上形成发展的这一代充满"奴性"的商业文明启动者。他们这一批买办商人是开启中国近代民族资本的艰辛积累者，是中国坠入半封建半殖民地深渊的经济工具，是珠海近代乡村宗族文化建设的奠基人，也并不是完全丧失家国情怀，铁板一块的、纯色的反动鹰犬。

1965年，莫仕扬的孙子莫应溎回忆记录了会同村莫氏家族与太古洋行的业务活动历史。从1873年到1930年，莫氏家族充当买办，将太古洋行的航运、保险、船舶维修制造以及制糖业带到历史巅峰，而且累计将千余名莫氏家族、姻亲、朋友引入太古洋行。到他写回忆录的时候，会同村的莫氏族人少于总人口的四分之一，绝大部分都到了香港、上海、汉口等太古洋行的经营领域。到了莫氏第三代，很多人只会说英语，反而不会讲家乡话，跟第一代完全颠倒。莫应溎于1935年离开太古洋行在广东兴办民族制糖业，他遭遇到被军政两界截胡、分肥的丑剧，几乎与数百年前衙门官吏、兵士搜刮百姓没什么两样。在郑观应呼吁清政府成立"商部"之前，整个中国封建历史上从来没有规范组织商业运行的经济法规，各种封建势力集团都以"官办"为所欲为。即便有了官商两分，还是官吃商、商靠官，官僚资本就是这么勾结的，不服不行。

在中国一步步深陷半殖民地半封建深渊的历史上，谁是毁灭的主导者，谁是制造悲剧的主要方面？资本主义侵害被殖民者利益的核心手段是什么？马克思在1853年7月发表《不列颠在印度统治的未来结果》，他写道："英国在印度要完成双重的使命：一个是破坏的使命，即消灭旧的亚洲式的社会；另一个是重建的使命，即在亚洲为西方式的社会奠定物质基础。"这"双重使命"的唯一目的就是捍卫大英帝国的财产。对于印度来说，英国在被征服的印度建设"现代文明"所需要的铁路、港口、电报、报纸、人才等，这些都是他们进行生产交换与商品交易的必备工具，这些生产要素在殖民时期只满足于实现殖民统治，而不是为人民摆脱贫困提高生产力，反而"使个人和整个民族遭受流血与污秽、蒙受苦难与屈辱"。

珠海买办家族就是马克思所说的"双重使命"的工具，仅仅是更有能力与经验的被奴役要素而已。他们既是为追求经济利益追随殖民者的代理人，又是不断摆脱奴役地位破坏买办制度的对抗者。他们既在投入与组织近代民族工商业，又在资本主义的剥削制度内培植自己的掘墓人。在中国特色社会主义市场经济新时代，尤其在今天"百年未有之大变局"的历史背景下，我们更需要以马克思主义历史观重新梳理、认识中国近代经济史上绕不过去的这群"珠海始迁者"，这对认清中国半殖民地半封建社会的经济本质，客观、辩证地了解珠海经商家族走过的民族经济、市场经济之路，贴近他们文化信仰，我们不能不说，他们还是胸怀家国信仰的中国商人。

韦氏家族的族谱中印刻有这样的祖训："爱亲事长，尊祖敬宗""以教育遗子女为最上之产业""健康之身体、丰富之学识、坚纯之道德，方可养成为家庭之令子，社会之良民"。经商之人要饱学修身、利家利国，这才是珠海商人的生命信仰。在珠海，这些家族的崇商做人原则具有普遍性，具有让当代珠海市场经济吸收弘扬的优秀文化营养。经商是为什么？我们的祖先没机会回答好这个问题，今天我们能接过接力棒给出完美的答案吗？

香山澳寻路

金钱时代

在19世纪30年代前,香山县人口出现匪夷所思的大暴涨。县志记载,1771年,香山人口不足3万人,但是到了1814年,不到两代人时间竟然猛增到42万人。虽然同时期的阮元《广东通志》记载,香山男子人口近17万人,比县志所载的男性人口少了30%,但这种增幅也令人瞠目结舌。这个时期香山县的乡村数量都在增加,珠海乡村增长最多,凤凰山沿海乡村总量增加50%,黄杨山沿海与大托、小托、三灶岛等海岛乡村增加180%,乡村增量根本无法承载人口增长。我们尝试用摊丁入亩取消人头税、民间海上贸易的旺盛以及"红旗帮"等海盗集团受降就地安置等历史来分析,但都无法圆满解释。我们暂时放下揭示这个历史真相,正视当时的另一个历史事实,那就是鸦片走私的影响。

这个历史时期正是英国、美国从印度、土耳其等鸦片产地往中国走私鸦片增长最迅猛的时期,走私活动遍布珠海沿岸。石岐、珠海与澳门沿岸之间的水上航线从零记录猛增到22条,与此相反,珠海的桥梁、学校、社仓、祠堂等公共投资并不显著。罪恶的鸦片走私暴利必定吸引大量人口流入珠海、澳门沿海。最严重的是金星门沿岸一带。清光绪《香山县志》写道:"夷船复来泊零丁洋……时洋船四五十只,华船舣附通市,珍奇毕具,娼航赌艇比于珠江。夷目设帐幕于东岸大角山(今留诗山),礼拜会食,炮声震远迩,番奴牵獒持鸟枪,踩躏场圃……阑入村庄、蛋船,有少女或强宿焉……十三年(1833)前,有奸民引夷人如李法测量，盖欲于此停泊销售，偷漏关税故也。继又于唐家、淇澳树表量地，皆绘图识墨，复于淇澳山建英吉利国旗，大有营造意……既盘踞澳门，且欲跨金星而有之，居心殊叵测。"金星门沿岸乡村、渔场几乎与被侵占无异。

如果珠海长期陷入鸦片走私贸易，这里的乡村经济将彻底毁于无所不卖、无不敢卖的"现代文明"。1828年后，香山就出现了罂粟花种植的记载。鸦片战争之后，帝国主义列强将鸦片"合法"输入中国，输入地遍及中国沿海的通商口岸。此时此刻，珠海经商家族回乡投资非常重要，它将在很大程度上沿着传统文化主导的乡村之路，阻断社会滑向毒品种植、人口买卖、皮肉生意的深渊。事实上，他们被包围在外来殖民经济的轰击下，生产资料越来越集中到商人地主之手，社会人口越多越贫穷，贫富分化更加严重。资本的生产方式使得劳动人口在珠海、澳门以及周边地区出现严重过剩。人口越密集，越容易成为商业资本任意剥削的对象。只有马克思主义的人口相对过剩理论才能揭开这种奇怪的历史现象。

在19世纪60年代前，珠海在近代史上曾兴起过一轮勘探与开发，种植业、渔业有过商品化摸索，桥梁、道路等交通建设也发端于此时。但这些开发结果显示，除了海产与种植，珠海其他资源真的匮乏，缺少开发价值。虽然香山县历代方志没有商业分类与记载，但我们依旧能发现一些经济活动线索。金斗湾乌鱼、前山刀鞘螺、澳门石斑鱼、黄油蟹、狗爪螺都是优势水产，鲨鱼翅被加工为"银丝菜"；白春鱼每年的捕获量"达至万斤"；连湾岛、浪白澳专门有下海之人捕海胆；唐家生产品质最好的虾酱；黄杨山、金星门与湾仔一带打石养殖牡蛎。勘探者在北岭村山地发现金粒，"金气凝结，砂砾融冶迸为小粒，自然方整，与江西信州所产者无异，可冶金创，披沙拣之俯拾即是。"会同村莫氏一直在广州从事茶叶对外贸易，为了在家乡尝试茶叶种植加工，1848年，莫仕扬的堂兄莫仕琼"始于其地种茶，其味清凉，可比清远所出者"。在他之前，珠海本地记载的野生茶叶只有凤凰山茶、黄杨山茶与老万山茶。莫氏家族希望在家乡开发茶叶种植业，这是珠海人工种茶的开端。

早在19世纪早期，珠海的族谱中就有购买"三益银会"股份的记载。在珠海近代史前后的乡村勘探、开发活动中，这些金融组织已经在珠海生根，逐步充当商业盈利与资金的流通渠道。19世纪中后期到20世纪初，随着一批珠海籍商人密集返乡建设，或者侨居海外汇款返乡，珠海迎来家族资本下乡的"金钱时代"，各项建设达到史无前例高峰。

1861年，南屏乡陈守善带头捐银3000两，周边乡村共捐款1万多两银子建成香山县第三大桥——康济桥。康济桥在珠海南溪，位于今天上涌与坦洲的105国道交汇处南侧的小河沟上，这里曾是金斗湾岸线南北陆路要冲。这座桥于1862年建成。20世纪初，它还是"雄壮巩固"，是"城澳与各乡往来冲要"，后人又在桥旁建康济亭以示纪念。

捐款集资修筑公共设施是珠海乡村建设的重大变化。

珠海先天的自然资源基础太差了，珠海家族资产毫无悬念地投向以宗族为主的乡村公共文化设施、交通以及金融机构建设。这些投资从19世纪70年代开始极其显著地集中在"金斗湾·金星门"沿岸、斗门涌沿岸，与珠海经商买办家族分布区域、与港澳外贸航线、与华侨汇款回乡的兑换渠道一一对应，金钱成为建设宗族文化、乡村学校、桥梁、义仓以及渔农业初级产品加工业的主导力量。1875年，唐家、上栅与会同村多个家族投资人共同出资组建"维新""维安"等银号，与香港、上海以及美国旧金山的分号、联号密切联系，提供银票兑现业务。科举废除后，香山原有乡学、书院改建，并新建一大批新式学堂，全县共有61所，其中珠海23所，占30%以上。所有学校建设总投资约5.5万两银元，其中珠海为2.9万两，占一半以上。这是珠海历史上最密集的教育投资时期，颠覆了香山的教育历史，践行了家族教育育人的族规。在这个时期，珠海的新乡村建设、大宗祠建设、桥梁建设也出现高潮。今天的唐家、南屏、翠微、南门村等乡村传统文化遗存大多出自这个历史阶段。

与传统的学校建设根本不同在于，开办这些新学校的常年教育经费绝大部分来自各家族捐款，不再用学田的田租主导。教育经费由那些曾经走投无路的"揽棍"、买办出资，一出手就天翻地覆，这是历史的进步。而那些"发了财的昔日奴隶"远不是一个个独立家族，而是具有数百年血亲与姻亲关系的"亲族"成员。他们经常发动或联手在启动近代民族产业的关键时刻、在乡土开发与乡村建设时相互呼应开展亲族行动。

卢嘉诺在研究徐氏族谱中指出，在商办中国民族工商业先驱的轮船招商局时，徐润、唐廷枢在入股中发挥带头作用，"徐润作为第一大投资股东……前后计之共有四千八百股，合计银四十八万两……各亲友入股者亦不下五六十万两。"徐氏宗族的关键支持对徐润入主招商局"起到决定性的作用"。

鸦片战争以后，从斗门的尖峰山东南角一直横跨磨刀门东抵金斗湾沿海都是海上围垦重点地区。在这个广阔的海域围海造地，需要更广泛的家族财力合力集资。1814年，唐家村的唐士鲲"仿古义田法"，带头捐银100两，发动全乡数百人不断捐献累计近3万两，在石岐购置义田建成"崇义祠"，为培养更多的学子科举进士提供奖励与资金。这个机构持续吸收资金，逐步与银号、当铺等组织密切合作，以土地围垦与租赁为核心资源，逐步发展成为具有资本运营性质的民间开发基金，投资人既享有私有资产获益权、继承权，又具有公义善举的行为与名声。"祠为各姓之公祠，产为各姓之私产"，通过血亲、姻亲等利益纽带联结，这个机构完全成为由金钱驱动的地域性、亲族性商业资本，但是它又兼备中国传统的公益教育、扶困、救助等性质，这是商业资本侵入香山社会的"公私合赢"变体。

尖峰山脚下的青鹤湾围垦就是由这种亲族资本推动的，比个人单打独斗的力量更有效率。1845年，青鹤湾围垦20顷坦田，到了1860年，有15顷垦田生产报税。到1889年，崇义祠集资总人数达到927人，围垦面积扩大到73顷，珠海围垦土地约占一半，其中包括鹤洲的东福成、西福成两围近11顷，新青、五福、鸡咀等地15顷等，"青鹤湾田租为大宗，岁收租银一万七千九百余两"。

与"木鹅"生产力相比，商业资本带来的围垦生产力大幅度提高。很多研究认为，新中国成立之前，珠海的围垦是由封建地主的低下生产力完成的，但青鹤湾的围垦历史表明，商业资本在大规模围垦中占据主导地位，"崇义祠"这类封建、资本相互衔接的亲族利益结构发挥了重要作用。我们可以清晰地看到，鸦片战争前后，珠海完成了从个人买办经商到社会商业资本的积累与主导过程，资本主义对乡村的"破坏使命"，正是通过金钱对传统公益机构、家族宗祠的引力向社会蔓延。借助金钱的力量，原来的封建社会与家族组织悄无声息地改造传统义举，赋予宗祠商业属性，向权力输送利益，洋油、洋装、洋糖、火轮船充斥乡间、河道。

在珠海历史发展进程中，金钱的生产力远大于"木鹅"生产力，社会进步意义显著，但它的剥削性质并没有改变。而根深蒂固的中国传统文化也没有在殖民经济环境下丧失本色，维护民族利益的家国情怀，激励人类成长的品德修行一直支撑着珠海经济社会发展的底层逻辑，这就是珠海的商业资本转向民族资本、乡绅议员坚决开展勘界斗争、经商家族衍生出新生革命者的文化底蕴。

老祖宗的话

咸丰三年（1853）年的冬天，南屏容氏家族第4次修谱。谱序中没有其他家族论古鉴今的循循善诱，反而有一种晨钟暮鼓的撞击声，不啻是一份家族道义宣言：

> 世俗徒以科名之高、仕宦之显则以为光宗耀祖也。尝观薄俗之中结纳夤缘、掇巍科登、高第贿赂，所至内转外迁，委任专城，擢居大吏，族党矜夸，里间炫耀，莫不以为此真能光宗耀祖也。而不知其出身寡廉鲜耻，

> 作吏则附势趋炎，事业无著于国家，风节无励于人士，徒以削万民之脂膏丛一身之怨仇。如此者，上则玷污祖宗，旁则贻羞于兄弟，下则遗臭于子孙。又何宗之可光、祖之可耀哉……人在天地之间，不得辅翼圣明，勋垂史册，至穷而在下隐于家庭之中，亦惟思绍先志，可对于祖宗；谊敦同气，可睦于兄弟；教育有义，方可贻于子孙，以俟潜光之发而已矣。富贵荣华非性分之固有，亦非家训之可常也。

这个序言针砭时弊，鞭挞社会的昏聩腐败，告诫子孙不以荣华富贵为家族规训，矢志不移地坚持天地之间的道义正气，决不要把失德害国、伤国害民的所谓高官厚禄当作光宗耀祖的荣耀。从鸦片战争之后，珠海的经商家族在中国近代历史上崛起，以容闳为代表的留学文化开创了中国近代洋务运动以后的一系列教育、社会、经济、思想等运动，然而以西方商业文明为导向、以殖民经济为特质的近代中国奢靡腐朽，道德崩溃，无人能够挽救从文化到经济的全面沦丧的局势。正是这个时候，看似垂死挣扎的宗族文化却将中华优秀文化的道德正义性传承下来。容氏族谱中的这份序言就是此时发出来的最纯朴的文明呼唤。

鸦片战争之后，珠海的许多家族青年人弃祖离乡，或求学经商，或漂洋过海，或宦游，或执业于铁路、煤矿、电报局，或战死沙场，或命归大海。因为族人迁居流动纷纭杂乱，盛氏"乡居者曾几无人"，莫氏"仍留在老家的族人，便少到不及总人口的1/4"。这些族人在经历了洋务运动以后的一系列经济、社会与战争风云之后，身处动荡纷扰前途未卜的国家，对家族作为民族根基的传统意识愈发强烈。中华民族的家族谱对维系族人的血脉渊源、文脉本义发挥重要的凝聚作用，而优秀的族规集中体现了中华优秀传统文化连绵不绝的内在力量。

珠海各家族族谱皆有树德立人的祖训，其中的容氏族谱更持久而深刻地强调家族、民族关系，强调德义持节，警醒族人在物欲横流的世界保持道德追求。容氏最早修谱在明朝初年的14世纪末，距今630多年，其明确将中华传统文化作为家族繁衍的标准，"人生惟仁义礼乐四事而已……无是四者……其去禽兽岂远哉。"到明朝万历年间的16世纪末，容氏族谱更加明确家、国关系："一家之休戚，与天下相关……与国运否泰诚有关……与四海相关"。18世纪中叶，容氏第二次修谱，提出了"德业闻望足垂不朽……必人人而传之"。清朝嘉庆年间的19世纪初，容氏三修族谱，再强调遵守道德信仰，"充其道，则天下一家"。而到了19世纪中叶，珠海以及中国社会经济发生重大变化，容氏家族显然更强烈感受到个人、家族与国家民族休戚相关，这才有了这份家族行为准则的告诫警示。

这份序言容闳从耶鲁大学毕业回国时间早1年。当容闳于1855年四五月份回到故乡的时候，他必定见到了这份序言以及宣告全族人信仰的族谱。从太平天国起义至辛亥革命胜利的半个世纪间，容闳所做的一切成为事业有助于国家、风节有励于后人的表率。容闳作为"中国留学生之父"，他是中国向西方文化学习的先进典范，也是传承中华优秀传统文化的家族志士，更是中华民族生生不息抱德取义的文化象征。1929年，容氏家族最后一次修谱，族谱中依旧寓家国情怀于家族道德："外无愧于国民，内无忝于子孙"。在中国还没有找到马克思主义真理的时候，珠海留学文化作为中国近代以后优秀传统文化的代表，以发自于内心的民族道义气节为中国近代化铺路。

如果珠海的商业、留学发展历史上失去中华优秀传统文化的支撑动力，如果中华民族优秀文化在近代以后的家国垂败中消亡，中国必然会因为自身优秀文化的解体而加速破灭。

纵观珠海经济社会与文化发展历程，珠海家族追求财富、留学，将个人抱负、宗族繁盛与社会理想、国家情怀紧密相连，成为最终推动社会觉醒的文化力量。追求人类社会先进文明以重塑家族、乡村乃至于整个中华民族，这是珠海近代以来众多先行者的理想。这些个体人物在近代中国的社会制度下秉持操守、铭记大义，并没有因为西方商业文化长驱直入而全面倒向唯利是图；在贪欲是文明时代的灵魂，财富是文明时代的唯一的衣钵的旧时代，珠海的家族与子孙们还有清醒的辨别力。西方贪得无厌、瓜分世界的文明不仅没有消灭珠海族人对道德、尊严、荣誉的追求，反而在鸦片战争直至勘界斗争等一系列重大经济、外交、军事事件中看清西方文明的偏见与傲慢，拿出挺身而出捍卫国家的勇气。

全球势利场

"彝酋苛暴吏潜通，谁谓三军胜匹夫。苦忆当年沈义士，万人争看好头颅。"这首悲壮之歌是南屏北山乡杨应麟在1910年5月写下《镜湖感事十咏》的最后一首，以纪念民族英雄沈志亮。沈志亮的英雄事迹发生在1849年，60年后杨应麟秉笔颂英雄，是因为引发沈志亮怒斩澳督的冲突根源始终未解，而且不停发酵愈演愈烈，到了千钧一发的关键时刻。

1840年鸦片战争之后，葡萄牙侵夺中国的野心膨胀，一步步突破他们居住区域的围墙，向珠海的陆路、水路扩张势力范围，法国、英国先后成为葡萄牙的后盾。其中的"关键先生"就是长期把控中国海关关税、口岸，甚至独揽外交命门的英国人赫德，他们最好的合作伙伴就是屈膝保命的清王朝。

最早迁居关闸门外的经商铺户、耕种农户不停被葡萄牙人侵扰，他们的祖坟被挖、房屋被拆，还要被逼缴税费。1849年8月22日傍晚，望厦、龙田等村的6位青年沈志亮、郭金堂、李保、张先、周有与陈发在关闸门斩杀澳督亚马留，沈志亮英勇就义。沈志亮的忠魂英骨后被埋葬于前山寨。很快地，葡萄牙军队占领关闸门、拉塔石炮台，驱赶清廷设在澳门的海关等所有政府与军事管理机构，不久之后捣毁了关闸门。1887年，在赫德与他的秘书金登干导演下，清政府为了"令葡人帮同缉私，于澳门之马骝洲分设一关，而承认澳门为其属地，归其治理",中葡达成《中葡里斯本草约》,葡萄牙"永驻管理澳门",留下所谓的"属澳之地"问题,为继续侵占珠海埋伏笔。1888年4月,这个草约变成正式生效的《中葡和好通商条约》,但是条约并没有就所谓"属澳之地"进行界定。双方商定下一步"会订界址",然后再设立专门约定,在没有勘界谈判之前,"一切事宜俱照依现时情形勿动"。

从1888年后,葡萄牙看到清王朝如同任人宰割的羔羊,东一块西一块被左砍右割,在华北、在黄海、在东北、在西南一败再败,国宝被一抢再抢,赔款越赔越多,在世界列强面前就是一个泄气的皮球,一个被抽走脊梁骨的懦夫。葡萄牙看透了外强中干的清王朝,也看透了地方官僚的腐败造作,希望在经历了3个世纪的憋屈之后,要以列强的身份获得凌驾于另一个国家权力之上的利益。在这个历史背景下,望厦、龙田、沙梨头以及青洲、氹仔、路环等地与岛屿不断被葡萄牙蚕食鲸吞。他们在湾仔、横琴、前山等地区制造各种"属地效应",通过各种社会、军事与外交争端取得"证据"。

身居珠海当地的乡绅、商人、官吏也看透了葡萄牙人的伎俩,深感自己处于被驱赶、凌辱的地位,切身利益正日益面临被侵害的危机。他们强烈要求清廷将葡萄牙限定在澳门原居住区内。这些曾经从葡萄牙海商贸易中尝到甜头的人,正在体会西方所谓先进文明带来的苦头。在这个历史时期,广东作为中国农民运动、旧民主主义革命运动的温床,同盟会在香港的频密组织与传播活动让越来越多的人警惕清廷懦弱的卖国行为,国内风起云涌的一系列革命斗争越来越激发人民的抗争勇气。

此时的杨应麟当选为广东省议员,这种议员是清廷灭亡前匆忙赶制的议会制产物。1909年2月,他先在南屏发动组织南屏勘界维持会,宗旨是"上保国权、下顾身家",又在香港建立旅港勘界维持会,发动港澳同胞和海外华侨声援护界斗争。稍后,杨应麟与陈仲达两人前往广州举行特别会议,推动组建广东勘界维持会,"搜集证据,发明法理为勘界大臣之补助"。6月间,他在广州广泛宣传,散发的传单上写着:葡人如侵占我丝毫海权、陆地"誓死抗拒"。

在勘界谈判期间，香山县各界人民群众捍卫领土，组建香山城勘界维持会，各乡决议兴办团防，由崇义祠拨款1000两银提供活动经费。珠海各乡各家族前所未有一致联名致信："门户尽失，不独香山一隅受害，势将牵动全粤"。美国、加拿大、日本、菲律宾等国华侨以及上海、汉口、香港等地商会纷纷电报声援："凡我国土，请勿寸让"。

从1909年7月至11月，中葡双方在香港共进行9次谈判。中方谈判代表是高而谦，葡萄牙谈判代表是马沙铎。这次谈判如同被放到世界华人的聚光灯下，引发国内外的关注、声援。双方一接触，葡萄牙就亮明底牌，高而谦缺乏主见胸无成竹，全无捍卫主权的凛然大义。他接连发电文给两广总督与外务部，告知进展反复辗转。第4轮谈判前，他又致电说葡萄牙"恃公法""恃默认之事""恃交海牙判断"等等。在谈判中，面对葡萄牙、英国的恫吓威胁，清廷懦弱，高而谦提出"割舍澳门半岛，以及青洲、氹仔、路环等地，附近内河与海面由中葡共管"，但这并不能满足葡萄牙想索取南屏、大小横琴与水界的欲望。

第6次谈判后，杨应麟等人意识到谈判完全背离人民呼声，在广州西关文澜书院举行千人大会，指出"高使既不能据理力争，又复于最契紧处密不宣示"。紧接着，杨应麟、陈仲达于10月前后赶往香港，直到最后3轮谈判结束才返回。10月中旬，中国同盟会的机关报《中国日报》发表《高而谦之罪状》，鞭挞其谄媚强权听人驱使，颂扬爱国精神"必日进而日盛"，抨击高而谦在谈判中"放弃责任，辱国失势"。文章说到高而谦对前往香港的珠海绅商代表提出了"三种办法"："一是和平""二是交黑城会议""三是决战"。代表们在给高而谦的意见书中写道："一方面享其利益，另一方面蒙其损害，不平甚矣，'和'于何有！"高而谦的第二个办法是提交海牙万国公会仲裁，代表们极其愤慨，批判透彻入骨，此番洞若观火的言论放在今天也犀利透骨："白人种族之见最深而又善于趋势，其对于我国尤视之为利益均沾之地……恒左袒其同种而排诋异种，几无公理之可言。""彼族之对于他族，遇胜利者则群许之为文明……遇失败者则群目之为野蛮。"尤其说到"今强权世界，岂复有仗义执言之举？仲裁裁判适成为全球之势利场而已！"这与当今世界霸凌主义者的行为何其吻合。一百多年过去了，这个强权世界的势利场没有变。

就在最后第9次谈判之前的11月初，广东勘界维持会与"中外香港绅商民"戴少怀、唐绍仪以及广东七十二行、港商务局等多位代表联名致信高而廉。信中引用了德国首相俾斯麦名言"天下安有公法"，发出了"我中国岂能揖让畏惧，含垢忍辱"的呼声；发出了"中国四万万同胞悲愤同声，愿捐其身家性命以报国恩、以雪国耻"的呐喊："天下兴亡，匹夫有责。国民可死，国土不可失"，在中葡勘界谈判的历史上，珠海的爱国主义精神从来没有如此强烈地撼动每个人放弃生命去守护国家。

阅史知今，今天正在世界各地发生的一系列重大事件何尝不是如此？110多年前，为了维护珠海的国土与领海，勘界维持会的呐喊就是一记耳光，啪啪地打在今天的世界文明与公理的脸上，决不会打错人。这文笔如刀，直剖恃强凌弱的霸权，直戳无种屈从的懦夫。

马克思主义在那时候还没有在中国大地上广泛传播，马克思、恩格斯对西方文明的深刻批判还没有走进中国人心。珠海人民，无论是绅商还是族人，无论在乡土还是在海外，无论是贫穷还是富裕，他们都在这场勘界斗争中看清了什么是列强的文明，什么是弱者的野蛮，中华文明必须是中华民族自己亲手缔

▲ 香洲开埠一周年时，1910年的香洲埠原貌

造的，珠海文明也必须重起炉灶。

香洲埠就是这场爱国意识觉醒的产物。1909年4月22日，香洲埠开埠。

从19世纪中后期开始，珠海的沿海岸线上有2个交通与经济聚集点，一个是"金斗湾·金星门"走廊上的北岭、南屏、翠微、唐家沿线，另一个是十字门的湾仔。湾仔以移民、渔民为主体，没有迁家聚族的宗祠祖庙，迁居者依赖澳门发展起近代修造船手工业、火柴、香炉制造业，是最贫穷的工场、手工业者聚集区。勘界斗争促使珠海建设自主发展的新兴口岸经济区，建设近代口岸、商业、金融与手工业，山场再次进入民族文化觉醒的视野。

香洲埠并非中国近代民族资本经营的第一个口岸，却是力量最薄弱的口岸之一。在香港、澳门眼皮底下要办成民族经济，没有任何可能性。香洲埠不可能毁于一场火灾，而是毁于没有人民支持的脆弱的民族资本。它的命运从一开始就注定是悲剧。

山场，这只海凤凰起飞的文化原点还没有迎来真正的腾飞时代。

从王呆子到孙乾

1916年，20岁的杨匏安从日本回到故乡北山村，与友人在乡村外林间叙旧。友人告诉他，他们刚刚路过的地方曾经伏尸流血，死者姓郑，是当地豪家，杀人的名叫王呆子。杨匏安曾经见过这个王呆子。10岁那年，杨匏安从学校回家，路上就撞见过他。这个呆子给家里人买药治病，回家的路上一路跑一路玩，把药包往天上扔，他俩差点撞在一起，药包散落一地。

王呆子家是当地种菜养猪的农户，非常穷，家有一儿一女，长女阿珠、次子呆子。第二年2月，呆子母亲去世没钱埋葬，他父亲只好向郑氏乞借30两银子，但郑氏有两个条件，一是每两银子月息6分，二是要给他养3头猪。到了7月闹瘟疫，猪死绝，本息钱也还不上，呆子父亲惊恐而死，郑氏拉走死猪，抢走姐姐。没多久，阿珠被逼死，孤儿呆子彻底傻了。16岁的时候，他突然让他叔叔用10两银子把自己卖给郑氏，在郑家当一头干活的畜生。第二年暮春，郑氏到山上祭祖，呆子背着地主的儿子，搀着郑氏上山。就在父子下拜的时候，呆子一锄头把郑氏砸得永远爬不起来，并剜出其心，对天呐喊："大仇复矣！"一年后，有南屏乡人被强盗绑票，竟然见到王呆子。呆子放走乡人并告诉他："烦公此去，传话多金之夫，果遇王呆子者，无幸免。"

杨匏安描写的王呆子是珠海数百年贫穷人民的斗争典型，他们生活在循环不变的悲惨社会底层，只知道"多金之夫"而不知道他们为什么一代代压迫着自己，而王呆子们的反抗手段也是如出一辙，杀死压迫者当强盗，让有钱人拿赎金买命。珠海的人民贫困如旧，受压迫如旧，反抗手段依旧。

杨匏安回乡一年多后，整个世界与中国都在发生激变。俄罗斯十月革命建立无产阶级政权，世界上第一个社会主义国家诞生。而此时此刻，孙中山领导的辛亥革命无法摆脱全国性的封建割据与内部权力争夺倾轧，他致电列宁与苏维埃，"愿中俄两党团结共同斗争"。中国共产党成立后，国共两党于1923年在广州开展第一次合作，孙中山确立了"联俄、联共、扶助农工"的新三民主义思想，广州成为旧民主主义革命的大本营。1927年，蒋介石、汪精卫在上海、广州、武汉血腥屠杀共产党人，一场希望拯救中国命运的旧民主主义革命彻底失败。珠海的工人、农民运动陷入低潮，政治、经济与社会全面倒向半殖民地半封建社会。

从1927年到1949年，在国民党统治珠海时期，旧民主主义革命的觉醒者倒向大资本、大地主利益代表，拥有资本、官僚与列强的多重家族与经济利益关系，他们占据乡村经济、社会与文化的统治地位，占据海外华侨的组织与联络通道，抹黑共产党为"共匪"，鼓动海外华侨捐款挽救颓废的社会经济。国民党实行地方自治，在失去民族独立、充当事实傀儡的经济基础上大谈筑路文明，孙科高唱："道路者，文明之母也，财富之脉也……凡道路所经之地，则人口为之繁盛，地价为之增加，产业为之振兴，社会为之活动。"他把劳动人民贫困、社会两极分化的苦难捏造为"共产党造成恐怖的环境以酿成大流血的社会革命"，与他父亲追求的"天下为公"的革命行动背道而驰，以为借助地方自治就能实现"三民主义"。

1930年，中山县被确定为模范县，要在县级地方自治上带个头，把交通、经济与社会事业发展起来，建设港口、实业、商业、道路交通与教育事业等，摆脱帝国主义对珠江口的经济剥削，要把唐家湾变成中国人自己掌握的南方重要出海口，与欧亚大陆通过铁路连接起来，开着火车从唐家湾到欧洲。赫赫有名的大新、先施等公司与香港汇丰银行的成功商人都集聚起来，跟随唐绍仪雄心勃勃准备大干一场。同年6月，农业科学家唐有恒与容星桥被任命为农业试验场筹建委员，选定唐家湾镇的会同、那洲地区建设"全国农业模范村"。70岁的唐绍仪回到唐家湾，担任中山县县长。这位亲身经历中国被列强欺凌瓜分，游走在封建割据、殖民分裂、资本交易与家国沦丧中的政治老人，真心想在孙中山与自己的家乡把新中山的美好蓝图建设起来。1934年10月，他在资本集团的政治内讧中离职，一切烟消云散。

在加快建设岐关公路的同时，1929年5月，广东省建设厅在香洲埠设立广东省水产试验场，费鸿年任场长。这是广东第一次面向南海开展海洋渔业研究的机构，下设渔捞、养殖、制造、调查、化学部，还开设了水产讲习所，一年修业，一年实习。11月，试验场成立汕尾办事处，订造2艘横拖渔船，就近在汕尾试运行。1929年9月，他们接收由日本制造的2艘60吨级手操网渔轮船，一艘名为"海鹰"，另一艘名为"海鸥"。1930年4月，香港红磡船厂订造的"海洋"号驶回香洲，以备海洋调查及运输鱼苗。一切工作雄心勃勃。该场开办费原定16万元，预算每月经费总计6240元。经费后改为14万元，分3期支付。第二期拨付6万元只按八折支给。1931年6月，财政支绌，试验场停办，只留下第一卷第一期《水产汇志》。该志创刊词所说的创建这个试验场要"唤醒国人对于水产之观念"，仅此而已。

唐家湾也好，香洲埠也罢，都被打回原形。是什么原因导致珠海历史上发生的这两次"现代化自救"行动失败？失败的本质是没有人民的支持。

1932年，唐绍仪提出，要实现孙中山"平均地权"主张，必须废除持续数千年的土地私有，将土地收归政府支配实现国有。但是"私有之土地基于数千年之历史关系，一时未能谈到国有"，只能清除清朝历史上的"清佃制度"，尤其是"子母相生"的新土地围垦制度。他为了推动模范县建设拿出"十八条办法"，以为这样就可以遏制大地主垄断土地，能维持人民的政治平等。这是清朝沙田制度的续命而已。

到了20世纪30年代，金斗湾已经由烟波浩渺的大海滩，变成人工筑围的巨大腴田。"土人百分之九十五是蛋民，散居在各涌的沙头坦尾"，"田主们多是邑中殷户望族，耕田的蛋民只是佃农，居无定所每年搬迁，固定三代以上的简直百不得一"。这些悲苦的围垦者被称作"分耕"，遭受地主资本家的混合体"老把"的剥削，始终在借贷中度日如年，还不清债务，更没有受教育的机会。那些卖牛屎膏药的江湖、法师，什么人都可以当塾师坑蒙他们。到了抗日战争结束以后，你要是问那些江湖骗子"罗斯福是哪里的"，他会十分肯定地告诉你"罗斯福是番禺罗定乡的"，肯定是从罗家跑出来的。

1937年，"七七"卢沟桥事变一个月后，日军侵略中山。1938年，日军侵占三灶岛，不断增兵驻守，将三灶岛变成进攻中国华南的桥头堡。1940年中山全县沦丧。1941年，香港沦陷。整个珠江口地区只剩下澳门"中立"。从香港以及广州等内地逃往澳门的人潮如铺天盖地的蚂蚁，饿殍遍地。澳门对面的湾仔成为人间炼狱。这里不说那些早就被文献记载的三灶岛屠戮，单说说在万山海上不为人知的屠杀。1943年，日本侵略者还盘踞在万山岛。流动渔民张北喜，还有六七位亲属划船去万山打鱼，他们在黄茅岛到蒲台岛海区碰到日本炮艇。日本兵砍伤渔民后，又用刺刀在他们的手掌上扎洞，用铁丝把渔民一个个穿起来，弄翻渔船把他们沉入大海。张北喜跳进海里拼命逃生，而沉到海里的渔民中，只有他的一个兄弟拼死用牙齿撕咬开铁丝逃了出来，其他人全部淹死。1945年，日本侵略者投降的时候，烧光万山湾的房屋，把岛上的100多人绑到西南角的浮石湾崖壁上，一个个捅完刀子推下悬崖弄死，浮石湾后被渔民称作浮尸湾。

日本侵略者留给珠海人民的，处处是血坑。这些死亡幽灵至今仍游荡在80岁左右的珠海人民心里。日本侵略者怎么能如入无人之境侵害珠海？这个孽种早就种在半殖民地半封建的珠海社会。三灶岛沦陷时，岛上没有一兵一卒，只有维持秩序的公安与民众。珠海到处都是如此。日本投降之后，珠海又回到破败统治。货币疯狂贬值，石岐到澳门的汽车票价为3500元，葡币与国币之比达到1∶1000。珠海地区拒绝使用国币被当局视为"歧视国币"。囤积稻谷的土豪、商人宁愿走私卖米到澳门，也不愿救济，海外华侨源源不断的救助只是杯水车薪。在唐家，族人每人每天只能用50元买6两救济粮，外乡人只能买2两。在官塘村，利用佘氏大宗祠举办的学校，复课的小学老师无法养活一家老小。在翠微，农耕户被勒索每亩田交纳稻谷2斤。那些由政府组织的武装便衣队拦路打劫，被称为"老虎蟹"。数百年前珠海就曾被视作海盗之地，此时此刻的珠海依旧盗匪横行。在磨刀门一带海域，海盗们使用的是最新式汤姆生机炮，比省港护航船的配备更厉害。1946年10月6日，大成渡载运一批货物从澳门运往小濠涌，被海盗在大赤坎河面伏击。抢粮食、抢物资、抢轮船无所不有。那些无处不在的"大天二"抗战发国难财，战后打家劫舍，官吏都要跟他们勾结。《中山月刊》的读者哀叹："过去如是，现在如是，恐怕将来亦如是。"极其罕见的老虎也出山了，在唐家、梅溪、翠微、南北水到处出没。

虎暴人祸、家国溃殇，这何尝不是"苛政猛于虎"的真实寓言呢？

1946年底，孙中山先生的侄孙孙乾担任中山县县长。第二年4月初，他带队到"政令未能顺利推行""恶势力还在横行"的偏僻的七八区，也就是今天的三灶、斗门等地，"解决虎、荔争坦惨案"。这个惨案是"虎、荔黄姓与南山陈姓以填坦争执，历三十多年械斗，死伤超过千人，陈姓七百，黄姓四百。"孙乾采取4条解决方案，专门提出一条："虎、荔陈、黄两姓今后不得聚众械

▲1930年唐家村航拍图

斗，县政府派驻谢文泉中队驻防虎山、沙龙涌，维护春耕。"

1930年6月，就在中山县治从石岐迁往唐家湾的时候，县长黄居素在庆祝大会上致辞说："我国近百年来受帝国主义者之压迫，应根本开辟自己之门户……'三民主义'的设施当可于我们中山首先实现。"土地私有是人类社会剥削制度的根基，孙中山先生的"三民主义"要铲除这个经济根基。珠海的近现代历史过程的对比足以表明，中华民国政府很快背弃了孙中山的革命宗旨，始终开历史倒车愚弄人民。当我们回头听听黄县长所说"地主之不劳而获，坐享增加地价的权利，就要增收地价增益税……将来逐步实行便可达到民生主义平均地权之目的"，我们却真实看到他无法亲见的衰败与沉沦。更令人惊诧的是，在中山县所谓的民生事业中，当权者竟然重新捡起明、清时期的"保甲制"，用连坐的惩罚给人民以生机。这种反动的历史倒车还盛行在孙中山先生的家乡。这个组织、这些人怎么承担得起人民民主的历史重任？

这个历史使命，只有共产党领导建设的新中国才能完成。

彻底实现香洲埠、唐家湾的现代化，正是珠海今天的历史创造者正在砥砺前行的事业。

第一怒涛

《王呆子》在《广东中华新报》上刊发于1918年3月。第二年7月，杨匏安发表《唯物论》。10月，《社会主义》《共产主义》接连发表。从1919年11月11日起，他连续19次发表《马克斯主义》。从王呆子到马克思主义的传播历史路径中，一团炽热的革命之火猛烈地燃烧着杨匏安的思想——为什么珠海人民数百年的反抗斗争没有获得幸福？为什么珠海的家族资本遍布香港、澳门、上海、横滨、珠海和广州，而家乡并没有更加美好？为什么同盟会的革命成功了，而故乡的农民、工人的苦难却没有一丝改变？他不停地思考着亲眼所见的农村社会与香港、澳门、湾仔的工商业生活，用人类历史上最先进的马克思主义反思人民反抗斗争的缺陷。

1922年2月，他在《青年周刊》创刊号上发出呐喊："我们最服膺马克思主义！""农民……他们的痛苦尝到够了。""学生们……不应预备作资本家的候补人""中国资本家……所掠夺的剩余价值尤其利害……中国工人……都晓得采用那种非妥协的阶级斗争了。""社会革命四个大字，就是我们先行的旗帜。""俄国的赤军，真是好榜样啊！"

就在杨匏安发表马克思主义思想的同一个历史时刻，跟他生存在同一片海域的两位兄长苏兆征、林伟民也在接触并思考着同一个问题。

从本质上看，他们如同16世纪中叶时的祖先一样在思考：我们的命运为何如此？怎么改变？不同的是，4个世纪前，祖先们接触到的是葡萄牙商人，而他们遇到的是拯救人类于贫穷的马克思主义与十月革命。他们不仅仅要争取自己的生存，而且要反抗剥削的制度，让所有的被压迫者能过上有尊严的幸福生活。不推翻帝国主义在中国的统治，不烧毁祖先们堆砌的堡垒与祭器，他们就无法获得解放。苏兆征亲身到过海参崴，了解十月革命的胜利过程，学习了解到马克思主义的理论书籍。林伟民与苏兆征是亲密的伙伴与战友，他们都是同盟会的成员，曾经追随过孙中山，但他们不是金钱所有者，而是贫穷的承受者，他们在暴风骤雨的斗争中最终选择了马克思主义，用生命去点亮中华民族独立富强的希望。

1920年，林伟民、苏兆征已经在海上的航行中投入反抗压迫的斗争。他们在一艘英国船上成功组织海员取得反虐待童工斗争的胜利。1921年3月，他们在团结香港海员取得反克扣、反虐待、反工头等一系列斗争胜利后，改造"海员联谊会""公益社"等互助接济组织，成立"中华海员工业联合总会"，这是"中国海员工人第一个真正的工会"，又被简称为香港海员工会，成为中国最早成立的现代产业工会组织之一，并且在上海、广州、汕头和他们的家乡香山设立分会。

1922年1月12日，林伟民与苏兆征领导香港海员拉开大罢工的序幕。这次罢工历经56天的缜密组织与艰苦斗争，被邓中夏称为"中国第一次罢工高潮的第一怒涛"。他们在遭遇困难的时候得到了共产党的支持，他们的斗争过程与杨匏安发出工人阶级斗争的吼声连成一片。

珠海历史上这3位新民主主义革命的伟大先驱同时出现，并非巧合。他们同来自受压迫阶层，同经过艰苦磨炼，同具有斗争精神，同拥有宽广胸怀，同寻找社会出路，同时站到中国新民主主义革命的起点上，把工人阶级斗争实践与马克思主义理论结合起来，坚定地成长为中国共产党的骨干与领袖，成为国共两党第一次合作的中流砥柱。

杨匏安与他的堂叔杨章甫是广东最早加入中国共产党的。杨匏安于1921年在广州入党，时年25岁。经过第一次香港海员大罢工的洗礼，苏兆征、林伟民辨识了众多利益群体的局限性，发现中国共产党才是真正为人民而革命的组织，义无反顾地选择了中国共产党。苏兆征说："我当时到处找共产党，总找

▲ 1925年7月，省港罢工委员会在广州成立　　▲ 省港大罢工

不到手。"

在他们的家乡珠海，苏兆征、林伟民领导组织的香港海员大罢工也深刻影响澳门的工人运动。1922年5月29日，由澳门葡兵调戏中国妇女引发的"五二九"惨案造成70多位工人群众被葡兵杀害，100多人受伤，澳门、珠海万余名工人、群众聚集前山广场追悼死难同胞。1925年6月12日，省港大罢工委员会在前山举行纪念活动，追悼澳门"五二九"惨案死难者。6月19日，省港大罢工爆发。从香港返回珠海的工人在7月间发起组成前山工人纠察队，与学生一起阻挡港澳轮船交通，并在前山、湾仔布控防止私运粮食出口。8月，纠察队增加到2700多人，分成6个大队、22个支队，将罢工运动重心扩展到澳门。1926年，工人纠察队组成救济会，援助被葡萄牙人驱逐回前山的关闸沙居民，并通过《工人之路特号》发出："援助澳门被驱逐同胞，夺回澳门，打倒葡帝国主义！打倒世界帝国主义！"省港大罢工不仅动摇了香港经济根基，而且严重打击了澳门经济。澳门很多银号、海味货店、咸鱼栏等决意迁往香洲埠，被阻拦严禁。

从1924年到1927年，林伟民、苏兆征在国共两党统一战线上把中国工人阶级运动推向国际工人运动的重要组成部分，先后加入中国共产党，并逐步成长为中国工人运动的领袖与党的核心领导人。1924年，37岁的林伟民加入中国共产党，郑重地把苏兆征推荐给党组织："苏兆征为人正直，诚实可靠，工作认真，一丝不苟，廉洁奉公，很有革命志气，是一位很好的同志，在海员中享有很高的威信。我们要把海员工作搞好，把广大海员团结起来，就一定要先把苏兆征找来，争取苏兆征入党。"1925年春天，40岁的苏兆征到了北京，李大钊多次邀请他到北京大学红楼，将党的纲领政策传授给他。苏兆征在北京加入中国共产党。在1925年至1927年的三次全国劳动大会上，香港海员、广州工人、铁路工人等成为"中华全国总工会"的中坚力量，林伟民被选为中华全国总工会首任委员长，苏兆征被选举成为第二届、第三届委员长。1927年9月，林伟民因病去世。2年后，苏兆征因病去世。又过2年，杨殷安在上海被杀害。他们无一例外地无视个人生死，他们只关心一件事，那就是中国人民的事业。1929年2月，苏兆征在弥留之际告诉大家："广大人民已无法生活下去了，要革命，等待着我们去组织起来，希望大家共同努力奋斗！"1931年7月，杨殷安被捕。面对劝降，他说："我从参加革命开始，早就把生死置之度外。死可以，变节不行！"面对革命信念动摇的人，他写到："慷慨登车去，相期一节全。"苏兆征逝世后第二天，党中央政治局发出第三十二号通告："兆征同志的革命精神，真是全党同志的楷模。"在海参崴，苏联海参崴海员俱乐部改名为"苏兆

▲ 苏兆征 　　　　　　▲ 杨殷安 　　　　　　▲ 林伟民

征俱乐部";在福建苏区,汀州被授名"兆征县"。

在珠海历史上的所有成就者中,为人民利益而生,是最伟大的成就;为革命信仰而死,是最璀璨的丰碑。

1992年,《珠海人物传》出版发行。书的序言有一个历史之问:"是什么原因促使珠海产生这么多的著名历史人物?"序言给出的答案是:"中国人民反帝反封建斗争的历史时势造就了他们;中华民族爱国主义光荣传统熏陶了他们;勤劳、勇敢和富有斗争精神的家乡人民哺育了他们。"

人民是历史发展的核心力量,在历史一次次螺旋发展的轨迹中,人民利益是最伟大的目标。有人民的支持,人再少也会集聚力量;失去人民,口号喊破天也终将毁灭。海禁、迁界逼出来"揽棍"贸易;封建与殖民逼出来买办资本;垄断与压榨逼出来海员、工人。屠杀共产党人让人民潜龙在渊;日本侵略使人民如龙在田。从大革命失败到抗日民族战争,珠海在历经多次低潮之后,共产党依旧在凤凰山、黄杨山区在人民的支持下蓬勃壮大并赢得最终胜利,"归根到底,取决于我们能否得到群众的信任和拥护"。

1927年大革命失败,中国共产党领导的革命斗争转向开辟"农村包围城市"的道路,创立农村革命根据地。珠江口的珠海、中山到整个华南地区完全处于白色恐怖之下,工人与农民运动被扼杀,"珠海三杰"倒在革命岗位与枪口下,共产党人看似销声匿迹,实则润物无声地潜入最底层的百姓生活。1933年,孙康从新加坡回到中山沙边小学当老师,逐步与曾谷、关山重新建立起联系。从1936年春天到第二年初,共产党员由十几人增加到四五十人,重建共产党在中山县的第一个支部、第一个县委。关山也是1933年从新加坡返回的。他在三灶岛圣堂小学教书。1935年辛亥革命纪念日,他们在三灶小学门前贴出:"双耳若非聋,且听哀声载道,东北灾黎频呼唤;十目原可见,试看欢气腾空,西南政客力敲扒。"从1937年开始,邝任生在黄杨山地区开展革命活动,小濠涌党支部首先诞生。第二年冬天,他带领组建八区区委,党的基层组织在斗门墟、八甲、网山、南山、乾务、马山、大濠涌、月坑、龙坛等地燎原起来。在凤凰山地区，1938年，五区委员会成立，南溪、前山、南屏、翠微、造贝、山场等党支部次第诞生，在学校、田头、卖货铺、乡警等形形色色的群众中壮大起来。

当日本侵略者侵入中山时，他们阻截抗击在前。在三灶岛上，人民武装斗争多次奇袭成功。当国民党反共再次死灰复燃，中山县完全沦陷，他们再次依靠人民的力量实现重大战略转折，不仅没有退缩，反而在"日寇侵略珠江三角洲最强的一环"建立党直接领导的抗日队伍，使抗日武装变为主力、群众游击与"白皮红心"的"三种武装"。一开始，这支主力队伍只有"十三个人九支枪"，学说顺德话，穿着破烂装、剪成短头发，把自己打扮成土匪恶棍的模样，学的却是《论持久战》，指导他们的是党中央从延安派来的游击军事干部谢立全等老战士。经过二万五千里长征的老战士谢立全当时化名陈明光，大伙叫他"胡须陈"。1942年初，他们挺进五桂山、凤凰山区，主力部队只有90多个人，第一仗就迅雷不及掩耳地袭击了下栅墟。这支部队在1943年组建为中山人民抗日义勇大队，包括了凤凰山地区的白马中队、沿海地区的土海军中队。他们在翠微、横门、金斗湾以及唐家湾沿海地区开展抗日斗争，粉碎日伪军多次扫荡，除此之外，黄杨山地区还有陈中坚大队等。1944年，这支由共产党领导的主力部队与群众抗日武装力量超千人，组建成为"珠江纵队"，保卫着五桂山、凤凰山地区的抗日民主政权。

1945年8月，日本无条件投降后，珠江纵队中一支东渡伶仃洋与东江纵队会合，另一支北上粤北山区开辟新根据地。由曾谷带领32人的留守部队在五桂山、凤凰山地区坚持斗争。他们分成5个武工队，"麻痹敌人、分散隐蔽、保存力量、等待时机、打击敌人"。在凤凰山区，有吴当鸿、容文达的武工队；在黄杨山区，有赵明的武工队以及黄洪、梁爵英等领导的三板游击队。到了1949年3月，一批马来西亚回国青年参加黄杨山革命队伍，坦洲国民党部队起义后在黄杨山区接受改编，而凤凰山区出现了父母送儿、妻子送夫的参军革命热潮。

1949年9月，这支小小的部队不仅以最小的牺牲扎根人民，而且再次壮大成

"中国人民解放军粤赣湘边区总队中山独立团"。

1949年10月30日,中山独立团的一千多名战士与重新回到故乡的两广纵队胜利会师石岐。

从此以后,彻底解放珠海人民的大军不可阻挡,珠海人民千百年来寻找不受压迫,不被剥削的日子终于来临。

1949年底,珠海陆地解放。

1950年8月,万山群岛解放。

第四章　江海之上

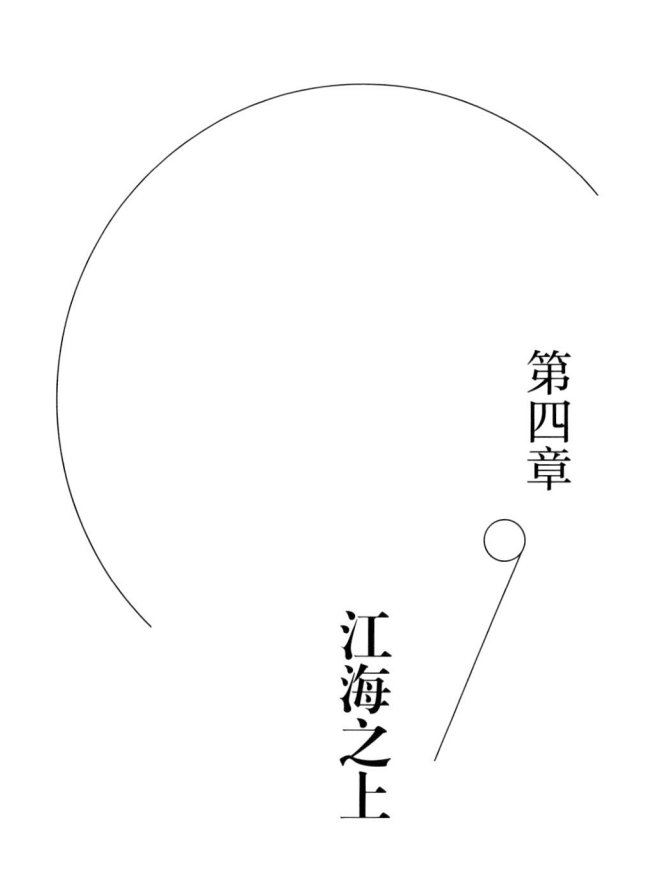

万山红遍

家

1950年，张树德5岁。他的父亲叫张北喜，就是那位跳海死里逃生的。他的母亲是高转好，是万山乡第一任妇女主任。

1950年5月前，万山群岛还盘踞着国民党军队，以及从海南岛逃过来的败兵。就在中国人民解放军发起万山群岛战役前16天，5月9日，是万山岛天后诞，张树德跟母亲第一次上岛拜神。神像黑不溜秋，是被日本兵放火烧的。

张树德家人世代在海上打鱼。渔民称自己为"水流柴"，他们在历史上一直被呼作"蛋家"、疍家或者蜑家，源于古越族的一支，始终处于社会最底层。广东解放之后，珠江口的渔民才真正获得人民的政治、经济与社会地位。1950年、1951年，广州市、广东省分别要求取消"蛋家"或"蛋民"称谓，1953年7月明确规定改称他们为"水上人民"。

我们之所以说这个故事，是因为珠江口贫苦渔民的解放正是珠海县成立的直接渊源，历史研究者对水上文化感兴趣，而对渔民的政治、经济与社会转型研究很少，故事更稀罕。

万山岛于1950年6月初解放。6月中下旬，张树德一家人与其他四五条渔船回万山打鱼。他们听说"共军"在岛上，但不知道他们是什么兵，只知道祖祖辈辈讲"交兵穷，交贼富"，渔民吃尽了当兵的苦头，跟兵在一起没好处。

他们壮着胆子划到万山湾，心想着，一旦有情况赶紧跑。一下锚，岛上就

▲ 1959年的万山湾　张树德授权使用

有一位解放军划着小舢板靠过来，告诉他们："渔民兄弟不要怕，我们是人民解放军。"看到渔民不理解，他又解释说："人民子弟兵是人民的军队，不要怕。"这位战士姓罗，叫罗启忠，后任南海舰队榆林基地水警区司令。2013年4月，他曾在《凤凰大视野》的《沧海·万山群岛战役全纪录》回忆说，部队当时以为万山群岛有很多渔船，但全部跑到澳门。他们的恐惧与国民党当时在澳门威逼阻吓渔民有关。罗启忠告诉渔民们，解放了，人民当家作主了，欢迎回到岛上定居，动员其他渔民也回来。张树德父母虽然没有上岛，但不再害怕解放军，渔民们相互转告，万山岛很安全啊，根本没有解放军抢夺鱼虾，可以放心回万山港避风，取淡水，但还是没有渔民上岛定居。10月份，解放军召集渔民上岛，向渔民发放救济，张北喜什么都没拿，把铁锅、米留给更困难的人。

万山群岛解放之后，珠海县还没有成立。为解放珠江口的渔民、发展渔业生产，广东省在11月成立海岛管理局。1951年1月，海岛管理局又设立珠江分区，后来又改称"珠江专区海岛管理处"，专门管理从中山、东莞、宝安县划出来的万山群岛、淇澳岛、横琴岛、万顷沙等岛屿。这是一个统筹珠江口海岛经济、社会管理的机构，与解放万山群岛的军事管理机构一样，都设在唐家湾，为建立海岛渔民新经济、新社会开展前期摸索。

1月20日至30日，中央农业部召开第二届全国水产会议，讨论解决全国120多万渔民的水产组织、渔获产销等问题。3月，广东省海岛管理局设立水产处负责渔业经济发展。

7月2日至14日，广东省召开第一届沿海工作会议，决定开展沿海渔民运动，有步骤、有区别地废除封建剥削制度，恢复发展渔业生产、巩固海防。25日，华南分局颁布《关于配合城市民主改革与农村土地改革，系统地开展沿海渔民运动的指示》《关于沿海渔民工作中若干政策问题的规定》。紧接着，到了8月13日，广东省政府颁布《关于加强领导渔民开展反对封建斗争的指示》，必须在发展渔民经济生产中反对、摆脱生产资料的剥削性质，建立新型渔业生产关系。

这是个重要的时间节点。1951年8月，广东海岛管理局珠江分区组成渔改工作组深入海岛开展民主改革，开展划分固定、流动渔民工作。正是在这个历史时期，唐家湾、香洲湾、万山岛等沿海与海岛正式实施"渔民回家"。黄北林、张乌头、张北喜、温耀多、冼多有等10户渔民成为第一批在万山岛定居的流动渔民，他们正式成为万山岛人。这是珠江口渔民历史上开天辟地的大事。刚刚上岛的时候，渔民们都非常穷，部队也很困难，虽然渔民们有救济物资和生产贷款，但还是很少，渔民精打细算不乱花一分钱。为了建设家园，他们在被日本兵烧掉的万山湾建房子，利用烧剩下的旧围墙、旧砖条、旧窗洞、旧屋面，用破船木板撑着房子不倒就行。

11月底，管理局抽调249名干部分赴珠海等3个渔业管理专区与海南岛开展民主改革，打击沿海地区渔霸、鱼栏主等封建残余势力，废除旧债，取消鱼栏专卖权。当时的南方大学渔民班毕业生206人参加渔改工作队，其中就包括谢金雄、杨其汉等，他们对流动渔民上岛定居建立渔民政权，组织社会主义渔业生产发挥了重要作用。

在这个工作组之前，负责珠海的海岛渔民工作还有另外一个组——"渔民工作组"。中山、珠海陆域全境解放后，唐家湾在1949年12月成立渔民工作组，重点是深入渔区向渔民宣传中国共产党的主张与人民军队的性质等重大问题，发动群众支援解放海岛战役。当时的渔民工作组由宋铺负责，成员还有余谷、谭卓民和黄夏3位香港渔区骨干。由于熟悉渔民的工作人员远远不足，他们从正在中山培训的两广纵队青年训练班中抽调林国冰等8位年轻人，到唐家湾加强渔民工作力量。林国冰本身就是香港长洲渔民，在中华人民共和国举行开国大典时，她与陈志明在长洲升起香港第一面五星红旗。他们动员长洲的渔民返回唐家湾定居，积极投身到解放海南岛、解放万山群岛的对敌斗争中，林国冰还动员妹妹等亲属返回珠海。1950年2月，布贵、罗容等渔民驾驶43艘渔船集结白蕉，隐蔽运送解放军南下湛江。5月，流动渔民袁北有、吴带好等带领72艘渔船加入解放万山群岛战役。这一批渔民中，有些人成为最早在唐家湾上岸的渔民，为广东省制定实施固定、流动渔民政策提供了宝贵的实践经验。但当时工作组人员少、海岛多，斗争形势紧急，他们无法开展覆盖珠江口的渔民经济、

▲ 万山群岛中的汶尾洲灯塔　蔡建华　摄

社会建设与思想宣传工作，大部分渔民不知道解放军、共产党，反而知道"大天二""渔栏"，广东省要在海岛建立社会主义渔业社会，解放渔业生产力必须突破海岛工作。

1951年底的渔改工作组全面深入各个海岛、每条渔船，与渔民"同吃、同住、同劳动"，渔民们从没见过这种场面，而那些从没在海上生活、生产的工作队员们在船上能把苦胆吐出来。这就是建立渔民新社会时期的"三同"工作。他们领导渔民与渔霸斗争，废除海域私有，一切海域归公，打击渔栏恶霸，组织成立渔民协会，建立海岛渔民武装，帮助渔民解决生活、生产中的切实难题，渔民们真切感受到这些人、这个党就是家人。

海上与海岛，无家与有家是完全不同的两重天。一登上海岛，张树德那群渔民的孩子似乎到了天堂，尤其是天生好奇的张树德像一只放生的野兔子，几乎钻遍万山岛每一处湾头山坳。

万山岛在那里坐落数千年，终于向张树德张开家的怀抱。

不幸的是，张树德的父亲在这一年去世；万幸的是，他们回家了。张北喜去世的时候告诉爱人，千万不要到香港去，这些孩子太小，找不到吃的，肯定饿死。高转好决心穷死饿死都不去香港，她坚信共产党会让自己过好日子。

珠海县诞生

珠海县诞生在1953年，孕育在1952年。

1952年6月初，广东省决定撤销海岛管理局，重新建立农林厅水产局，划分沿海并组织渔业生产，海岛渔民民主改革与社会管理工作移交给中山县。

1952年11月19日，中共中央发布《关于渔民工作的指示》。这是党中央第一次向全国发出建立渔民新社会的纲领性文件。文件提出，要在全国渔业集中的地区成立渔业县、区、乡，专管水产工作。文件要求，这些地区的一切工作以发展渔业生产为中心，帮助流动渔民逐步走向定居，结束长期水上漂泊的生活。建立以渔民、渔业为重心的新行政管理区域，建设全新的安居乐业的渔业社会。

这标志着中国百余万名水上渔民走向当家作主的新生活。

这是珠海县在珠江口诞生的本源，使命重大。

12月底，位于唐家湾的中山县渔业区人民政府成立，下辖唐家、香洲、湾仔及万山、担杆等岛屿。我们通过可以查阅的文献发现，在珠海县成立之前，珠江口渔民与渔业生产从广东省海岛管理机构转向地方政府，从行政单位主导转变为区级地方党委与政府负责。这个渔业区需要承担一系列重大的政治、经济与军事使命，要完成中共中央提出的"争取港澳渔民内向"的重要工作；要完成农业部提出的建设以港口为中心的渔业经济枢纽；要清匪反霸，建立稳固的海上安全防线。

1953年，珠江口渔业经济与社会的管理体制再次演进。4月7日，中央人民政府政务院批准成立珠海县。这是珠海历史上首次县级建制，从文顺乡到珠海县，跨了1200年。珠海县的党政机关设在唐家湾，与中南海军万虎（万山、虎门）水警区实行党政军一体化领导。曾文既是珠海县委第一书记，又兼任万虎水警区警备团政委，担负着珠海县"守好珠江口、巩固海边防"的使命。

1953年5月1日，珠海县在唐家湾正式成立，下辖唐家、前山、三灶和万顷沙4个区、44个乡。其中的万山群岛乡隶属于唐家区。乡长温有根、副乡长邱带。张树德的母亲高转好担任妇女主任。

这个行政区域以海岛为重，陆地很少。北起虎门下的龙穴岛，往南是万顷沙、淇澳，然后一路沿着珠海东海岸，从唐家、前后环、野狸岛、横琴、三灶一路到大小林岛直到高栏岛；另一路从内伶仃岛贴着宝安西部的珠江航道一路到垃圾尾岛（1954年以"桂山"舰命名桂山岛）、外伶仃岛直至庙湾、担杆列岛等。珠海县的海岛、海域将香港、澳门裹起来，成为扼守台湾至北部湾沿海航线的咽喉。珠海县建制区域覆盖整个珠江口海岛，是扼守珠江出海口海边防战略门户。70多年前，珠海就是百岛之县了。

1953年是中国开始实施第一个五年计划的第一年，珠海县跨上新中国发展的列车，纤细如尘地行走在广东省浩浩荡荡的前进大军中。除了珠海县，广东省当时还有其他两个渔民县，还有628个渔民区、乡政权，整个沿海渔场周围有44个水产市场，81个渔区供销站、推销站，还有626个渔民新村，74所渔民小学与43个医疗站、渔民文化站。珠海县起点并不如广东沿海东西两翼的其他地区，如汕头、湛江等，而且发展也不平衡。

作为珠海县的经济、军事与政治中心，唐家湾是20世纪60年代前的珠海渔业经济枢纽，渔业生产资料供应、渔产品销售、渔业人才培养等重大发展要素都集中在唐家湾。珠海全县各地、各海岛的渔业发展决策，生产、生活资料组织调配都来自唐家湾。这里有渔业供销合作社、水产科、渔业技术指导站、调拨站、渔航安全管理站。到1953年底，港澳流动渔民从四面八方向唐家湾汇聚，共有445户渔民，5200多人。前环、后环集中了88艘拖船，55艘虾艇，参加渔民协会的会员2300多人，渔业合作社社员640人。

这种经济中心的磁场作用无论中外古今莫不如此。万山岛的乡政府人员要去一趟唐家开会，至少2天，来回各1天，解放军战士一定荷枪实弹跟船护卫。只要高转好去唐家开会，张树德就提心吊胆，生怕失去母亲。新中国成立初期，仇视共产党的敌特与武装势力还在珠江口蹦得欢，一些喜欢不劳而获的家伙以为还能翻天当"大天二"，海上安全形势很紧张。

1959年，广东省水产学校从江门迁到唐家，第二年6月又跟暨南大学水产系合并成立广东省水产专科学校，设捕捞、轮机、加工、海水养殖、淡水养殖5个专业，大中专合办。这是珠海历史上最早的高等专科教育，为珠海培养渔船机械与现代海洋捕捞的人才。

除了唐家湾，珠海县委继续深入万山等海岛开展渔改工作，建设好渔业社会、经济基础。1954年1月，高月等24位渔民在唐家组成首个渔业合作社。到了

10月，万山群岛乡成立渔业生产合作社，第二年9月成为广东省一等模范社。1956年，珠海县成立海岛工作委员会，加强海岛渔业开发和管理。珠海湾仔、香洲避风塘开始兴建，湾仔的金合泗德船厂开展合作化改造，被建设为地方国营湾仔船厂。这是香洲船厂的前身。到了1958年，香洲湾开始兴建港口工程，这是广东当时在建的最大渔港。香洲渔船厂也同时筹建，第二年建成投产。

到第一个五年计划完成时，珠海县还没有建立起地方国营渔业，渔业发展主要依靠固定渔民的互助合作与参加珠海渔业经济建设的流动渔民，群众渔业成为珠海渔业经济根基，珠海渔业刚刚完成从木质渔船向机帆船的过渡，麻网被胶丝网替代。这与香港、澳门渔民的大型动力渔船、渔具与现代渔港相比，差距明显。但这个起步对当家作主的贫穷渔民而言是历史性的。万山岛、南水、三灶岛等主要海岛建起了学校、卫生站，渔民翻身、发展生产、守卫家园的主人翁精神、求学精神、创造精神是历史上从未有过的。1955年，万山岛改造了6艘风帆渔船，最大马力不超过15匹，被称作"摩打车"。这种渔船使用港澳地区淘汰的汽油机马达，有风用帆，无风才使用动力。就是在这种条件下，万山乡党支部书记温有根竟然单人驾驶10米长的单船，从阳江闸坡安全回航。这种英雄壮举激励着万山乡新生代渔民大胆闯海。

从20世纪60年代中期开始，珠海得益于国家与广东省开展的南海渔业资源研究与灯光围网捕捞技术试验，灯光大围网作业在万山岛上大获成功，渔民彻底放弃放炮炸鱼，捕捞效率远超传统拖网，渔船工业、渔业捕捞能力大幅度提高，大马力柴油机渔轮、尼龙网、探鱼仪等开始广泛应用。万山岛用大马力船，搞"一天两载"的热情高涨，改革不断，并且建设海上机械修配厂。1969年，万山鱼汛的大围网渔获产量比1966年提高3倍，渔船创造出网次产量30吨，航次产量80吨的历史最高纪录。

张树德这一批新生代渔民成长起来，珠海渔业经济也迎来黄金时代，形成以香洲、湾仔与万山为核心的渔业经济枢纽。这也是万山群岛渔民与张树德一家迎来美好生活的新开端。张树德被选为万山公社的团支部副书记、第四届人大代表,他担任临时轮机长的5号船成为捕捞的"头船"。1970年,张树德拿出单船围网设计图纸,黄天福、李玉和在机械修配厂的协助下顺利试制出渔具,一次试验成功。珠江口沿用数百年的子母船围网作业被单船取代。万山渔民爱不释手,用"单晶硅"来形容这种捕捞作业方式。

珠海县的诞生创造出精彩的渔业经济、海上生活。但正如大江入海不可能飞矢如箭,海上行船必定经过曲折迂回,珠海渔业的社会主义道路在遭遇"文化大革命"冲击下并没有中断、扭曲,反而让真正的金子焕发夺目的光彩。这些人、这些事,都是珠海历史不能遗忘的主角——1978年,在全国科学大会上,一项沉默了十余年的科研项目获得一等国家发明奖、大会特别奖。它就是南方水产研究所开展的南海上中层鱼类研究,这个研究的带头人恰好就是费鸿年;而正是这个研究试验工作组进驻万山岛,率领珠海县成功开辟出大围网捕捞的新局面。

"一船两制"

2004年出版的《广东省志·水产志》称:港澳流动渔民是最早实行"一国两制"的。20年后,《农民日报》的港澳台农业专版发表报道写到:"20世纪50年代,港澳流动渔民获得国家批准入驻广东深圳、珠海等渔港,成为第一批践行'一国两制'的群体。"这指的是广东解放后以珠海为重点的"渔民内向",港澳渔民早就回归了。珠海应当认清并铭记这段历史:珠海的诞生与海上渔民命运密切相连。"争取渔民内向"使珠海成为广东和中国渔业历史上独一无二的渔业县,开创社会主义流动渔民"一船两制"的开放性体制。

在近代史以前,中国没有"港澳流动渔民"这个词汇。他们是中国人、中国渔民。珠江口在遭遇殖民侵入之后,他们成为近代史上的一群特殊渔民。他们本就生活在珠江口海域，香港被割让、澳门实行"永久居留"后，他们的经济、生活轨迹发生变化，依附于发达地区的渔业生产、交换市场而生存。他们大多数来自珠江口、福建以及湛江、阳江的海岸，从来就不是"英国渔民"或者"葡萄牙渔民"，而是最底层的捕鱼者。日本从20世纪初开始侵占珠江口渔业捕捞，全面侵略中国华南沿海后，海洋捕捞与市场被日本控制。广东被侵略者屠杀包括失踪的渔民超过2.5万人，12个渔港的渔民人数抗战后比抗战前减少43%。日本投降后，没有珠海的渔民出现在当局的牛奶、乳酪、糖果、衣物的赈济行列，仿佛他们从来没存在过。

水上渔民依海为生，是私有制度下最早的无产者，唯一财产就是一户一船，无立锥之地，无片寸之海，到处漂泊。陆上社会不与通婚，不与教育，不与医治，他们死后甚至无埋葬之土。在地方志书记载中，他们存在的意义就是捕鱼与纳税。明嘉靖县志将他们称作"渔人，以备鲜错"，"蛋户里甲如县制""办纳各色课程"。从宋朝开始，他们就承担课税义务。若从先秦时期南海上贡土产算起，他们是数千年的义务劳动者。可是他们天生不服输，骨子里充满热爱，是最勇敢的海上斗士，敢与鲸鱼、鲨鱼搏斗的只有他们。如果在中华民族历史上找一位渔民代言者，那就是他，冼星海，《黄河大合唱》的呐喊者。

珠海县是珠江口唯一的渔业县，万山渔场是珠江口唯一渔场，所有港澳流动渔民的主要捕捞作业区、生活区都在万山群岛这片海域。"渔民内向"跨越了生产资料所有制的界限，在这片海区创造了没有剥削的社会生产关系。虽然珠海县渔业还不发达，渔民还不富裕，捕鱼能力不高，但我们像对待家人一样敞开胸怀，买卖公平、公正，甚至是牺牲家人利益，用最好的资源向他们开放。这个道理其实非常简单，港澳渔民使用更先进捕捞设备能捕获远多于珠海渔民的水产。珠海渔民并非不清楚，这中间也并非没有矛盾、冲突。1958年9月，周恩来总理曾语重心长地说："香港是中国领土，香港渔民是中国渔民。他们出海捕鱼，不能看成是越界，不应歧视，更不应射击他们，不要到处制造紧张局势，这对我们没有利。"党和国家领导人用民族与国家大义教诲珠海，要坚定不移地执行这个政策，保护港澳渔民。

有两个历史事实后人必须明白，第一，在珠海诞生之前，珠江口的渔业实际上就是香港与澳门渔业，珠海等地没有第三个渔业港口或者基地。当时在广东东部、西部，渔业基地分别有汕头、汕尾与广海、阳江。费鸿年在《中外渔业概观》一书中指出："香港、澳门为粤省渔业之重要根据地。香港有大拖五六百艘，澳门则数目更多。"珠海立县，渔业经济完全从零开始。第二，珠海渔业主要依靠广大渔民群众的力量。新中国成立初期，国家有限的渔业发展资金主要投资在辽宁、山东、上海与广东的国营渔业企业，向地方拨款投资也是极少的补充资金。在珠海，群众渔业建设都是采取"民办公助"的生产方式，依靠群众自己合作互助筹集发展资金。珠海渔业经济的主导力量来自渔民，尤其是港澳流动渔民。群众性投资对社会主义渔业建设是决定性力量。只有社会主义制度才能调动渔民群众走上群众渔业的建设道路。历史证明，珠海群众渔业经济这条路走得正确，具有开创性的成果。

"渔民内向"政策用今天的语境进行形象解释，那就是"一船两制"。它实际上包含两个基本含义，一是渔民上岛回家发展生产，国家鼓励他们去港澳销售获得必要生产资料，这就是固定渔民；另一个是渔民可以不定居，不参加合作社、公社，国家一样开放渔场、按比例采购渔获，为渔民提供安全生产条件，这就是流动渔民。社会主义的人民性在这个政策里表达得淋漓尽致。用马克思主义理论分析，我们不难发现在人、生产资料生产与分配的过程中，新生的珠海在生产力水平很低的历史时期就跳出了所有制关系，在"固定的""流动的"两种模式下都建立起非剥削、非压迫的互助合作型生产关系，创造了"珠江口渔民共同体"的新社会。

1955年8月，163户渔民脱离合作社，但珠海县并没有放弃，照样坚持"渔民内向"政策，当年年底成功建立24个固定渔民生产合作社，入社社员1394户。1957年，4918户流动渔民入户珠海县，渔民41856人，分布在香洲、湾仔、万山、担杆、桂山等渔业海岛，占珠江口流动渔民总量的七成，这是最高的历史纪录。虽然这个比例历年变化，但一直到改革开放的20世纪90年代，珠海流动渔民都保持在2000艘渔船、2万名渔民左右，依旧是珠江口的流动渔民集聚地。

从20世纪60年代到80年代初期，虽然经历"文化大革命"冲击，但是珠海渔业的生产力也在不断突破，渔船工业、渔轮机械化、港口建设、渔业保障服务与渔获总量都发展到广东省先进水平。在改革开放改变珠海经济结构之前，珠海渔业经济牢牢占据主导地位，在进出口贸易中始终占比近八成，万山岛的海洋捕捞量占全县捕捞量一半以上，万山渔场被称为广东的"海上大寨"，成为全国著名的重要渔场。

只要沿着今天的凤凰路走一走，几乎所有重要的历史建筑都与这种新文明相关，珠海第一中学、珠海第一小学、珠海医院、渔民会堂、渔民"三招"、龙舟亭、农业银行、工业学校、海景酒店全部都是这段历史的产物，包含着

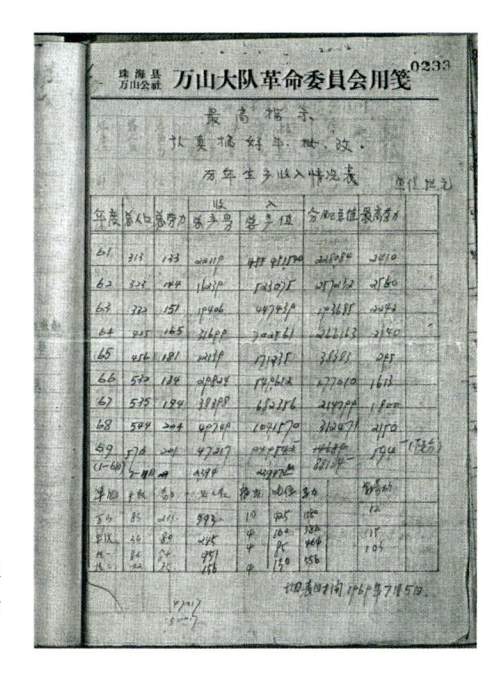

▶ 1969年7月汇总统计的万山大队60年代年度渔业产值、分配总值　记录者张树德授权使用

港澳流动渔民的物质与精神财富。毫不夸张地说，流动渔民给香洲埠带来了新生。

历史证明，珠海县从诞生伊始不断建立完善的"一船两制"是成功的社会主义生产实践，它能培养出深受渔民欢迎的技能人才与适用技术，保障渔业出航安全。1959年4月，毛泽东主席在《党内通信》中提出"农业的根本出路在于机械化"，珠海的渔船机械水平决定渔业生产力水平。同年，广东省委批准珠海、宝安的渔民可以像港澳渔民一样，把超产的渔获拿到香港、澳门销售，购买所需物资。最重要的物资就是渔船发动机，珠海从无动力木船发展到机帆船、柴油机渔轮都依靠这个关键设备。虽然珠海渔轮是从安装英国"吉拿"、日本"洋马"的旧发动机起步的，中国自主生产的发动机从20世纪60年代中后期才逐步应用，但是渔民当中就有不服输的年轻人，实践的千锤百炼让他们掌握各类发动机机修技术，成为万山渔场渔轮机械的保护神。张树德就是其中的优秀代表。

"一船两制"在珠海具有重要的里程碑意义。它大踏步穿过历史迷瘴，分

▲1965年，万山湾的渔船从无动力渔船、风帆船发展为大马力渔轮　张树德授权使用

清天壤之别的新旧历史差异，前面是旧的"民生"的世界，后面是当家作主的新世界。珠海县成立后最大的"民生"是废除剥削，实行生产资料共同所有，人民实行互助合作。面对落后的渔业生产力，珠海并未禁止与港澳地区的渔民亲属往来，更没有阻止、禁绝港澳渔民进入渔场，而是敞开怀抱迎接渔民回家，由渔民自主选择交易市场，开放要素市场。"一船两制"的开放性推动发展了珠海渔业生产力，培育了一代代粤港澳渔民的家国情怀。中国共产党开创了珠江口历史上最先进的文明，这里没有无人区、海盗区，而是人民渔区。1955年以后珠海以及西部的海岛、斗门等地陆续实施边防管理，人民群众就是守护边防安全的中坚力量。社会主义制度对人民的开放性体现在人民的利益上。人民利益所在，就是制度运行的边界。如今的"一船两制"政策历经迭代转型，早已从珠江口扩大到整个广东沿海，至今还在发挥着重要作用。

在珠海与中国的历史上，只有新中国才诞生这种生产方式与制度文明。在世界上，有哪种制度、什么样的文化能创造这种政策？"一船两制"体现了国家赋予珠海多么重要的使命！珠海的历史因为"一船两制"拥有丰厚的文化新要素，拥有更深沉的历史自信，更开放、宏大的海洋观。从当代中国现代文化建设的角度再次审视这段历史，"一船两制"何尝不是中华民族共同体从珠海立县就开始的先进实践？它最深刻的本质是社会主义的人民性，而中国优秀传统文化中的"民为贵"早已播撒在港澳渔民的心中。

军民一家

在珠海这个广袤的海区，历史上从没有发生过军民一家的社会局面。珠海立县之后，保卫海边防安全、建设海岛家园、守护群众利益完全融为一体。这种全新的军民关系是人民群众亲身经历体验出来的，新旧历史的对比极其强烈。

张树德的妹妹叫张容彩。他父亲1952年去世时,张容彩只有三四岁,最小的弟弟出生刚满100天。张容彩一连咳了半个月,不知道是什么病,家里也没钱看病。驻岛部队来了三位解放军,男兵是医生,两位女兵是卫生员。医生诊断张容彩是肺炎,在床边支个木架给她打吊针。一连三天,医生天天复诊,两位女兵晚上就守着张容彩,累了趴在床边打个盹。张树德问他妈妈,给妹妹治病花了多少钱,高转好说,他们不用钱,解放军给了我们大恩惠。张树德后来经常跟妹妹讲,你的那条命,是解放军夺回来的。张树德非常清楚地记得,他的两个姐姐因为患上天花无钱治病,都死在出海的船上,葬在三角岛岸边的簕兜树下。后来,张容彩在万山岛当赤脚医生,成为"万山十姊妹"最早的一员。

1975年12月11日,《人民日报》刊发一篇新闻通讯《万山红遍》,导语写道:"屹立在祖国南海前哨的万山群岛上,战斗着大批优秀的复员退伍军人,

▲1976年3月,张树德(前排中)在万山岛维修10号
　渔轮拖网射板　张树德授权使用

他们像一颗颗红色的种子,撒遍万山,红遍万山,同万山人民一道,为保卫和建设祖国的海岛,积极贡献力量。"这些战斗、生活在海岛上的军人中,有的在横琴岛,有的在桂山岛、三灶、担杆尾,其中有两位在万山岛,一位叫张启明,另一位叫黄式富。他们俩都工作在被称作"包扎所"的万山公社机械修配厂。张启明原来是游击队员,1949年加入正规部队后学会开汽车,后来参加抗美援朝时编入空军探照灯部队。转业后,他在香洲船厂学习磨床,1965年申请调往机械厂。1974年,张树德也调往该厂,他们一起为渔轮安全捕捞创造"大修不离岛"的奇迹,把小小"包扎所"变成广东省"工业学大庆"先进典型。张启明于1979年去世,在去世之前告诉孩子,张树德跟我都姓张,虽然不是一母所生,但是他会把你们当作自己的孩子。

东到珠江口,西至黄茅海出海口的上下川岛,整个1.5万平方公里海域都是万山要塞的海防区,这些区域也是渔场所在地。从20世纪50年代一直到70年代,战士们不仅守岛、建岛,而且为渔民生产护航,守卫着渔民海上捕捞不受侵害。海岛渔民给战士们送水、送鱼,用质朴的情感常年慰问子弟兵。在海上,渔民孩子参军入伍就像过节一样隆重。万山要塞的海防第一线经历了艰难困苦的开拓岁月,守岛部队和海岛人民、海上渔民建立了深厚的军民友情。部队开山道、扛炮弹有人民支援,人民生活、医疗有困难有部队援助。

这种深厚的情谊始终贯穿珠海的建设发展历史,越是富裕,珠海人民越忘不了这座城市的初心使命。1987年10月,珠海在全国率先成立军警民共建机构。市场放开物价影响部队伙食,珠海人说:"我们碗里有的,子弟兵碗里不能少。"部队营房那时候还是五六十年代的"干打垒",珠海用3年时间改造所有海岛部队营房,使战士住进公寓式新营房。战士的孩子就学、家属就业、复员转业安置、烈军属优抚、科技拥军,珠海在不同历史时期都切实诚挚地回报这些海边防的守护者。珠海人民知道,这片山海是这些亲人用身躯、血汗浇筑出来的。珠海不做,谁替珠海来做?珠海做得好,那是因为珠海明白军民一家的深刻道理。从1991年开始,珠海连续获得"全国双拥模范城"称号,1992

年,命名为"珠海舰"的166号新型驱逐舰成为珠海的"活动国土"。

战士们何尝不是如此牵挂想念珠海人民?1966年张树德去海门捕鱼,麦贤德参加"八六海战"的"海上先锋艇"就在这里。战士们得知渔民来自万山岛,无比亲切地说:"老家来人了。"张树德在万山岛那些年,把万山运输队的船维修得好好的,焊接栏杆,维修排气管,加工摩擦片,甚至下海去焊接运输艇,只要部队的船只整洁漂亮,他就无比开心,他不想看到战士们的舰船栏杆歪歪扭扭;不想让部队的船只油漆生锈。看到万山岛舰艇保护、出航率每一年都很优秀,他比谁都开心。他已经是快80岁的老人了,但是他在战士们的心中,依旧是一位合格的老兵。

"军民团结如一人,试看天下谁能敌",珠海军民一家的双拥历史与文化笃实深厚源远流长。珠海是英雄海,有铮铮铁骨去反抗压迫争取自由;有去舍生取义捍卫家园;有无惧敌寇去英勇战斗打击侵略;有血染江海去解放人民强盛中华。珠海在南海岸边茁壮强健的时候,今天决不能忘记历史铺路人,决不能忘记珠海从诞生起就被赋予的捍卫使命。珠海的过去是一寸山海一寸血;今天是一寸山海一寸心。这是正义之海,不许先辈再受辱,不许虎狼再践踏。

出海口上翻天蹈海

万人战海

从文顺乡设立在珠江口开始，珠海历经一千多年泣血悲歌，何时有过一支支万人奔海的队伍？何曾见过千帆竞发向海而行的壮举？这种场景我们看不见，但决不能轻描淡写以为那是落后，那是破坏。马克思说资本主义负有破坏与重建的使命，社会主义同样肩负着这种使命。理论的光辉照耀着文明前进的方向，而历史的价值就在于它确凿地记录着这种巨变。

从康有为的"万夫齐作"到孙科梦想万人"以工代赈"，每天建4千米广东公路，近代以后的绅士官僚有多么期待饥寒交迫的人民搞建设。

新中国成立后，全中国万人会战无处不在建设新山河，珠海沧海桑田的历史变迁正是由这样的国家、这样的人民创造出来的。从平沙大海环到红旗白藤头，从鹤洲北到横琴、洪湾，在珠海新中国成立后直至改革开放新时期，凡是珠海面向大海的攻坚破冰事业，无不是万人同心去创造奇迹的。今天的主题依旧是这个旋律。

1948年前，凤凰山与黄杨山之间依旧被汪洋一片的磨刀门出海口阻断。沿着坦洲的灯笼山一路向西，白蕉山南、白藤头、大小林岛，一直通往崖门口的三虎、三角山，全部都是浅海区。这片海水在潮汐中出没，无法行船，不能耕作，水下泥沙不断分汊、堆积，各条主航道无法行驶500吨以上船舶，洪湾航道连300吨航船都需要清淤。这是珠海出海口近代以来的基本格局，整治出海口始终是广东的重大水主题。1947年后，广东省珠江水利局就提出珠江流域水利建设纲领与43项珠江治本计划的初步草案。这个草案的项目包括防洪、航运、水力、农田水力、整理沙田、水土保持、港埠等，重点在珠江流域的中上游地区，涉及珠海出海口的主要有两个，"下游珠江口泥湾门、磨刀门外筑坝"和"拟建汕尾、西江口、海安、榆林四渔业港"，治理的主要手段是围垦沙田。但这个方案并没有对珠海出海口进行过科学的调查研究。

珠江治理是新中国成立后正式拉开序幕的。万人征海向海要田的力量积聚到珠海出海口。1955年，万人会战率先在乾务村南的大海环打响，这是平沙农场的开篇。解放大军南下的指战员们放下军包扛起背包，丢下孩子拿起铁锹，组成"十八只领头雁"，率领农垦大军从黄杨山脚的滩涂出发，7000名广东儿女、近万名知识青年投身围海征途。他们每天一盅淡水，一路泥泞荆棘。面对艰难困苦，党员、团员冲锋带头无惧牺牲受伤。他们蹚过大海环南进大小林岛、西拓大虎二虎，进军南北水岛，开拓高栏岛、三角门。

1958年，保护金斗湾土地的中珠联围开始建设，与此同时，白藤堵海开动了。1万人队伍、3500艘船开往白藤山，西峡海堤、东峡海堤先后在白藤山东、西两翼插上翅膀。白藤堵海是轰动性的，因为它使泥湾门改道，上游丰水季节时，西江拥堵内涝。但在斗门、白蕉最好的土地上，枯水咸潮、台风暴潮，最好的农田都在遭受折腾，最低的时候一亩地年收成不到60公斤，斗门流传着民谣说："冬咸夏旱少米吃，人人争往外乡跑"。在整个珠江三角洲，珠海、中山饱受咸潮内涝之苦，土地产出最低，出海口的苦，上游没吃过。有人评价这是"伟大的工程，巨大的灾害"；也有人称赞"工程伟大，利多害少"。经过1971年的水利围垦综合改造，到1975年白藤湖浮运水闸竣工，优点完全多于缺陷。这个项目并非一句好坏优劣来评价，说它是启示性的工程更客观公正。在珠江委主持《珠江志》的评价中，白藤堵海工程是治理珠海出海口的第一次"尝试"。

1962年到1963年，广州、珠海的部队战士又驻扎白藤山下，建成东、西两翼的军建大堤、八一大堤。这条总长19公里的大堤与三灶湾浅海相对，分别延伸到鹤洲北与大小林岛，红旗农场、斗门围垦公司随后成立。白藤山在磨刀门与泥湾门、鸡啼门交汇点上扎下的脊梁成为后世垦海成原的中枢，推动南海浅海湾的岸线向南延伸。

从1968年开始，珠海县动员全县人民围垦横琴中心沟，各个海岛渔民也投入运石填海工程。为支援珠海建设，1970年，3000多名顺德儿女千船下横琴，历尽千辛万苦才完成中心沟围垦的艰巨任务。

"精卫衔微木，将以填沧海"，向海要地是人类向海而兴的开创性工程。自古以来，中国的黄河、长江与珠江三角洲都是中华文明的重要组成部分。在世界上，荷兰、英国、日本、新加坡等沿海国家与地区都在为改善人类生存环境而进行物质再造。香山立县就来自海上围田，而珠海围垦直到新中国成立后才爆发出巨变的能量。人类围海造田与刻意破坏海洋生态环境完全不同。人类坐等江河泥沙淤积堵塞海口；坐看山下流水，山上饥渴；只管南方水涝，不论北方干涸，就是保护生态环境？在保护生态的前提下科学规划、合理利用，确保人与自然和谐共生才是文明的主题。辩证认识人类向海而兴的历史才能正确看待人类自身的伟大进步。

▲1985年，磨刀门治理项目中的三灶岛连岛大堤建设现场　何华景　摄

亿万人民的忘我奋斗才是中国迅速收拾旧山河建设新世界的力量源泉。珠海出海口的万人垦海正是在资源匮乏、物产贫瘠的家底上产生的，它代表了全新的生产关系，每一寸土地都是新生的资源，稻谷每增加一斤，都蕴含着新社会增长的生产力。它体现出团结向海、绝不服输的新海洋文化。在整个广东，农民、工人、居民、学生与战士们都参加到这场攻打"水利关"的行动中，"冬天变春天，雨天变晴天。黑夜变白天，老年变青年。苦战三个月，幸福千万年"就是那个时代的奋斗精神。我们需要重新擦亮眼睛观察这个历史过程，找出翻天蹈海的内在本质，辩证地看待过程中出现的问题，否则我们连自己从哪里来的都无法弄懂，连脚下的大海如何变成平原的历史都毫不知情。

为了向海要地、沿海而生，珠海开垦土地、疏通河道、兴建堤坝泵闸，挖塘治田，植树防风，改良种养殖业品种与技术。这些适应沿海地区生产、生活方式的探索比垦海更加艰辛。平沙围垦本为种粮而生，因稻谷无收转产甘蔗，毫不气馁地改造蔗田、种苗和生产技术，又因甘蔗高产转战蔗糖制造。在缺电、少水、无资金装备的时候，拓荒者坚信"一闯二干三成功"，从牛牵石碌榨蔗煮糖开始，硬是把"牛屎糖"变成白砂糖，把艰难困苦改变成"甜蜜的事业"。

平沙、红旗、白藤山、中心沟都是珠海建设事业的时代坐标，是黄杨山、横琴岛沿海现代化建设的艰难开端。今天，每当我们驾车飞驰在高速公路、跨江大桥上，不能用"仰望U9"的眼光看"东方红"拖拉机的速度，不要以为珠海天生就是辽阔平原。没有"东方红"哪有万山红遍百舸争流；没有珠海向海要地，哪有今天高楼林立。

从珠海解放到20世纪90年代中期，珠海围海造地30多万亩。200多平方公里的沙田平原，那是千万人创造的物质与精神财富。珠海的每一寸平原都来自海洋，它们曾经来自家族同胞，来自亲族资本，只有在社会主义制度下，它们诞生于千万人民的勤奋创造。人民是何其伟大的创造者。

为了不被忘记，白藤山要活起来，要把插上翅膀向海前行的历史镌刻下来,让千万名在这片海上的奋斗者像丰碑一样永驻人心,让治理磨刀门的号角在白藤山永远回响。

磨刀门开海辟地

1984年9月,白藤山上举行磨刀门综合开发治理大会,参加这次誓师的有珠江水利委员会、光大集团与珠海、斗门的垦海人等。珠江水利委员会在经过数年研究决策后正式吹响进军磨刀门的号角。白藤山上红旗猎猎,山下海水滔滔。

在磨刀门治理之前,从1950年到1982年,平沙、红旗两个农场与斗门县、珠海县的数万名劳动者已经在珠海的出海口围垦10多万亩土地,但是磨刀门太庞大了,从白藤山远看南屏、横琴,中间是海水滔天。鹤洲北就像一艘探出磨刀门的船头,停在东、西七围,也就是今天的鹤洲中心枢纽站附近,看着水下无人能知的世界不敢再走一步。而在三灶岛东咀一带,历史上曾经建设的堤坝始终没堵住400米长的深槽和水口。

在珠海所有出海口治理中,磨刀门整治是最艰巨的;在珠江口八大门治理中,磨刀门是最复杂的。与中国的黄河、长江三角洲出海口相比,珠江出海口输沙量虽然远远不及,但淤积速度最猛,磨刀门是泥沙沉积之冠。磨刀门口门那时候的范围很广,东边在灯笼山、洪湾与横琴,西边在三灶岛与大林岛之间,北边是白藤水闸到东、西七围一带,整个浅海滩区面积近140平方公里,浅海水下处处潜藏暗沙。鹤洲南的水底沙跑得贼欢,快冲到与横琴、三灶岛肩并肩了。

对磨刀门的研究始于20世纪60年代末到70年代中后期,中山大学、华南师范学院、南海洋研究所以及广东省水电设计院等开展走访调研、密集研究,拿出多个磨刀门报告，这是珠江出海口中"资料较多，研究较充分的一个"。国家水利电力部曾经于1975年、1976年两次组织专家组考察、提出原则，1977年，广东省编制珠江三角洲整治规划报告，对包括磨刀门在内的八大口门治理作出初步安排。虽然人们认识到磨刀门形成的成因、规律，也认清治理的重要性，但因为治理技术复杂，经验不足，一直没有动手。磨刀门水道的基本情况很清楚了，西江南下的淤积扩张速度每年超过120米，最高达到150米，主干水道泥沙不断分汊，泄洪能力降低，再继续任其自然演变，"洪湾水道整段河道有阻塞之虞"。到了改革开放初期，磨刀门治理不得不发了。

磨刀门整治与珠江水利委员会的成立息息相关。珠海市是1979年3月成立的。7月初，水利部正式向国务院提出成立珠江水利委员会的报告，统筹珠江水系的水资源管理与开发治理工作。1979年8月，水利部部长钱正英在广东考察了白藤湖水闸、磨刀门水道及口门围垦、湾仔与香洲。她说："要发展珠江三角洲，就要治理珠江"，"珠江，我们50年代抓了一下。在新的形势下，从搞四个现代化考虑，现在如果还不抓，就会犯历史错误。"10月，珠江水利委员会成立，首先将磨刀门整治作为珠江三角洲重大关键性工程开展系统研究。在珠江八大出海口中，磨刀门治理是率先启动的突破口。

磨刀门综合治理工程共分鹤洲北、南与三灶湾以及洪湾北、南、西6个片区，既要完成20万亩海坦围垦，又要疏浚治理磨刀门、洪湾"一主一支"2个出海口，还要整治建设洪湾南、北、西侧堤坝，同时将珠海对澳门的原水供应纳入统筹，治理时间长达10余年。由于工程历时长、整治复杂，磨刀门在治理中采取了"规划中整治，整治中规划"的方案。磨刀门治理从改革开放初期启动直到21世纪初还在坚持疏浚治理，坚固堤围，这是一场比大禹治水耗时更长的持久战，也是决定珠海地理面貌的开海辟地之战。

磨刀门治理既是精卫填海，又是大禹疏水，既像大禹那样打通泥沙阻塞，开阔主航道与泄洪水道；又像精卫那样垒坝构筑防线，守护好沙田，避免泥沙恣意泛滥。用曾昭璇教授的话说就是"束水攻沙"，把沙约束好，沙归田原、水归深槽。要把原则变成切实可行的规划治理方案，那就需要科学的力量。他们耗资数百万元建设起一座东南亚最大的河工模型试验基地，采用河工模型试验、数字模型计算、遥感信息分析等手段，通过计算机建模进行物理实验，以验证数学计算准确性；前往荷兰、日本参加世界围垦国际学术研讨，了解荷兰须德海工程的堵海与艾瑟尔湖建设历史。1982年4月，他们提出《磨刀门口门治理开发规划报告》，并确定将鹤洲北第八围、洪湾北两个片区作为试验工程先期开工建设。5月，斗门县先期围垦鹤洲北试验片区8000亩，水利电力部批准了工程初步设计方案。

1984年，磨刀门综合整治工程拉开序幕，鹤洲北片区正式动工。珠江水利委员会副主任戴良生是指挥长，斗门县县长陈达新等人担任副指挥长，指挥部设在井岸镇。整个片区又分成东、西两部分，总投资1800万元，原计划1987年投产。1984年秋，西片1万亩先行投产，承包种植甘蔗6000亩，创造珠江三角洲当年围垦当年投产的历史纪录。但东片情况不妙，因为靠近磨刀门，风浪大水流急，充填土方大部分被潮汐冲走。1985年3月，指挥部直接组织加强施工，半年多抛石6万立方米，填土30万立方米，建成2米高石堤，为合龙创造条件。7月底，指挥部又突击东片330米宽的两个水口。围垦大军冒着40℃高温14天日夜奋战，使大堤顺利合龙。没过多久，15号台风来临，暴潮袭击海堤冲毁一些堤坝，但经过抛石垒坝护堤后，东片区1万亩耕地获得保障。

▲1992年3月，磨刀门治理洪湾南区时横琴岛围海场面　何华景　摄

1984年至1985年，三灶湾、洪湾北片相继动工，1987年投产。鹤洲南、洪湾南分别在1989年、1990年至1993年动工。到1994年，磨刀门口门主干水道治理基本形成，共完成土方2212万立方米，石方251万立方米，混凝土2.85万立方米，建成海堤约100公里，投资4.5亿元。磨刀门"一主一支"两个河口经过整治克服了自然延伸的淤积，洪湾水道通航能力提高到500吨至1000吨。在这个过程中，珠江水利委员会于1986年完成《珠江磨刀门口门治理开发工程规划报告》，1988年7月，该报告获水利部审查批准，在实施过程中始终遵循了"因势利导，统筹兼顾，全面规划，综合治理，治理与开发相结合"的原则，工程分期实施，整治一片，开发一片，投产一片。这种口门治理与开发的原则被广泛应用到珠三角出海口的治理工作。

磨刀门整治对珠海平原的形成产生决定性影响，彻底改变磨刀门汪洋浅海难治理的旧貌，使鹤洲水下三角洲成为河口型农业的新世界。今天的珠海大道、江珠、香海、洪鹤等高速公路与鹤洲枢纽都扎根在这片平原上，而鹤洲平原的形成迄今不过半个世纪，但是它发生了巨大变化。

这片平原处于珠海凤凰山、黄杨山、三灶与横琴岛之间的地理中心，是南海浅海湾出海口的淤积最深区。在它们形成沙田平原之前，珠海东、西部之间无法越过浅滩建立航线与任何交通联系，没有任何为东、西部经济提供衔接与支撑的物产，两大经济区如同一座环绕磨刀门的拱门，需要绕道顶端的神湾对接，就像20世纪80年代末以前，珠海外贸出口需要跨过珠江口拱门的顶端广州才能抵达深圳、香港。珠海身处磨刀门出海口却无法得到它的恩惠，那种困境人人能懂，但创造的梦想并非人人敢追。磨刀门治理是珠海历史上最成功的伟大工程之一，它不仅发挥了改造山海的力量，提供了广袤的平原空间，它还凝聚了精卫与大禹的神话力量激活了珠海人民的想象力，激活了比神话还精彩的历史嬗变。

第五章

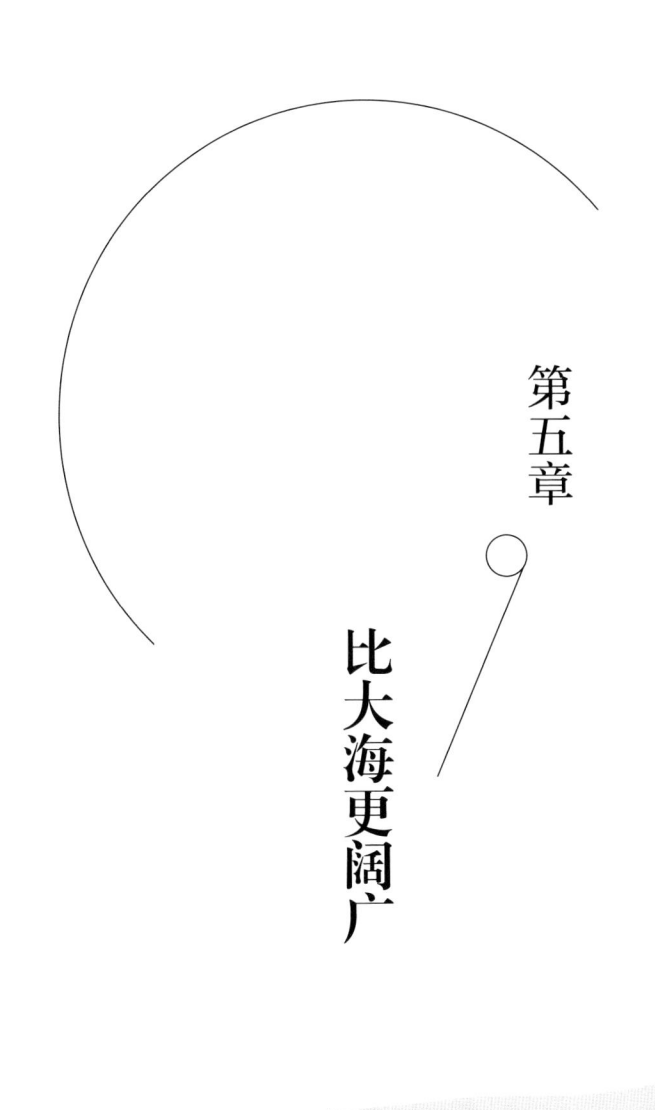

比大海更阔广

开大海港

够胆就去高栏岛

一座没有港口的城市不能称为沿海城市,只有直航海洋的城市才能算海洋之城。珠海拥有无数渔港、河港,能远航世界的只有高栏港。高栏港才是珠海能称为海洋之城的灵魂。

高栏港在西南,而珠海的经济重心在东,东西相距50多公里也不算长,可是中间没有任何道路相通,要修建道路又必须跨过3个出海口与众多河涌。这就让人不得不考虑建设成本与效益。问题远不止这么简单,就连发现高栏港都非常曲折。

珠海经济特区创办之后,于1984年正式确立工业主导思想。到20世纪80年代末,特区建设完成第一阶段关键任务,建成以吉大、前山为核心的工业聚集区与九洲港国际贸易通道,这是建设珠海工业化城市的开篇。但是有几个重大问题没有解决,首先是电力能源,广东省全面缺电,珠海必须自己投资建设;其次是集装箱货运,九洲港虽然建有万吨级泊位,由于淤积无法停泊,连3000吨级集装箱船舶泊岸都需要疏浚、接驳;最后是全国沿海、沿江开放城市崛起,各类经济技术开发区加快建设,珠海并没有能源、港口与产业竞争的任何优势。

珠海要发展就必须首先攻克能源自给问题,把能源、化工作为珠海工业发展重头戏。凡是在珠海经历过21世纪初拉闸限电、错峰用电的人都清楚记得,当时珠海的电荒何其严重，整个广东省同样处于用电困境。珠海经济特区在1987年第二次扩容时，就把解决能源问题安排在极其重要的地位。能源建设的重点地区就在新开辟的特区唐家湾、淇澳岛。今天的金湾电厂就是这个时期签约的，总装机容量是372万千瓦，总投资超过200亿元，首期投资近13亿美元，最早就规划建设在唐家湾后环。这个事关珠海电力能源供应根本性变革的命运工程，也是国家重点项目。

就在珠海经济特区第二次扩大范围时，1988年2月，广东省政府批准《珠海市市区总体规划》，确定的发展格局是"一主两翼"，"一主"指的是香洲、前山的工业中心与新香洲的行政、文化、金融等中心建设；"两翼"指的是南边的南屏、湾仔与横琴等地；北端的是唐家湾。为了重点建设唐家湾，珠海规划建设的铁路、机场、道路等重点项目集中到这个区域，铁路路线勘察、选线初步方案也定在这里，规划建设者们非常想把唐家湾重新建设好。

就在这个规划通过的当年，珠海市又提出西部与东部战略规划，原先规划的小"一主两翼"被更大的"一主两翼"代替，整个香洲是中心主体，西区与

▲1990年，高栏港连岛大堤建设正在吹沙填海　何华景　摄

东区海岛成为新的"两翼"。很快地，珠海第三轮城市规划修编完善了这个新战略内容，对全市全域进行"大经济区"规划，坚持全市一盘棋统筹建设发展。

"一主两翼"从小到大是由什么引发的变化呢？答案在珠海的能源与港口建设。这已经成为决定珠海能不能用电"养活"自己的关键一招。

当时珠海已经在唐家湾开展项目前期研究，发现金星门没有深水港条件。如果建设大型燃煤电厂，唐家湾必须建设两三万吨运煤船停泊码头，而金星门的泥沙淤积很严重，近海岸水深只有三四米，泥沙每年还不停淤积过来。更重要的是，电厂是燃煤的，会产生大量烟尘，一到秋冬会污染市中心香洲区，平常也影响唐家湾、金鼎。这个项目必须重新选址，必须同时能满足深水港与污染排放这两个先决条件。

珠海虽然是海滨城市，可是整个东部海岸没有一个地点适合建设深水港口。为了寻找深水港资源，珠海市开始沿着海岸线从北到南、从东到西多次调查。有人提出将电厂建在横琴岛，深水码头设在黄茅岛，通过栈道将煤炭输送到发电厂，还有人提出设在三灶岛、飞沙滩多种建议。还是熟悉斗门的陈达新说，你们够胆就去高栏岛，那里风大浪大，看了都怕。珠海市发现高栏港真是"众里寻他千百度"，登上高栏岛的人无不兴奋得像一群孩子。高栏岛的水深、港池位置与风向完全满足深水港建设与处理能源污染的条件。高栏港的发现对珠海生产力布局的调整是决定性的，珠海发展从"小两翼"变成"大两翼"，从特区扩大到全市统筹发展就是从这里发端的。

事物的发展总是曲折的，认识也不可能一步到位。不要说建高栏港，就是计划建设唐家港时，珠海就饱受雷击，一些劈头盖脸的暴击分量极重，历史文献记载着这样的观点，广东只需要深圳、广州两处主枢纽港，珠江西岸的珠海、中山等城市经济不发达，只需要已有的喂给型、内河性支港足够了。珠海就是个小而落后的特区，建万吨大港是浪费资源、重复建设，广东港口建设的重点应该在汕头与湛江。珠海建港的压力后来者无法想象，如果珠海人顶不住这些无处不在的质疑、批评，珠海就不会是今天的样貌。

港口决定珠海命运，它决定珠海能走多远、走向哪里。更令人头疼的是，自然条件也不给力，它是那么事与愿违地跟珠海建设重心唱反调。高栏港处于珠海最遥远的西南端，在港口资源没有被发现之前，它一直深居闺中人不识。这里的港区水域面积达80平方公里，建港岸线近70公里，具备建成西江出海大港的先天条件，适合建设万吨级至30万吨级泊位上百个。这是在珠江西岸城市中绝无仅有的出色海洋港口资源，年设计吞吐量1.5亿吨。

1993年，珠海发电厂前期工程在十八螺咀动工兴建，建设项目包括护岸堤、防波堤、重件码头、上煤码头、港池航道等，来自美国、日本、德国、瑞士与英法合作企业参与竞标。1996年11月，珠海发电厂工程开工，第一台机组于2000年4月投入商业运行。高栏深水港区包括两个组成部分，一个是集装箱公共作业区，另一个是石油化学品储运区与自营码头，泛澳文伦、美孚、岩谷、印尼金光等企业最早在高栏港投资，而来自英、美的重化项目PTA历经多年、多轮谈判，最终落户高栏港。1995年，高栏港两个2万吨级集装箱泊位建成投用。1997年11月，珠海港总体规划通过评审，被确立为华南区域性沿海主枢纽港。2000年，珠海港被确立为全国性沿海主枢纽港。在高栏港的2万吨级集装箱码头开通的时候，珠海船舶总量940多艘，单船平均载货运力不到300吨，到了2007年，船只总量下降，平均运力却提高到1200吨。

2008年12月，远洋巨轮"新泽西"号驶入内港，"珠海港——通向世界之门"的大字在集装箱上鲜艳夺目，珠海继续接过前人开大港口的战略步调，正式实施"以港立市"，全力以赴推动广珠铁路进高栏的工程建设。2009年，珠海与整个珠江西岸历史上首个5万吨级集装箱码头建成投用，高栏港实现从喂给港向干线港的历史性转变。2010年，高栏港首次开通南美国际班轮，目前已开通集装箱班轮国际航线近30条，有17个对外开放码头与54个对外开放泊位。

到了2012年，高栏港用20年的耕耘奋斗终于冲出生天，港、产一体化的"西江航母"跨越为国家级经济技术开发区，随后的一连串嬗变几乎令人目不暇接:高栏港终于迎来了翘首以盼的广珠铁路,继迈入全国亿吨大港行列之后,货物吞吐量又突破亿万大关,建设了30年的高栏港枢纽龙头地位终见曙光,不可动摇。

这里需要提到高栏港开发引发的另一件事,若不开发高栏岛,风猛鹰岛的宝镜湾遗址就不可能在80年代末被发现、研究。这是珠江口新石器晚期遗址中唯一发现人类生存繁衍活动的一处遗址,于2006年被公布为第六批全国重点文物保护单位。珠海市博物馆梁振兴主持的《宝镜湾摩崖石刻岩画的发现和鉴定》获得1992年度珠海科技重奖三等奖。这也是珠海科技重奖历史上首次纳入社会文化科学领域的研究成果。

宝镜湾岩画中刻有"中华岩画第一龙",它描绘了高栏岛担当古海洋文化龙头的形象,又何尝不在预言着高栏仍是引领珠海海洋的龙头。

小珠海大胸怀

20世纪80年代末至90年代初,当珠海决定建设高栏港命运工程时,一个巨大的考验横亘在珠海面前。珠海是建设特区所在地香洲,还是建设泡在海里的西部。珠海的战略目标是什么?有没有强大的保障?如何克服资金、人才、技术等一系列难题?这个争论极其热烈,甚至有人说特区还没建好,又要把钱扔到海里。

我们不妨回望珠海的明、清两代,在香山社会生产力极其落后的时期,人迹罕至的海岛、海区是被社会管理放弃的无人之地。历史事实很明白,有限的资源只能放在有人的聚集区,那些嗷嗷待哺的穷岛偏海不是地主与资本台面上的财富。但是珠海社会主义的历史也告诉世人,珠海成长的历史是从为人民谋求最大利益的海岛、海岸开始的,从渴望幸福的穷人解放开始的。这是珠江口海区人类历史发展的新旧对比的历史结论。而从珠海经济发展的根本出发点考量，即将跨出的这一步必须是面向21世纪的重大抉择，它将对珠海未来社会生产力布局、经济组织、要素供给、基础保障与人才培养等各领域产生深远影响。很多人看不到这一点，只看到资金匮乏，光这一点就难倒众多英雄汉。珠海经济特区刚起步，从来就没有多少家底，拿什么去建设？建设看不到眼前利益的工程，会不会犯了战略性错误？面对必须跨出去的关键一步，珠海人不能躺在特区的小小舒适圈里，必须开辟全新的历史格局、付出最大努力与牺牲。

在这个关键时期，任何一阵风都能吹倒失去信仰的树桩。珠海人牢牢记住一个信念：珠海是国家的经济特区，不是小小珠海的特区。珠海所做的一切都是为国家强大与民族富强去探路。越是用市场经济的单纯方式建设社会，越是让人陷入最小投入换取最大收益的资本思路，反而淡忘了社会主义的本质追求。

珠海没有忘。珠海是中国特色社会主义建设的探路者。"珠海经济特区好"，是因为珠海一定能建设好。"摸着石头过河"一定是过社会主义的河。

从20世纪80年代末到90年代初，珠海开了一系列会议，把全市人民的思想统一到国家使命的战略高度，相继提出"跳出珠海论珠海""抢占战略制高点"等著名论断。这些关键会议不是一场两场，而是三四场，既不是工作报告，也不是讲座授课，而是用真切实在的事实与论据，讲清楚珠海为什么要、怎么样站在国家战略层面，放眼世界，定位珠海。

先说珠海最近的香港、澳门，澳门只有博彩业支撑，而香港是国际金融中心、贸易中心、海运中心、空运中心，也是信息中心。再把眼光放远到广州、佛山，广州发展得经久不衰的原因是有黄埔港、机场、四通八达的铁路，还有能源与充足淡水。说到长江三角洲的上海，它处于出海口，有大港口，有大机场，有高速、铁路网，货畅其流、人尽其用，特别发达。在比较国内城市之后，珠海还比较国外多海湾城市，东京、神户、鹿特丹、汉堡，都是一个枢纽城市发展带动一大片的案例。珠海回过头来再看自己，什么是珠海的决定性建设？如果珠海把引进项目与命运工程的顺序弄反了，那就丢掉了建设珠海的主要矛盾与发展方向。对珠海来说，什么是决定性的？那就是大型能源、海洋大港、国际机场、铁路、大型水厂等等，这些是让珠海与国家、世界连通的重大设施，是决定珠海未来发展的根本项目。不管珠海是否承认，国内、国际上大城市发展的历史事实都说明这个问题的重要性。一旦有了这些设施，珠海就不再是小经济区，而是经久不衰的物流、人流、资金流汇聚的战略枢纽地区。珠海如果光看引进多少"三来一补"企业、内外合作企业，那也要从企业发展思路考虑，打不开局面，市场小、物流小、辐射能力弱的地区，他们来了也会搬走。珠海一定要抢占发展制高点，不能等到别的城市建好了再去建，否则珠海就失去时机停滞不前，珠海的长远发展就完了。

珠海在进行如此关键的战略调整时，恰好遇到国家压缩投资建设规模。珠海就利用国家政策调整，大力压缩一般性项目，把有限资金投向西部，只有西部才有这些决定性的条件。当时的珠海市委、市政府发展思路非常坚定，去完成这些决定历史的工作，让珠海获得持续发展优势。珠海在进行城市规划修编时又提出，一定要把这些根本性的项目作为"命运工程"，建好了就决定了发展命运。面对建设西部、发展资金等具体问题，珠海市的态度很明确，珠海的发展不仅要考虑特区范围内的市区，还要考虑西部几十万人民的发展。珠海也有底气建设，按照市场规律筹集建设资金，项目有作用、有效益就会有人投资，既可以利用外资，与外资合资建设，又可以利用围垦造地的土地抵押，出让土地变现。20世纪80年代末，珠海已有20多万亩围垦土地，由政府实行"五个统一"管理、开发与出让，实行"占用耕地一亩，围垦造地十亩"的举措，在土地征收中保护农民利益，确保有序开发、增加未来储备。

经历过八九十年代历史转型的珠海人大多记得这期间的思想、行动大转变。一大批干部的工作重心转向西部建设，既有参加过珠海县工作时期的老干部，也有成群结队的青年干部，还有被特区召唤而来的成千上万的前行者。珠海人继承了"三同"精神、"会战"精神，从来没有人面对没做过的事情绕着走,也没有人把学习成长当笑料,遭遇艰难险阻绝没有垂头丧气,而是迎难而上。他们尊重专业专家,但决不迷信权威、官威,一切都从最底层的实际情况出发,发动广大群众一起寻找攻坚闯关的规律与方法。三灶岛上的科学家村就是这么建起来的,"今日借君一滴水,明日还君一桶油"也是这时候响亮提出来的。无论是围海拦筑高栏大堤,还是爆破大山建设三灶机场,无论是建筑工人、乡村农民,还是解放军战士,没有一个不是满怀豪情投身烟尘滚滚的工程建设,他们吃住都在工地上,日晒风吹从不退缩,人人都晒得一身黑、掉一层皮。当年实施三灶机场炮台山大爆破的南京工程兵学院的专家、指战员们进山勘探、掘进隧道、布线爆破,面对难以想象的工作环境与技术难关,没有人退却,都想着要像轰轰烈烈的深圳建设者那样,要在珠海干出惊天动地的辉煌业绩。当他们顺利完成"亚洲第一爆"工程胜利返回老家的时候,每位战士只有不到百元薪酬。不索求所得多寡,唯追求创造辉煌,是那个时代的奋斗坐标。

珠海在西部建设港口、机场、水厂、铁路等一系列命运工程,通过高栏港建设为西部带来"大港口、大工业、大发展、大繁荣",高栏、三灶成为两个新兴的产业与城市建设区,斗门县、平沙农场、红旗农场并入珠海市之后的调整发展也全面启动。从20世纪90年代初到1995年,位于斗门县境内的湖心路、尖峰大桥、黄杨大道、珠峰大道以及连通中山与江门的斗门大桥、南门大桥相继通车。

珠海当时的交通建设规划是"五纵三横二跨海,联系全国通港澳",核心目的是解决被珠江口隔离的交通难题,穿过东西城市群连通全国交通网,特别是与香港取得直接的发展联系。这一点很容易理解,香港始终在珠海的外商直接投资中占主导,珠海对外招商、货物出口与现代服务业发展都离不开香港的发展资源。从今天看30年前的珠海交通规划,当时的思路放在今天也不算落后。跳出珠海谋发展,交通顺畅是首要任务。珠海大道这"一横"具有全局意义,它内连东西部地区,外向东西两侧延伸,与伶仃洋大桥、黄茅海大桥连接,形成"二跨海"的交通局面,接入我国沿海高速路网。今天的路桥建设虽然与当初规划有选址上的不同，但30年间的建设思想依旧相通，因为过去的"珠海困境"必须突破，珠海唯有突破瓶颈变成枢纽才能迎来发展高峰。

20世纪90年代的珠海经济特区是珠海最困难的时期，也是最辉煌的时期，同时也是奠定最具珠海特色的生态经济发展道路的时期。珠海形成了土地管理、城市规划与建设、环境保护以及科技重奖等一系列重大改革成果与建设成就。这些成果看似互不相关，本质上同属于珠海经济特区在自身条件下采取何种发展方式的问题，那就是找到哪条适合珠海发展的道路。这条道路就是中国特色社会主义生态经济道路，为人民谋利益，为国家谋发展，为人与自然谋共存的道路。困难从来就是检验成功的法宝，而不是埋怨借口。这一点早已载入史册无法更改。

三五年前的一天，我们曾在中山五桂山遇到一群"热爱"珠海的旅游者，他们聊天说，珠海环境是美，就是不发展工业；还有人说，珠海就是种种花草打扮得漂亮而已。在中国所有城市统计年鉴中，所有国内历史档案、文献中，从来没有珠海不发展工业、只种花草的历史记载，为何不从档案、文献出发的

▲1993年前，珠海西部沙田地区简陋的道路、桥梁设施　何华景　摄

胡编乱造竟然能飞上五桂山，否认珠海客观历史的谬论本身就经不住珠海历史系统性考验。单说珠海治理出海口新增的土地如今可以千万亿计，这笔财富就是珠海发展的无价之宝。在研究与传承历史文化的当下，只要将研究重心下沉到档案文献，从广泛联系的事实中提炼历史真相，我们不难发现一系列重大的历史线索静静地躺在那里。在珠海经济特区建设转型期，珠海建立了一套中国特色社会主义的"珠海政治经济学"，并用它打开了特区发展新格局，它解决的是珠海长远发展的立命之本问题，维护了党和国家的根本利益，代表了全市人民追求幸福的心声，保护了珠海的青山绿水不被占用破坏。

如果有人质疑，请去海滨公园看一看，它是怎么从珠海县青年林场一直到今天都保留完好未被商业化破坏。如果还有疑惑，请你从珠海地方法规中找到这样3条线，第一条是海岸建筑的退缩线，第二条是山体保护的封山线，第三条是鸡啼水道东、西两侧的生产区域分界线。如果再有疑问，请对比了解珠三角城市在21世纪初的污染治理投资总成本。还是不服的，请看清珠海在中国现代化城市发展中的综合竞争力排名、人均GDP水平。珠海有自身的发展问题、难点，但别再误解、曲解这座为解决工业化走向现代化的城市。

1995年，广东省在珠江三角洲大经济区规划中首次将珠海、深圳并列为广东省内两个副中心城市。无论后来的定位如何改变，那时候的珠海定位是珠海人民拼搏奋斗冲出来的。如果那时候的定位有局限性，那么在2009年，珠海在珠江三角洲规划改革发展规划中被定位为珠江西岸核心城市，建设珠江口西岸交通枢纽，这一定是科学的。到了2021年，珠海在《广东省综合交通运输体系"十四五"发展规划》中被确定为全国性综合交通枢纽城市。这必定是新时代珠海的准确地位。历史沉淀的时间越长，我们越能看清楚珠海的战略决策转型与城市发展未来的紧密联系，前人多付出，后人才能更成功。前人没解决好的，后人义不容辞去完善它。

小珠海大胸怀，知己之短发愤图强，这条大格局自强的历史之路没走错，这是珠海人民改造山海末梢的必由之路，更是新时代不忘本色的奋斗之路。

千古丰碑桥

百岛千桥

从珠海大镜山水库与板樟山麓柠溪流出的山涧水汇流出一条河,叫凤凰河,从香洲湾入海;从珠海吉大水库流出来一条河叫白沙河,从爱情半岛入海。除了凤凰河,几乎无人知道白沙河,更无人知道跨过白沙河上有几座桥梁,因为它们都是无名的,从来没有载入珠海相关统计数据。

1978年动工兴建的香洲毛纺厂就建在白沙河旁。1984年邓小平第一次视察珠海时还走过这座小桥,1992年,他第二次视察珠海时还在说,他还记得那座桥。现在没人知道这座桥了,可是溪水依旧在那里,桥也在那里,只是被混同于马路不被算作桥梁。"梁,水桥也",请别让后人弄丢了桥梁的本意,找不到重大历史的原址与样貌。

像白沙河上的桥梁一样,凤凰山、板樟山、黄杨山等山麓溪水、河流上的桥梁几乎全部不见踪影。不是这些桥梁不见了,而是它们早就与公路工程混为一体。而广泛分布在白蕉、莲溪、乾务、平沙与红旗等沙田上的各种桥梁多如牛毛却无名无姓无记载,更无人去调查统计,可能也不屑于调查,因为珠海大大小小的桥梁实在多得数不过来。但是,请一定给一些具有历史、地名意义的大桥、特大桥立一块牌子吧,珠海怎么能忘了自己是江海之上的城市?桥梁在建筑工程上只按照跨度来算大桥、特大桥,统计数据只记永久式、半永久式,只有用脚走路的人才知道,那是桥,不是路。

珠海到底有多少座桥梁？从珠海统计年鉴数据中，我们只能知道2022年，珠海有468座永久式桥梁，总长164.2公里。有意思的是，2018年珠海还有496座桥，几年后竟然少了近10%。真是历史文化中的意外插曲。

按照2023年珠海统计年鉴数据，我们可以测算出珠海平均每10公里道路有1.1公里桥梁，每100平方公里就有27座桥梁。等到我们彻底弄清千桥之城的确切桥梁数据，这个结论将更能准确反映水上珠海的交通结构，让人确切地信服珠海为改变历史面貌架桥过江的艰辛与变局。古人常叹息"川阔悲无梁"，今天的珠海人何其幸运无论江海多阔瞬息可达。

桥梁是珠海的血脉，标志社会的进步。在清朝光绪年间，珠海翠微村是最多桥梁的乡村，除了东靠大环山，北、南、西南有5座桥与上涌、前山相通。这是翠微村身处金斗湾水网的显著标志。珠海古桥集中在金斗湾、金星门与斗门涌，这也是人类经济、社会活动的聚集区，桥梁建设总量与经济往来密度、人口流动强度、乡村富庶水平高度正相关。

在珠海经济特区建设之前，珠海内外客货运几乎全部依赖水上船舶或者摆

▲1993年底，珠海大桥通车成为珠海人民生活中欢天喜地的大事件　何华景　摄

渡。到20世纪80年代末，这种状况没有根本改观。1990年，珠海全市还有50个渡口，各种海、河码头198个，水运占总量的64%。1985年是珠海改渡为桥的元年，也是集资建桥开端之年。1987年，前山河上第一座大桥南屏大桥结束前山摆渡历史，打通前山与南屏陆路通道。为了改变斗门人民世代摇橹摆渡的落后交通面貌，珠海、斗门人大代表们提议，修建一条连通井岸镇与中山神湾的陆路交通线。这条路跨越黄杨河、黄麖门、磨刀门，从1988年起陆续建通井岸大桥、黄麖门大桥、新环大桥等桥梁，最终在1990年修建完成斗门大桥。这条路没有以地命名，而是名为"连桥路"。这是珠海、斗门两地之间第一条公路。1988年，从斗门涌跨过虎跳门与江门连通的南门大桥通车，莲溪镇上横连通江门的上横大桥通车，南、北水两岛之间的南水大桥通车。这一批桥梁率先打通斗门境内外传统交通要道节点，改变了黄杨山被水网封死的局面。

　　古人将修建桥梁视作"王者之政"，让百姓"不楫而渡"是为官一方的德政。这样的德政桥，珠海修建得不知其数。珠海人不会忘记热火朝天的20世纪八九十年代，珠海每修造好一座桥梁，桥上桥下锣鼓喧天鞭炮齐鸣，跟今天贵州"村超"开场的热闹劲儿有得比。水上人家、岛上百姓，山里山外的居民都把这样的大喜日子当作一生当中最开心的节日过。连桥路通车后带来一个意想不到的收获。平沙、红旗等农场有一大批中老年职工曾经是20世纪五六十年代上山下乡的知青，他们过去都是从四面八方赶到井岸码头坐船，沿着黄杨河北上螺洲溪过黄麖门，从竹银农场接上一批老知青，要么从西江上溯到三水，要么从三门再过磨刀门前往石岐，回乡探亲之路十分漫长。连桥路通车之后成为他们北上广州最方便的探亲路。

　　一直到20世纪80年代末，大学毕业到珠海的，从广州坐船到珠海比坐车摆渡还方便。假如你是暨南大学的毕业生，你会跟着那些轻车熟路的学长们，早上坐船，傍晚到前山码头登岸。如果是外商加工贸易产品出口，那就费大劲了，珠海没有九洲货运集装箱码头的时候，他们必须装车北上广州，再通过东莞、深圳把集装箱送往香港，一路要过六七个摆渡，1个集装箱3000港元。招商引资哪敢提及陆路运货，敢来珠海投资的外商，十个里面不超过一两个。

珠海人架桥通路，那是刻在骨子里的执着。没经历过珠海之痛的人很难理解，为什么珠海人一看到江河就想着架桥。在整个珠江三角洲地区，珠海人的"桥梁饥渴症"最严重，最急着修桥建码头的肯定是珠海人。本以为珠海面朝大海前途无量，哪知道它百岛千水无路可走呢？要建设珠海必须先有桥梁连通大陆，这就是珠海人民的最大民生。理解了这一点，我们就能懂得，当7公里长的高栏大堤连通的时候，高栏岛的群众为何说出"这是我们的第二次解放"了，这是特区生产力的解放。

开发建设西部的时候，是珠海桥梁建设的第一个啃骨头期。珠海离开了特区建设的始发站凤凰山麓，从建设溪涧之桥转战到建设江河之桥。每一个出海口、大河涌、沙田沥上都需要大桥、特大桥连接，每一座桥梁都是道路建设中关键工程、耗钱工程。

首先是解决桥梁选址问题。为了建设珠海大道，珠海必须跨过磨刀门，但是既不能把桥梁再设在远离珠海的神湾一带，又希望避开最宽阔的下游河道。珠海的"老围垦"、斗门县县长周英尧用一口浓郁的台山话说："为什么从坦洲呢？从南屏跨过磨刀门到鹤洲北、白藤头就很近。"还是对珠海地理了然于胸的一线同志提的方案最有效。珠海大桥的选址最终依照这个方案进行勘探设计的。其次就是桥梁投资。正在开展大规模建设的珠海到处需要资金，道路与桥梁建设资金投入更密集。1996年8月，珠光集团采用了当时国内极其陌生的资产证券化方式，尝试将整条珠海大道的路桥收费转变为债券，成功在美国上市发行2亿美元债券。这次债券发行是"中国借款人在国外债券市场上第一次真正无追索的基建债券，为中国未来基建融资定下标准"。西方资本市场从住房抵押贷款开始资产证券化起步，极少基础建设项目证券化，发行珠海大道收费项目债券融资不仅在美国，同时也在中国开创了成功范例，其收益债券无政府担保、12年债券年期等创出了"中国五个第一"。

为了建设道路、桥梁，珠海在市场筹措资金最艰难时期，不得不将大量资金投入江河沙田之上，突破山环水绕、土地分割的自然地理，为城市建设提供现代化的内外交通体系。过去的40年珠海在建桥，今天依然还有许多桥梁等待建设，比如螺洲溪一河之隔的六乡与莲溪之间还没有一座桥梁，只有大大小小不少渡口。桥梁是珠海道路上的瓣膜，一座桥不通，整条路受阻。在以主干道承担城市运输动脉的年代，桥梁对珠海交通的重要影响有时会出人意料地暴露出来。21世纪初期，珠海同时在前山河上对多座桥梁实行封闭施工，导致中山坦洲大堵车。从珠海大道进入香洲只有这几座桥梁，一旦同时封闭，没有任何路径沟通主城区，只能选择从斗门大桥，或是西部沿海高速绕行坦洲回城。这就是珠海修桥、坦洲堵车的成因。桥梁在珠海物流体系的关键作用无法不正视。

为了建设桥梁，珠海先后投入多少资金，多久收回成本，这是弄清像珠海这座江海岛屿型城市建设规律的必要研究。当其他地区的交通投资为工业区、城市建设开创良机时，珠海还在不断啃硬骨头建设桥梁，把一条条河道与沙田平原连接起来。珠海连接珠三角、大湾区的连通度、分散度越高，政府投资的数额就越大，回收期就越长。为担当好国家级综合枢纽，珠海必须付出巨大的代价，在交通建设上作出重大投资。面对强投资的桥梁型、高架型交通结构，珠海形成长距离、大空间的城建空白区，这更加需要珠海创造桥梁、道路建设的新质生产力，压缩物流时间、扩张经济空间，建一座桥，成就一条路，落定一条经济带。

党的十八大以后，珠海一系列大桥、特大桥、高架桥、铁路桥建设沸腾澎湃，珠海迎来历史上从未有过的桥梁建设高潮。就在这短短的十余年内，珠海桥梁建设的冲击力撼动神魄。港珠澳大桥、洪鹤大桥、香海大桥、金海大桥、黄茅海大桥，这些世界级、长距离、大密度、齐山高的桥梁簇拥着飞跨山海，高大的桥塔巨人张开科幻之门向每个人飞奔而来。那些长桥如龙，动如脱兔，穿越伶仃洋、磨刀门、鸡啼门、黄茅海，让人觉得珠海陌生而新奇。10年前的珠海与今天的珠海完全是两个不同的天地，没有人再认识洪湾保税区，也没有人能认出三灶湾、横琴岛、唐家湾，是什么带来这么神奇的变化？是交通格局的颠覆性改变，让珠海人能够以新视野、新速度发现前所未见的特区新空间。

如果这些雄伟壮丽的高架桥两侧生长出魔幻般的水上乐园、度假民居、海鲈工厂、青蟹餐厅、狗爪海鲜、沉香疗养、海盗博物馆、山海动植园，桥上看长空万里朝霞余晖，桥下看碧水白鹭游鱼荡舟，那该是沙田之上什么样的非凡城市。

跨越伶仃洋

改革开放以后，香港不仅是深圳主要投资来源地，也是珠海国际贸易、外商直接投资的重要源头。九洲港货运码头、珠海国际贸易会展中心、珠海发电厂、高栏集装箱码头以及珠海通用打印耗材产业集群等诸多投资都来自香港。从80年代中后期开始，珠海加快建设外向型经济，开拓区域市场建设"四个窗口"的主动性更加强烈，建设伶仃洋大桥的构想就是在这个时期打破常规谋划出来的。

1987年，珠海正在考虑建设唐家湾深水港，发现唐家湾、淇澳岛周边水域只有三四米深，泥沙淤积区一直延伸到伶仃洋内伶仃岛附近。当时就有人建议从淇澳岛筑堤过内伶仃岛，把深水码头直接建到内伶仃岛，对面就是香港的烂角咀，距离香港集装箱码头非常近。在伶仃洋上筑堤的思路肯定不行，那就需要建桥到内伶仃岛。沿着这个初步思路，珠海反复研究，准备集中力量建大桥，把淇澳岛、内伶仃岛连起来，一直接到香港。通过这座大桥，珠海运一个集装箱到香港才几百元，不光到香港方便，从内伶仃岛过深圳也很方便。香港、深圳的发展资源一样可以辐射珠江西岸，对珠江三角洲都是件大好事，再建一条通道直达澳门，对澳门也好。这个构想是把珠海放进珠江口经济区大背景下，减少相互间资源流动成本，促进珠海大开发，更好发挥特区试验田作用。

1988年，珠海开始对大桥进行前期研究。1989年2月，珠海在举办春节外商联谊茶话会上公布珠海发展战略，其中就包括要兴建伶仃洋大桥的战略构想。这个十分宏伟的构想提出之后引起国内外强烈反响。有说珠海好大喜功不自量力的，也有说打肿脸充胖子、勒紧裤腰带过苦日子的。一个穷小子抱负再远大也会被看作笑料。珠海这么个生产力落后、银行存款不够别人零头的小地方，怎么可能建这么宏伟的工程。丑小鸭的寓言终究还是很现实。

从提出建造伶仃洋大桥到1997年底大桥立项，在这短短10年里，珠海变得风生水起，不但启动高栏港建设，修筑跨出海口大道，燃放震惊亚洲的巨大炮仗，修建中国最长机场跑道，举办中国首个国际航空航天博览会，而且成功地建立科技、土地、环保、金融、社保等一系列新体制：石破天惊地实施中国科技史上第一次科技重奖；开启国有土地市场化管理创新范例；史无前例地以环境容量主导城市建设规划与环境治理；制定颁布中国第一部社会保障法律条例；完成中国历史上首例交通项目国际融资。珠海简直像是孙猴子从石头里蹦出来，破旧立新的强有力的声音让全社会震耳欲聋。特区先锋，必争创新。珠海真不是顾影自怜的纳西索斯，而是舍命追赶太阳的夸父。如果大地没有被炙日烧烤，哪会诞生夸父。

这一系列创举让人们认真思考珠海的伶仃洋大桥项目。珠海并非"要在一个区域内起'龙头'作用"，而是为了国家经济特区先闯敢试，挺胸阔步肩负特区的必达使命。他所创

▲ 伶仃洋大桥模型

造出来的生产力不是为小珠海所用，而是服务于国家的战略大局，服务于人民的幸福生活。

从大桥项目提出之后到1992年，珠海与广东交通、航道、水利、环境、地质、水文、气象各部门进行初步研究论证，先后考察国外有跨海大桥的城市，如东京大桥、横滨大桥、濑户大桥以及美国金门大桥、澳大利亚悉尼大桥等。1992年，伶仃洋大桥开始进行预可行性研究。1993年7月，广东省召开粤西7城市负责人座谈会，征询各城市对大桥建设的意见，得到一致赞成。1995年3月，广东省政府为了从广东经济社会发展战略高度对大桥建设进行研究论证，将这个项目纳入广东省人民政府发展研究中心重点研究课题，在全省各相关城市与香港和澳门地区开展大桥建设必要性、可行性、紧迫性调查研究。

研究中心后来发表了调查报告摘要。摘要明确指出："建设伶仃洋跨海大桥虽然是珠海市政府提出的地区性工程，但实际上已远远超出了它的范围"，伶仃洋大桥是"一项关系21世纪粤港澳发展的重大战略举措"。摘要认为，"为建设这座特大型跨海大桥工程，珠海市委、市政府以超人的预见和胆识，克服重重困难，全力以赴。对此，我们应该给予积极的肯定、支持和帮助。因为这一决策是合理的，是符合21世纪珠海、广东外向型经济发展战略需要的，是维护'一国两制'和港澳平稳过渡，继续保持香港、澳门繁荣稳定发展的需

要。"中心专门对社会关注的几个重点问题进行了调查研究,对所谓的"珠海不自量力"问题的调查结论是,虽然项目总投资超过百亿元,但有许多国家和地区投资集团合作投资,可以通过转让外商股权,发展土地市场等手段,"我们认为是行得通的"。摘要尤其提到,1995年7月,"中英大型基建协调小组第3次北京会议之后,香港政府已接纳了这个方案",并积极投资400多万港币,组织以规划署为首的专家顾问小组,深化研究伶仃洋大桥接驳点、路网走向、交通与环境影响等。

从1995年开始,先后有数十批人到珠海考察。珠海市制作了一个3米长、1米宽的伶仃洋大桥模型,便于香港政商各界前来考察时直观了解。

1996年12月,中国国际工程咨询公司通过了对伶仃洋大桥项目建议书评估。在伶仃洋大桥通过国家计委审批立项之后,1997年12月30日,国务院批准伶仃洋大桥立项。

伶仃洋大桥西起金鼎镇,东达香港屯门烂角咀,全线总长27公里,其中淇澳岛至内伶仃岛约13.1公里,内伶仃岛至屯门岛烂角咀约9.9公里,引桥4公里。大桥按双向六车道高速公路标准建设,一次立项、一次建成,初步计划施工期为1998年至2004年。大桥共有特大通航主桥3座,内伶仃岛设置互通立交。整座大桥静态总投资34亿元,动态总投资166亿元。根据伶仃洋大桥设计方案,大桥向北连接京珠高速,向南通过珠海配套路网连接澳门,往西通过粤西沿海高速公路连通江门、阳江以及大西南地区,使国家规划建设"三纵两横"的东部沿海高速进一步完善。

2009年12月15日,人类历史上最长的港珠澳大桥开工。

2016年12月28日,横跨伶仃洋的深中通道开工。

伶仃洋大桥在粤港澳大湾区新格局中正重新酝酿。

奔涌向海

同一条濠江

水是生命的源泉、万物生长的根基。更确切地说，淡水才是人类生命与文明的摇篮。珠海人往往把前山河称作"母亲河"，以为它是淡水河。当我们了解前山河自然历史演化就会更深刻理解到，我们的母亲河是更伟大的西江，前山河的真名是濠江。

在珠海所有出海口处，西江输送的泥沙孕育了土地，土地又孕育了珠海的淡水。前山河，包括下游的濠江都来自金斗湾，金斗湾又是西江与南海互通的一湾深潭，它至少有两条古水道连通大海，一条是前山河，另一条是洪湾涌。这里就是古珠海地名濠潭的来历。100年前，当西江的泥沙最终将金斗湾变成坦洲，这里的土地历经咸水浸泡，再吐咸吞淡，最后堆积出海的时候沐风淋雨，五桂山、凤凰山的涌溪又把雨水汇聚到这里，这里才慢慢成为瓜果蔬稻花草树木的田园，注入海洋的前山河、濠江渐渐地变成淡水河，也不完全是，而是咸淡水河。假如仔细观察，它们具有显著的潮汐现象，涨潮时河水青碧，这是海上探亲来客；潮落时黄浊，那是河水奔向大海。这时刻提示着我们，这里是出海口，若没有西江日夜奔流而下，这里将是海水的天下。

前山河曾经为海今为河，它并非发源于五桂山，而是磨刀门水道的一支。这一点有充足、确凿的历史文献为证。就拿100年前道光县志来说："磨刀海自北来，至挂椗角左右分二道，东北一道由秋风角经青洲抵澳门，北山、南屏诸村藉群山为南障。其海面宽而浅，商舶入澳，常候潮于此。"秋风角就是今天格力电器总部所在的鹅槽岭，磨刀海从鹅槽岭进入前山水道，再经过青洲进入澳门。鸦片战争前，商船需要等候涨潮才能行船。

前山河、濠江其实是同一条水道，它们的母体都是磨刀海。前山河流经青洲拐弯向西南就变成濠江。同一条水道上、下游称谓不同是历史造成的。在自然地理上，它们都是同一个名字"濠江"。20世纪40年代，何大章在研究中山、湾仔地理时从没有用过"前山河"，直呼其为"濠江水道"或"濠江"。这一点需要拂去历史的尘埃才能看清。它们都是濠潭的孩子，是西江孕育了它们。我们真盼望有一天它们回归同一个本源的名字。那个时间，已经不远。

说前山河是珠海的母亲河，是因为在20世纪90年代以前，珠海、澳门都从这里获取淡水，这种情怀可以理解。1958年兴建的中珠联围保护了坦洲土地，依旧有蜘蛛网般的河汊通往前山河，只要开启联石湾等水闸，前山河就会连通磨刀门水道。珠海、澳门真正的母亲河是西江。今天，珠海、澳门两地人民生活、生产依赖的淡水资源全部源自西江。珠海、澳门的江河水都是"客水"，主要是西江南下出海而来，这里原本就是海岛与群岛，并没有大江大河。前山河、濠江都是西江客水的一部分。

澳门、珠海两地人民在近代以前的社会经济活动中，并没有形成对淡水的巨大需求。最早的淡水来自各个山区、岛屿的溪流、泉水，航海者知道珠海哪些海岛可以装载淡水。当人口在坑、坎、涌、溪旁聚集成村落，溪流淡水不足以灌溉的时候，人们开始打井取水，并修筑堤坝堵截溪流变成储蓄水塘，用水闸与沟渠灵活地将淡水输送到耕地；在雨季来临时打开闸门排泄山洪。而在干旱的季节，他们会成群结队祭祀拜神祈天降雨。近代以后，当澳门的城市人口规模变得庞大，人们只能利用山体自然沉降的谷地，开挖更大范围的水库积攒雨水。蒸汽机的发明是淡水利用的分水岭，自然水源利用电力装置的帮助，水生产能力得到飞跃发展。人们使用动力机器从河流抽取淡水，利用管道输水到水库储存起来，再建造水厂制造洁净淡水给居民使用。这是城市与乡村的重要生活差别。但无论如何，没有足够的淡水资源供给，电站再先进也会饥渴难耐。

20世纪初，澳门开挖水塘，利用电机抽水供应城市居民饮水。1917年2月底，澳门城市正式供水时，于6月在东西望洋山山坡兴建小型蓄水塘。1928年，香山人黄豫樵创办六合自来水公司，利用电泵从小型六合水塘抽水上塔，不经处理给几百户人家简易供水，后因无力经营停办。1932年，檀香山华侨黄烈、王金玲等创建澳门青洲自来水厂。这是一座现代化的水厂，建有泵房、水塔、沉淀池与滤池等现代设施，铺设了供水管网。

这些自来水加工与供应方式是珠海没有的。村民生产、生活还是依靠传统的山涧水、井水、泉水、山塘水等。天然水在能满足需求的时候总是感觉喝起来最好，不用花钱，水清味甜，珠海人至今还有打山泉水煮水冲茶的习惯。湾仔的银坑水早就闻名，19世纪初便有"银坑，水最甘洌"的美誉。竹仙洞水也是如此，"岩溜玎玖味尤清冽"。清光绪年间，银坑"筑堤蓄水灌田，所余引沟出海，以便渔民汲取，酌收工费"。澳门居民经常跨过濠江到这里打水，富裕人家专门利用小船装载银坑水运回澳门。澳门政府还专门成立一个运水公司，每天派数十艘运水船到银坑取水。澳门居民喝银坑水、井水与自来水并存的状况一直存在，但支撑澳门经济社会与人口增长的还是来自水厂，如何获得更多淡水水源就需要大智慧了。

澳门比珠海更缺少淡水蓄积的地理条件，地表雨水储集困难，主要依赖珠海周围的潮汐水道抽取淡水储备到人工水库。取淡水要把握季节性、潮汐变化以及水质状况。为得到更多淡水资源，1935年澳门自来水厂扩建东望洋山人工大水塘，装有强力吸水泵取水，建成青洲泵站抽取濠江水。澳门自来水依靠淡水自立运行20多年，单一有限的淡水源无法满足现代工商业与人口增长的需求。到1960年之前，澳门居民用水量由过去每天不足700立方米增加到7500立方米，达到大水塘蓄水与青洲水厂供水的极限。1955年4月起，储水的大水塘没水用了，澳门开始第一次限制用水。随后几年要么抽水错过丰水期，要么水质不合格，大水塘常常见底，水荒，人心也荒荒。

澳门经济远比珠海发达，自来水供给技术先进、资金雄厚。珠海直到建市初期才建设自来水厂。但澳门发展得越好，淡水匮乏的威胁越大，解决澳门经济社会发展的原水供给难题走到历史的新转折点。

此时的珠海刚诞生不久，完全不同于新中国成立前的旧世界，地主、鱼栏主、银号商、铺主、"大天二"等几乎从历史中消失，那些流动渔民竟然可以上岛安家，永远没有土地的人获得耕地，渔业、农业互助合作社、公社把人民组织起来建设新家园，唐家、乾务等地轰轰烈烈建山塘水库、建闸引灌。以前几乎无人守卫的横琴岛驻防着拥有钢铁意志的部队。就在青洲抽水站附近，一座石角咀水闸建起来，还减少了上游来水。面对这个新世界，澳门怎么打交道才能解决水源短缺问题？

在社会主义制度建设之前，澳门民间、政府银坑取水的渠道一直畅通。虽然从1887年起，澳门、珠海两地共同面临严峻的勘界冲突形势，珠海官府与民间对澳门居民甚至政府前往银坑取水并没有阻碍，只有在政府矛盾加剧，社会反抗剧烈的时候，银坑水源才会被当作斗争武器。1922年的澳门"五二九"惨案爆发后，广东各界向孙中山提交"八项决议"请愿书，要求"银坑水库即行停止向澳门供水"。1926年的省港大罢工持久封锁澳门，澳门运水公司的工人也酝酿罢工。

这个新生的人民社会虽然经济落后，人口规模不大，但是百姓似乎拥有无穷的创造力，比任何时候都强烈地捍卫国家安全。这个时期的珠海能帮助解决澳门的原水急缺难题吗？怎么解决？

育我濠江

事情出乎意料的顺利，广东要在珠海专门为澳门建设一个原水库。这件事不是开了头就没后续了。从1960年到2024年，珠海对澳门的原水供应一直持续不断，一直与时代一起成长。时间越长久，水路越长、水源越多、质量越好、技术越高。

等一下，这说起来也太容易了，是不是我们在回顾历史的时候忽略掉什么关键问题。为什么社会主义社会能做成任何历史时期都不可能做成的事？为什么私有制度下完不成的事情换了制度就行？为什么珠海那么贫穷落后还能帮发达的澳门建设原水工程？为什么资本买不来的资源新制度并没有拿水源当商品？再联系一下深圳对香港的东江供水工程，为什么国家投巨资却没有去赚暴利？再看看世界，为什么全球水冲突趋于普遍化、复杂化，而水稀缺的澳门、香港却不担心因为社会制度、发展水平不同遭遇水风险？

有四个字能从根本上解释这一系列问题，"育我濠江"。濠江指澳门，也指珠海。这四个字是何厚铧先生2019年为《源流——珠海对澳门供水口述史》的题词。一个"育"字浓缩了中国制度与中国文化的核心思想。濠江养育了澳门、珠海，社会主义中国养育了生活在这里的人民。当淡水资源匮乏的时候，牵挂人民生命的中国制度、中国文化启动了它的保护原则，就像阿西莫夫的机器人三定律那样，"机器人不得伤害人类，或袖手旁观坐视人类受到伤害"。用中国传统文化理念来说，它就是"古仁人之心"；用马克思的语言来说，这是"中华共和国——自由、平等、博爱"；用中国共产党今天的语言来表达，这是"人类命运共同体"。

马克思所说的社会主义博爱在人类历史上并没有实现过，人们滥用了"博爱"却没见过真正的博爱是什么。1959年，4000多位珠海、中山劳动者跣足摩肩，夜以继日用手推车、斗车建设水库，1年建成竹仙洞水库。他们不知道这就是博爱，只知道让同根共源的澳门百姓喝上淡水。从珠海诞生、改革开放到澳门回归、千里调水直至如今第四管道建设，一条无比清晰的饮水安全主线贯穿在澳门的经济社会发展历史上。珠海生产力发展水平与现代化程度越高，澳门、珠海的原水工程建设更加庞大、保障愈发坚固。

根据珠海对澳门供水路径的变化，这个过程大致分为4个重要历史阶段。第一个是竹仙洞—大镜山—前山河供水阶段。竹仙洞水库是珠海对澳门供水的开端。1959年，在澳门遭遇淡水危机之时，代表广大澳门同胞利益的何贤、马万祺、柯正平等向广东省发出请求，希望解决澳门供水问题。在周恩来总理关怀下，珠海、中山人民建成距离青洲水厂最近的竹仙洞水库，又建银坑水库与竹仙洞水库相通。1960年妇女节当天，竹仙洞水库开始对澳供水，每日对澳门供应淡水0.7万至1万立方米，年供水约300万立方米。澳门日益增长的淡水需求不断加大珠海建设淡水供给工程的强度，两地之间继续采取行之有效的投资与建设模式，实行资金、人力与水资源开发建设的分工合作。1978年，珠海启动凤凰山区的水源工程，建设大镜山水库对澳门供水，引入东坑水库、梅溪水库增加库容，建设12公里长输水管道与夏湾加压站，并通过南沙湾、南屏抽水站抽取前山河淡水加入对澳门供水系统，对澳门的年供水量提高到800万至1500万立方米。1982年珠海市兴建拱北水厂，增设1.5公里输水管，直接把自来水输送至澳门北区用户。经过这一系列工程，到20世纪80年代初期，珠海每天向澳门日供水量为8万立方米，年供水量近3000万立方米。在这20多年间，外商投资澳门加工制造业、旅游业，工厂从1968年900多家增加到1400多家，澳门形成进出口贸易、加工业、旅游业与建筑业等支柱产业。1979年，澳门人口达到30万人，到1983年约45万人，每平方公里近2.6万人，平均人口密度已经超过世界纪录。

这个历史阶段澳门经济旺盛发展，珠海正从渔农业经济向工业化转型，生产力水平、经济发展总量与人口规模都落后于澳门。珠海的自来水厂建设刚起步，分别建成香洲、拱北两座自来水厂，因用水量远低于澳门，城市原水供应的重点是保障澳门淡水需求。只要澳门有需要，只要党和国家发出号召，珠海就全力以赴携手澳门保障当地的经济社会稳定发展。当珠海经济特区创建之后，澳门社会各界又回到珠海开发处女地，一大批新兴的旅游、房地产、纺织制造与国际贸易投资进驻珠海，共同应对国际市场原产地等政策挑战，成为珠海改革开放的先发推动力。

第二个是挂定角阶段。这个阶段起于1984年，以成功建成挂定角输水工程为标志，珠海对澳门供水从前山河转移到磨刀门主水道，完善输水体系、建立水源保护区，形成稳定的淡水供应格局。从前山河取水转道磨刀门，是珠海、澳门建立新型原水供应格局的重大转折。1984年是珠海全面实施"工业主导"战略的开端，磨刀门综合治理也刚刚拉开序幕，在整治磨刀门出海口的进程中统筹规划澳门、珠海两地水资源供给布局是打开原水供给新空间的重大调整。从这个阶段开始，澳门、珠海供水全面转入西江主干道水源的新时期。

1984年初，澳门提出"开发新水源"。珠江水利委员会调查提出5个比选方案，选定从洪湾垦区西侧的磨刀门挂定角引水，采用"一渠三库"方案，实施引水、提水与蓄水的"三结合"工程建设。珠海积极支持并加入这个方案，

▲ 挂定角水闸施工场景。1986年，珠海对澳门供水实施磨刀门水源方案，在挂定角建设水闸，由此处取西江水，再通过引、提、蓄工程向竹仙洞水库输送淡水

将远期目标提高到日供水45万吨的规模进行设计规划。这项工程总投资2700万元，是珠海市重点基础设施建设项目之一。1985年，珠江水利委员会、珠海市与澳门三方合作，充分利用改革开放的外引内联政策，引进澳门自来水公司以预付水费2000万港元提供的无息贷款，创建对澳门供水最早的股份公司。从1986年2月开工到1989年初，洪湾涌引水、挂定角引水两期工程先后完工，建成从挂定角取水到洪湾泵站提升再输送到南屏水库群蓄水的系统，输水工程穿过垦区、山脚、山梁与山区，包括明渠、暗渠、渡槽、隧道、管道与水闸等一系列工程，引水线共16公里，大大小小水闸30多个。最困难的是建设7条穿山隧道，最长2400米，最短200多米。在当时的施工技术条件下，隧道建设充满危险。全程参加这个项目建设的陈山原是珠江水利委员会工程规划设计小组组长，他回忆说，为了建设隧道工程，开挖隧道是24小时施工。3号隧道开挖100多米就发生大塌方，技术与施工人员冒着生命危险，发扬不怕吃苦的精神，奋不顾身搭支架、建顶棚，确保原设计走线、确保工期按时按质完工。

挂定角工程之后，从珠海自然地理条件走出来的"引提蓄"技术方案成为原水系统建设的基本准则。珠海又先后建成竹洲平岗泵站、六乡水厂、南屏广昌泵站，不断向磨刀门上游溯源取水、蓄水，扩建南屏水库，建设凤凰山水库，将六乡、莲溪等磨刀门上游地区划定为水源保护区，1996年实施《珠海市饮用水水质保护条例》。珠海又建立健全了水质检测研究中心，2002年获得国家级实验室认证，成为与省会城市、直辖市同等级的国家水质检测网重要成员。到20世纪末，珠海东西部地区奠定以西江原水主导的水资源供给与保护格局，东部地区的南、北库群形成"江库连通，库库连通；江水补库，库水调咸"的淡水利用基本模式，澳门、珠海两城供水系统连通，构建了不可分割的供水一体化网络。

第三个阶段是竹银源水工程阶段。始于20世纪末应对严重咸潮一系列挑战，立于竹银源水系统工程建成投入使用。以2011年竹银水库正式投用为标志，珠海对澳门供水从磨刀门出海口转移到上游地区，淡水供给总枢纽扎根在古老三门海的竹银山区，珠海东西部地区淡水供应通道被贯通，珠海、澳门供水合作上升为粤澳合作新体制，两城之间建立起常态化的政府合作机制。

身处出海口的澳门、珠海遭受咸潮侵袭是自然历史形成周期现象，随着城市经济社会的淡水需求大幅度增长，咸潮对生产、生活的影响深度、广度不断增强。体量越大，风险越高。这本身就是事物发展的矛盾规律。当西江来水一旦遭受干旱等天气影响流量减少，海水就沿着水道上行，主导整个出海口。西江水与南海水始终一淡一咸、此消彼长，如影随形伴随在珠海、澳门等沿海城市。只要西江淡水出海不足，珠海对澳门的供水体系就会面临无水可引的困境。在澳门、珠海长期从事淡水供给的管理者、工作者无不时刻经历"避咸""压咸"的考验。

一直到21世纪初，珠海市区内南北库群加起来只有2800万立方米蓄水量，储蓄淡水能力不足以应对严重咸潮冲击。从20世纪末开始，澳门、珠海不断面临咸潮侵袭，水库淡水储蓄年年告急。2003年到2004年间，珠海的水库干得长出鱼鳞片。到了2004年的冬天，澳门、珠海尤其咸，工厂锅炉烧出咸锅巴，居民抢购矿泉水，自来水煲汤都不用放盐，有的家庭不得不返回内地过年。澳门咸得冒烟，鱼市里的海鱼换水都咸死，甚至连在医院做电渗析的病人都面临生命威胁。迫不得已之下，澳门又像古人那样租了数十条船，开到磨刀门上游等着淡水下来运水解渴。当时的珠海用上所有能用的办法，千方百计要让澳门人民喝上淡水。他们到坦洲建设临时性裕洲泵站，供水机构24小时监测水咸度，平岗泵站、广昌泵站、挂定角取水口日日夜夜寻找淡水空档抽水。为了重新使用前山河取水，珠海采取最笨的办法，从坦洲的联石湾、马角等水闸放水进来给前山河"洗澡"，一天洗一次，一连洗三天，洗干净前山河当特大号淡水瓶子装水用。

这是一场跨越山河的抗击咸潮战斗。在这场史无前例的跨地区抗咸斗争中，党中央统筹整个珠江流域实施西江调水工程，珠海人称之为"压咸抢淡"。2005年1月17日，在距离珠海1300多公里外的西江天生桥一级水闸开闸放水，8亿立方米的西江水10天左右抵达珠海，留给珠海抢淡水的时间只有两三天。抢水队伍就日夜盯着坦洲的联石湾，一看到浅绿色的淡水冲破浑浊的黄水，这就是抢水信号。现场的人们大喊着"救命水到啦！"人们立即打开水闸放水注入坦洲大大小小的内河，再流往前山河。平岗泵站、广昌泵站与前山河上所有能开动的泵站都怕溜走一滴淡水，拼命抢夺来之不易的西江水，将它们再抽送到全市所有水库储存好，让澳门、珠海两地人民能度过一个不喝咸水的春节。"压咸抢淡"的时候，有人在水闸捧起西江水就喝，真甜啊！这一次千里调水之后，澳门马万祺先生提笔写下"千里送清泉，思源怀祖国"，澳门人民把这幅字送给珠江水利委员会。

从2003年到2010年，整个西江流域都处于枯水期。在千里调水之后的数年里，西江千里送水的千军万马一直在默默运行，保障澳门、珠海的饮水安全。珠江水利委员会此时在重新谋划全流域的水源调度与工程规划问题，编制保障澳门与珠海供水专项规划，提出建设竹银源水系统工程。而珠海也在紧锣密鼓地重塑水源供应工程体系。2006年2月，珠海首次实施跨越磨刀门的输水工程，直接从平岗泵站输水到广昌泵站。国内赫赫有名的上海建工加入珠海穿江输水工程，10个月完成平常需要2年的工程量，当时的项目经理一夜之间竟然掉了一大块头发。从2006年12月26日开始，每天有100万立方米原水跨过磨刀门输送到广昌泵站、洪湾泵站，澳门、珠海第一次喝到20公里以外的"竹洲水"。

与此同时，建设对澳门供水第三管道、兴建竹银源水系统工程也在筹划之中。2008年8月，第三管道从竹仙洞水库越过前山河正式通过通水验收。竹银源水系统工程在完成前期研究之后，2008年4月完成项目建议书，7月完成可行性研究审批，11月完成初步设计批复与项目概算批复，前后形成的18个专项报告几乎是在广东省、国务院相关部门支持下进行同步审批的，审批速度之快、效率之高极其罕见。在工程建设过程中，珠海先后召开近190次会议，平均每六七天开一次现场会议。2009年10月，总投资约10亿元的竹银源水系统工程动工建设，2年后，珠海历史上蓄水量最大的竹银水库（约4500万立方米）等系统工程全面竣工投入使用。为了建设这项工程，珠海永久性征地3800多亩建设库基，一次性买断5000多亩桉树林地改造成为本地化的涵养树林，增加投资2亿多元建设城镇化新农村，搬迁安置3个村庄的近200户居民。整个工程没有发生重大事故，没有支出1分钱加班费，澳门人民满意、珠海人民满意，被称为广东水利建设史上的一面旗帜。就在竹银源水系统工程动工之前，科技部批准由珠海实施1项国家"863"科研项目，攻克突发性污染事件中水处理与安全保障的技术难题，以技术创新确保澳门、珠海饮水的安全。

第四个阶段是横琴第四管道贯通。从2012年第四管道开展前期研究到2019年建成投入使用，这条新输水通道是从横琴岛向离岛供水的新通道，改善了珠海对澳门供水重半岛、轻离岛的薄弱环节，为澳门经济社会发展增添了原水供给的新动脉。

在珠海对澳门供水历史上，主要供水管道的输水格局以澳门半岛为重，第一、第二通道是从竹仙洞水库至青洲水厂的线路，第三通道也是重在完善澳门半岛供水系统。这3条通道使珠海对澳门供水每天达到50万立方米，1年供水量约2亿立方米，相当于5个竹银水库蓄水量。但即便如此，澳门淡水供给还存在隐患，就是长期依赖长距离跨海单向供水，离岛地区缺乏安全供水保障。

为从根本上增强路环、氹仔两岛的淡水供给能力，2011年粤澳合作框架协议就明确了开展第四管道建设的必要性研究，谋划通过横琴新输水通道构建澳门环状供水系统。2012年，珠海、澳门开始前期研究，设计日供水规模为20万立方米，将珠海对澳门每天供水量增加到70万立方米。这条通道全长15公里，不再对接竹仙洞水库，而是对接竹银源水系统工程的跨江管道，从洪湾泵站开始将竹银水库原水输送到澳门路氹水厂。

这是个全新的规划项目，没有历史规划建设预留空间，项目经过区域基本是城市建成区，管网、道路等公共设施密集，只有绿化带与建筑物退缩空间可以利用，除此之外，第四管道要穿越4条水道，需要开展线位探测。第四通道的项目建议书用了2年才确定管位，2016年3月，管道动工建设，又遇到避开道路设施改变管道走向的难题，需要与横琴大开发的众多大项目协调施工时间、空间；为了安全穿过十字门水道，避开水下燃气管道。粤澳供水技术合作小组专门研究对策，攻克"在珍贵的瓷器上雕花"的技术难题，确保第四管道按期建成交付使用。

2019年4月，珠海兴建平岗泵站连通广昌泵站的"复线"，建成具有双重保障意义的跨磨刀门输水管道，确保对澳门供水安全。9月，从横琴通往澳门的第四条管道正式通水。

珠海对澳门供水60多年，几乎等同于珠海诞生的年岁。这段历史在很长一段时间内无人知晓，其以雄辩的事实揭示出这样一个科学结论，社会主义制度的人民性是澳门、珠海共建现代化饮水体系的根本保障。珠海、澳门相处4个多世纪，没有一种制度能解决共建饮水共同体的难题，"木鹅"生产力做不到，宗族资本也做不到，侵夺蚕食更行不通。社会主义珠海从诞生之日起，就具备了为人民谋取利益的开放胸怀，能从最低级的供水生产力做起，具有冲破重重困难建设发展水生产力的勇气、胆识与雄心。60年后的今天，珠海、澳门共建高水平供水体系，见证了人类水文明历史上最具活力的饮水一体化的物质与精神成果。这是水资源向人民开放，依靠人民建设源水，保障人民饮水安全的经典故事。

龙凤时代

2018年10月24日，港珠澳大桥正式通车，从屯门跨过伶仃洋抵达珠海的洪湾立交，北上广州、南下横琴。

港珠澳大桥的故事刚刚开幕，大桥交响曲又激越山海。

珠海的建设者在江河之上，一桩接一桩地打，一梁接一梁地架，一桥接一桥地建，跨过磨刀门，穿过鹤洲南，再飞渡鸡啼门，一路向西越江穿山，直到黄茅海东岸。2024年6月，黄茅海大桥正式合龙，向西跨江过崖门。2024年12月11日，黄茅海跨海通道全线通车，向东对接鹤港高速，跨过洪鹤大桥之后再连通港珠澳大桥。

港珠澳大桥通车的时间不能忘，因为它开辟了伶仃洋的大通道时代；黄茅海跨海通道正式通车的日子也不能忘，因为它首次开启人类跨过黄茅海直通伶仃洋的高速旅行；海洋历史更不能忘，这条大动脉所跨过的海区就是有6000多年历史的南海浅海湾出海口，以舟为车、造舟为梁的历史一直书写到今天，6000多年一条大通道的新文明从这里肇始。

6000多年来，百谷泥沙汇聚珠海出海口，地形巨变只是最近百余年才完成的。这些宝贵的土地改变了山海面貌，改变了生产关系与生产力，但面对千百万吨的巨桥钢梁，这些沙田犹如海上浮萍，无以承载大桥的重压。珠海这条海上巨龙的第一桩都要坚固地扎入千古岩层。你只有知道珠海沙田的地质属性，你才能明白这条巨龙为何全程飞跨。

▲ 2018年10月24日，港珠澳大桥正式通车

当我们回望先民们在"涡漩凹似瓮，湍急响如雷"的海上搏斗，每一次驾舟远行时父老乡亲们谆谆叮嘱，"寄语操舟者，波平候汐回"；当我们看见"农父渡溪，耕深山中，鼓楫石间，与水旋折"；当我们知道先辈们架一座石桥，"惠遍一方，功及十世"，我们不能忘记祖先通洋往来全凭舟的生存意志，不能漠视千百年来视通津架桥造福人类为壮举的文化根脉。这条大跨海通道承载千年期待、造就千秋伟业。

屯门到崖门，是珠江口东西相隔最遥远的距离，也是两地南越先民文化交融最近的距离。考古证实，高栏岛与香港、澳门在新石器晚期就已经拥有共性的陶器制作形制、饰纹、水晶环玦加工工艺，他们在5000多年前就面对用舟楫丈量的滔天海浪，但再大的风浪都没有阻止他们血脉相连、文化相袭。秦汉直至宋明的中国航海时代，他们共同在南海航线上开创与东南亚、阿拉伯国家之间的国际和平贸易。近代以后，跨越黄茅海、伶仃洋的经济文化交流依旧没有中断，海上贸易、渔民生产与商品航运频繁密切。新中国成立之后，伶仃洋上的渔船工业化、渔业现代化改变了沿海人民的命运，冬春船下万山，夏秋远赴闽琼，边海人民依旧渴望着生产力的大解放，看更广阔的世界。改革开放40多年来，珠海千方百计建港立桥，期待沟通伶仃洋、打通黄茅海，渴望着从江海环绕的出海口连通国内外。

这条6000年巨龙如今腾飞在中国特色社会主义新时代，它的来路漫长、空间辽远，希望昭彰。只要能创造出新未来，珠海人愿意一代代闯下去直到梦想成真。这是珠海梦，大湾区梦。长龙腾飞，丰碑铸魂。

这条横穿珠江口的大动脉全程行驶只需要八九十分钟，但为了建设好这条130公里长的大通道，广大建设者们在珠江口的江海上艰苦建设了十余年。从2009年开始，建设港珠澳大桥用时9年；从2016年建设洪鹤大桥算起，穿越珠海山海江河湿地的时长是8年。

从2009年港珠澳大桥正式动工建设以来，建设港珠澳大桥投资1200多亿元，珠海建设的道路、桥梁投资超过300亿元，先后有超过4万名建设者、10多

▲ 黄茅海跨海通道于2014年12月11日通车，使珠江口东西部湾区跨越山海紧密相连

万台次施工设备在工地上会战。会战精神是珠海建设历史上从来不缺席的巨大能量。在这16年里，整个中国交通建设领域的优秀人才与队伍汇聚伶仃洋，转战深中大桥、洪鹤大桥与黄茅海、高栏港大桥等项目建设工地，数万家企业组成的供应链源源不断向珠海输送产品。这些由人才、产业、技术、材料与数据一个个被创造性转化为珠海的国家交通枢纽大局。珠海的鹤洲铁路枢纽工程动工兴建；珠海港10万吨级集装箱、干散货码头动工兴建；珠海机场双航站楼、综合交通枢纽将投入使用；金海大桥、香海高速、兴业快线已经转变为新城市通道。

港珠澳大桥旋风刮起的"珠海涡旋"正在产生深刻的历史性影响。自2009年至2022年，珠海累计完成固定资产投资近2万亿，新增固定资产近8000亿元，2020年，市属国有资产总额首次突破1万亿元。2024年初，银行业资产总额突破1.5万亿元，位居广东省第5位。40年前，珠海老一代建设者千方百计寻找资金建设特区、壮大产业，那时候珠海真的很穷，很多银行一听说市里来借钱，吓得赶紧告诉来人，行长不在家。珠海有多少米，银行才有多少粮啊。珠海经过了亚洲金融风暴、国际金融危机多次袭击，一些外国银行刻意刁难珠海，逼着提前还款，亲身经历者每每话到此处泪横流，珠海一定要有繁荣强大起来的骨气！看看珠海今天的家底，如您所愿，不负众望。

再看数日不见如隔百年的横琴，正如同一座丰碑伫立在凤凰山列的南海岸边。珠海这只古老的凤凰终于振翅在横琴之海。

2009年，横琴岛划入珠海经济特区，横琴国家级新区启动建设，实施《横琴总体发展规划》，在"一国两制"下探索粤港澳合作新模式示范区。2015年，横琴自贸区成立；2021年9月，中共中央、国务院印发《横琴粤澳深度合作区建设总体方案》，为澳门张开产业多元发展的翅膀，让老人有新街坊，让学生读好大学，让年轻人去创新，让投资者能赚钱，让国际化运行的新机制向特区演进。有什么是中国共产党人不能创造出来的奇迹？有什么能像十字门开的横琴、澳门、湾仔、芒洲散发出巨大的聚变能量？有什么能阻挡腾空而起的智慧之鸟从古老的十字门重生，缔造人类命运共同体的璀璨文明？

在珠海海洋文明之路上，珠江口的"中华岩画第一龙"诞生在高栏岛风猛鹰山上，距今已有4000多年历史，记载了海洋先民的精神信仰与追求。珠海中唐立乡，烙下凤凰之文，前人赋予它自强不息、厚德载物的理想与使命。

今天，珠海迎来龙飞凤翔的时代。只要胸怀千年，登高远眺，我们就能看见那条6000年巨龙正腾飞在南海浅海湾的古老出海口上。只要有中华魂魄，文顺基因，我们就能在伶仃洋的十字门上看见那只五彩斑斓的凤凰昂首冲海，展开扶摇山海的翅膀。

珠海、澳门是古老的南海浅海湾的幼子，崖门、屯门是珠江口最古老的放洋航道，这里的海岛、群山，它们是古老的奥区，今天它不再是神仙徜徉的世外桃源，而是中国"一国两制"最美丽的凤凰之都、龙腾之海。

未来海上城市

风从海上来

从桥上平视珠海与从天空俯瞰珠海,完全不同。若是切换到另一个视角,从海上看层峦交接的珠海,更不一样。郑和下西洋一路绘下漫长的航海图,一半是海,一半是山;一半是惊涛,一半是安宁。今天若是有人乘船从南海北上珠江口,他们的眼光绝对会寻找海岛、海湾与陆地,而不是一望无垠的碧海青天。这与陆地居民喜欢沙滩柔美、海岛浪漫的情调完全相反。脚踩大地进城隍庙,与凌波泛海拜天妃宫是完全不同的生存状态。"海,晦也。"古人称海为"天池",天下"江汉朝宗于海",窎远激荡无法驾驭。即使人类早就学会驾驭海洋,但海洋、海岛与平原陆地是截然不同的世界。

珠海的社会经济发展历史早已说明这一点,土地是社会政治、经济活动之根,海岛是祸乱、贫穷之源,而海商则是珠海500年来绝境求生的产物。海上的发展节奏与文明更替远落后于陆地。老皇历就是这么记载的。70多年前,珠海的海洋历史被岁月卡住了齿轮,命运多舛。

历史就是被用来打破的。珠海海洋史就是这么被一次次破局,速度越来越快,结果越来越出乎意料。70年前,珠海立县改写了海洋、海岛的命运。60年前,张树德一家人终于在万山岛上盖起新房。40年前,创办特区是海洋、海岛经济转型的新起点。约30年前,珠海的海洋、海岛开展综合开发试验。6年前,港珠澳大桥从万山群岛掠空潜海而过,香港、澳门的汽车都能飞到万山群岛的头顶了。也就是在这个时候,一连串过去闻所未闻的新名词出现在珠海的海洋史上:云洲、中海油、中航通飞、长隆海洋、珠江钢管、三一重工、中海福陆、南方海洋实验室、明阳风电、金风科技等等,这些名字无一例外都生长在海岛、海上、海边。不久之后,珠海的海上就发生了一系列变化,鲲鹏600、万山海洋无人船测试场、LNG接收站、绿能港、海油观澜号、桂山海上风电场、金湾海上风电场、海上钻采平台、海上牧场、德海一号、南鲲、珠海云、珠海琴、澎湖号、格盛号、海基一号、海基二号、九洲一号、伶仃牧场、标准海、国家海洋综合试验场。

最近这10年,从珠海海上诞生的海洋名词越来越多、越来越有海鲜味。这些新生代珠海形象并不是简单的一个名称、一项投资,有的正在颠覆性地改变我们的生活,比如LNG。它从南海顺着海底管道进入高栏岛储运加工中心,再从高栏岛出发输送到大湾区社区街巷的时候,已经成为我们主要的家庭燃料。每当海上风电叶轮转动,它产生的电流正源源不断地转化成高速公路上飞驰的动力。不要简单地以为牛头岛上的海底沉箱为隧道而生,珠江钢管只是为桥桩而生,它们何尝不是建设人类海上家园的基本功?

▲2012年4月,总投资超过200亿元的中海油天然气陆上终端项目第一期正在高栏港经济区建设　何华景　摄

珠海在全国、在广东省内的称呼也在发生鲜明的变化：粤港澳大湾区重要增长极、珠江口西岸核心城市、中国式现代化的城市样板。

一个"海上新珠海"的新生产力拼图正在一块一块地积聚着，以科技力量支撑的新能源、新交通、新材料、新生产方式、新统计口径、新优惠政策、新策划经营组织一次次闪亮登场。这些对珠海的海洋来说，意味着什么？海上的"珠海方案"是什么？对中国与世界海洋又意味着什么？

32年前的春天，邓小平第二次横跨伶仃洋，他在从深圳开往珠海的船上说，中国特色社会主义要敢闯出新路，判断这条新路是不是正确的，就看它是否有利于发展社会主义社会的生产力，是否有利于增强国家综合国力，是否有利于提高人民生活水平。而在新时代，国家领导人提出，要整合科技创新资源，引领发展战略性新兴产业和未来产业，加快形成新质生产力，特别是以颠覆性技术和前沿技术催生新产业、新模式、新功能。珠海这股劲吹的海风，就是要颠覆性、前沿性地跨越伶仃洋风行海上。

而在中国的海上，一股股更加强劲的技术风越吹越猛，以"海上风电"+海水淡化+海上制氢+海洋牧场+油气平台正在朝海上综合开发体的方向聚力。中国的海洋开发正在迈向世界海洋历史上的新文明临界点。

珠海的海洋与中国的一样，成为以钢铁为柱梁的新造型，而不再是沙田、土壤。这个新形态转动着巨大的风轮，从海风中吸收能量，从海水中提取氢气、淡水，通过数百上千海里的海底管网把天然气输送到城市家庭的热水器、燃气灶。海上生存者不再是渔船、渔民，而是钢铁平台上各种住房、实验室以及工作生活在其中的科技专业人才。他们使用的不再是柴油发动机点亮的灯火，而是氢能、风能、太阳能，甚至是核能。海边不再是土壤岩石与海洋生物交接的边缘，海湾里停放的也不是快艇，而是大型豪华邮轮，渔歌晚唱变成海上的华尔兹。黢黑的海面上再也没有召集渔船的烟花，再大的台风也无法撼动他们生存的物质构造。

对于聪慧的中国人来说，再用10年，也许只有五六年，这种综合体就会如同积木那样源源不断地在海洋组装、转移。当海洋的需求越发旺盛，综合体将不断在海上生长，就像中国的沙漠从千里黄沙万里烟中变成绿洲。

　　海上的食物、居住、能源、交通、材料、技术、数据与智能综合体，已经给珠海展现了新兴海洋生产力的趋势。或许这些变化还没有让人真切地体会到新生活的来临，海上的一切巨变还需要转变，才能变成陆上人口的需求。从海上到陆地，"土地思维"让人还没有彻底把眼光投向大海，用海洋思维直接创造海上世界。海就是家，家就是海。

　　海洋思维是一种新文化转向，促使人们从海上思考创造力。只要对比珠海海上创造的财富，今天珠海的海洋人口、海洋财富可能还不足陆地的十分之一，海洋旅游虽然爆发出强劲的增长力，但海洋还没有成为具有神奇影响力的世界，海上旅行者还看不到，这就是我们想留下来的社会。那些海洋技术开发者、项目建设者总是在想，如果一个海上钢铁平台能产生倍数级的社会效益、经济效益，那么这些资源的综合收益率该能产生多么强大的孵化再生能力。这就是中国海洋科技与制造领域思考复合综合体的根本出发点。

　　这不是战术性思考，而是在寻求海上开发的战略突破。当海洋新质生产力真正形成一种新生活、生产模式的时候，那是什么？那是适合人类生存繁衍的地方，海上城市。

未来海世界

　　过去的珠海是谁？是海洋、海岛，是垦土、引水。这是珠海6000年的生存模式。即便祖先用了6000年奋斗建设出新陆地，大海至今依旧是珠海生存的主题。未来的珠海是谁？是海岛城市、海洋城市，再也不依赖万人垦海的力量，而是由万紫千红的海洋科技创造的社会。9000多平方公里的海洋都是珠海的城市社区。从巨大的海洋生产力中崛起，正是珠海最耀眼的未来之路。

我们回望珠海由海而陆的历程，还必须前瞻广袤的海上百岛荡海的未来。我们曾艰苦跋涉创造了因土而生的历史，还必须向海而兴创造海洋文明的奇迹。

回看珠海这数千年的沧海桑田，我们能看清两个真相：珠海是海洋之城；珠海人民只有依赖土地才能生存。珠海从海上群岛变成海上平原走过的就是一条依土而生的轨迹，无论是古代原住、迁居社会的行舟、煮盐、架梁、筑围、农耕，还是近现代的经商、捕鱼、修路、建乡，修建机场、港口、高铁，技术引发的生产力飞跃都无法使人离土生存。珠海的海岛社会每前进一步必须填海造地，将海岛变成陆地之后才能获得生产生活资料，才能提供能源、原水、食物加工以及公共服务资源。这模式已经运行了非常长久，工业化、城市化还没有打破这种格局。

人类在21世纪还要在海上围垦吗？如何才能更好生活在海岛海洋？在了解

▲ 1984年1月26日，邓小平同志第一次视察珠海经济特区，就是乘坐这艘猎潜艇横跨伶仃洋，抵达唐家湾　李国怀　摄

珠海的自然变迁、社会生产与文化追求的不懈努力之后，怎么建设珠海的海岛，是个自然而然的问题。

事实上，珠海向往建设海上城市并不是梦想、幻想，而是在建设新质生产力的新时代必须超前研究规划的构思。珠海不可能再走围海垦海的老路，那就该走新型海岛城市的新路。海上的珠海应当比其他任何一座城市更具有激荡的思想。这个设想不是过去已有的海洋经济、海洋实验或是无人岛开发，而是为海岛赋予城市的功能，用最新的制度，最新的科技、产业去建设一个全新的海洋社会，使它从一开始便成为新生产关系、新分配关系、新科学技术、新功能材料汇聚的集大成者，成为中国乃至世界新文明的领航者。

早在1980年，日本人菊竹清训就认为人类到了2001年将在海洋上建造起无数海上城市，开辟新的居住环境。他提出这个设想的原因是"人类来自大海，归宿于大海"，迫使他做出这种考虑的是因为人口爆炸与城市面临的自然危机，尤其是日本。他认为日本可行的原因是，日本拥有的钢铁、水泥、玻璃、塑料等构成材料，拥有造船、汽车、家电、土木建筑甚至管理控制环境的一整套综合均衡的产业结构，生产能力在世界上屈指可数。1980年，阿拉伯海油田上一幢5层楼的大厦是由日本建造的，日本造船工程师又设计一座浮动的7层旅行大厦，号称"海上宫殿"。1986年《瞭望周刊》曾在《海外文摘》中摘引报道，日本工程师设计出世界上第一座海上城市，位于东京120公里的公海上，由1万根抗海浪柱子支撑，建筑物类似玻璃盒子，使用面积100平方公里，容纳100万人口生活、工作。第一层甲板生产提供热、电、水；第二层豪华住宅；第三层政府机构、学校、医院；第四层工商业；顶层设置机场。造价30万亿日元，可能在本世纪末竣工。到了20世纪90年代，美国气象与海洋学家阿赛尔斯顿·斯皮尔豪斯博士设想，在海上建设高度工业化的人类社区，海堤大片海底农场、油田提供粮食、动力原料，有机场、核电站、巨型油轮的码头。

大半个世纪前，日本科学工作者提出了构建未来城市、技术的构想，比如海上城市、氢能源、21世纪航空，让太阳为人类服务等等。今天我们看到这些一定很吃惊，一是日本人早就在酝酿新的生产力，二是中国人正在把日本人的想法变成现实。菊竹清训等人只考虑了建设海上城市的技术、材料、规划与产业，他们都没有提到的是，如何建设一种全新的海洋城市的文明制度。

珠海的海洋文明一直离不开土地与淡水，它们都从陆地而来。假如我们带着今天的社会制度与先进技术回到千年以前，我们还必须从围海造地开始吗？

珠海海洋的自然与社会文明历史过程走得极其曲折，我们明白了必须站在世界的肩膀上看自己，必须明白珠海能在中国的新文明制度下开创一个个新未来。当代中国的社会与产业技术发展已经到大爆炸、大创新的时代，这不是日本人、美国人告诉我们该怎么做，而是中国推动力已经为珠海点燃了建设海岛城市的理想。

建设伶仃洋海岛城市应是珠海海洋新质生产力的战略规划。如果说有一种图景能展示这种战略形象，它有可能是这样的，它是一种采用新型社会制度保障运行的海岛城市系统，是海岛生态、能源、水源、材料、交通、数据与无人智能系统的生成与开发总集成。海岛城市可以实行公民海洋使用权永久投资，拥有永久免费的城市公共资源，包括居住、生育、教育、医疗、文化娱乐与养老的各种使用权，并享有继承、转让与赠予权；实行建设者免费居住、教育、医疗与养老；实行国家所有、经营海岛城市开发、制造与贸易；海洋城市集团公司代表国家统一经营管理；公民集体劳动参加城市建设；资本应用于海岛城市开发建设服从于国家海洋建设与安全利益；个人海洋开发知识产权参与分配；海岛、海洋城市具备安全防御与协同能力，具有组合、复制、繁衍的社会生态系统。

伶仃洋海岛城市应从适应各海岛、海区资源出发，塑造海岛山水草木湖沙禽兽鱼贝生态系统，模块化组建海洋生产、生活系统，建设强大的海洋新质生产力；建设丰富的海洋生活资料体系；建立海洋医药、材料、能源储备与动力、航海航天工程装备、海底工程、海岛智能平台等技术与生产体系；建设通用型海岛城市生活体系、文化体系，满足人类新生产、生活方式的全面需求；

建设符合资源特质的海洋全要素生产力，为海岛城市向岛礁城市、海上城市、深海城市梯度发展、迭代升级提供适用标准与技术。

假如按照建成三五万人初级海岛城市规模的需要，每人以百万元投资，数百亿元资金可以启动海岛城市生态与生活系统建设，集成全国最先进的海洋科技项目，建设海岛支柱产业。制定海岛城市建设的人才、技术、制造、制度、数据与智能应用的标准体系，为中国与国际海岛、海洋城市建设提供市场规则、技术与生产能力。

我们可以先规划建设担杆列岛或者大小万山海岛城市。起步就建设生态与生活系统，建设材料不再是土方或者石方，而是海上防锈、防腐蚀、防风暴潮的多套空心钢管，由内到外固定到坚固岩石层，外层灌注防撞击、防腐混凝土，内层预留为给排空气、水体、油质材料所需，或者用于通信、无人检测等功能，将它们与岛屿自身山脉、水流走向协调，建设不同海拔的人工缓坡，将海岛溪水、植被与泥沙引向坡面，向海洋尽量延伸，塑造钢铁上的公园，培植树木灌木，保留溪水，营造湖泊，一圈公园一圈生活区。一根根钢管立柱避开沙滩、海底珊瑚礁，再在钢柱之间利用卯榫或焊接各种工艺技术进行对接，搭建钢管架，每层架高六七米，根据生活区规划建造适当宽度。生活区建设家庭或者公寓、学校、医疗、市场、生活超市、文体竞技场馆、图书馆、博物馆等，各类场馆多区域分布，避免大而不实。

这里没有别墅群，只有符合人类居住生活的各类有机联系的空间。所有钢结构区全部预留可扩展的对接口，还有类似于天宫空间站的接口装置。这些工程技术实际上已经广泛应用于海上平台、海洋牧场、海洋风电建设，并不存在加工装配难题，而且本身就是海洋城市的有机组成部分。海岛城市的生活区内部拥有各种沟通街道、天井，有步行街、滑板路、电动车无人车道等，便于无人车派送物件，散步与驾驶远游等，垂直空间用于电动无人飞行器出入。生活区之外是环岛大道、大型飞行器停机坪、海上邮轮泊位与海底列车站台等。大道之外就是各类生产、实验、加工与海港装卸区、远洋泊位、渔区、风电区、波浪能区、太阳能区、淡水加工区、海水制氢区、二氧化碳淀粉仓储区等等科技应用生产区域。每个区域都可以连通前往下一个海岛，或无人飞行，或海底无人快车，或海上无人艇以及无人潜航器等等，以适应不同天气。每个人都拥有各种驾驶技术，至少拥有两三种专业技能，这是有可能的也必须达到的，因为建设海岛或海上城市，专业技术并不是处理海水，而是利用海洋资源需要的跨界技术人才。

如果珠海构造出这样的海岛、海洋城市，它不是令人类向往的旅行、生活目的地吗？

海上城市是人类构想中的未来新兴城市。当前人设想并付诸行动的时候，珠海的生产力水平、技术装备与人才还没有到达先人一步的阶段，而现在不同了。珠海需要保护好立命之本的山岛，守护好自然保护区与耕地，还要为千百年飞鹤鱼兽重归绿地、滩涂而滋养自然世界。珠海从新中国成立后开始一直在进行伶仃洋开发，从渔业捕捞到网箱养鱼，从补给港到旅游等，海岛面临的传统困难没有缓解，社会人口没有有效增长，季节性海岛消费与单打独斗的建设无法造就海岛生产力。虽然经过20世纪80年代与21世纪初开发，珠海的海岛大规模转向海洋能源、海上风电、海洋平台建设与无人系统开发，但海洋、海岛还不是家，不是社区、社群。把新兴海洋生产力与海上城镇、海岛城市的未来

▲ 珠海凤凰山下的滨海城市风貌　蔡建华　摄

规划结合起来，以建设大规模海洋社区为目标不应再遥不可及。建设海岛城市不仅对珠江口、长江口、渤海湾，而且对遥远的南海海上城市建设都将具有示范作用。珠海是时候从城市社会发展的总规划思路出发，从半个世纪后的未来出发提出今天的海岛、海洋建设新思路，以海岛城市集成创新，开创建设伶仃洋海上城市的远大前程与海洋新文明。

珠海，你这座海上之城，因水而生，向海而兴；龙飞江海，凤鸣横琴。昨天你经历的，是丑小鸭之路；今天你崛起的，皆是誓言如愿。珠海的未来必定从伶仃洋诞生，珠海的创造必定是新时代的海洋。

后记

这本书有两个不适应。一是写作者受邀时措手不及,惶恐忐忑不知能否半年多内完成写作,这是巨大的压力与挑战。另一个是读者翻阅此书时,可能会有很多文字与固有认知不匹配,而熟悉的历史文化笔墨不多。这不免令人疑窦丛生。无论如何,正如"孙中山文化首创者"丘树宏先生所言,这是一个很难得的机会,不能放弃。先生的鼓励驱动着作者务必放开手脚写下去,写出一个我们尚未知晓的过去、未来。

作者心头一直压着一块石头。为什么珠海工业化时期的生产力布局如此分散?说得动听是"组团式",说得客观,是环状、哑铃式结构,总不能把枝干养得壮大而枝繁叶茂。这看起来是经济问题,实质上是自然地理与历史文化演绎的结果。而解答这个问题的唯一办法就是回到历史中去探索土地的演变,没想到社会、人口、民族、语言、文化,以及历史上的生产、生活方式等内容,都像助听器一样把各种信息送入大脑。于是,每到一个地方,比如平沙三虎,大脑不由自主会跳出来"断裂巨浪中自成洲岛"的古形象;而每次远眺大托山、小托山,看到的不是连绵的鱼塘,而是"海中村落总依山"。伟大神奇的大自然与顽强坚韧的人类深深地让人感动不已。就在这点点滴滴的搜索积累中,珠海自南宋直至清朝道光年间土地形成的脉络、节点也逐步清晰。

越读书,越发现很无知;越无知,就越要找书读,越古越好。比如把《二十四史》找来了,又找来唐、宋时《太平御览》《太平广记》《方舆胜览》以及《岭表录异》校补、《北户录》校注等。至于明、清时期的,干脆从黄佐的爷爷"双槐"先生处找起。就像元人写陆秀夫传时候所说的那样，"海上之事，世莫得其详"，正史见闻少，而杂记、民间记事就更难挖掘了。记载珠海本地历史事迹的香山方志由此成为最核心的古文献，除此之外，广州府志、两广通志、澳门志书以及珠海周边的新会、江门、东莞、新安等方志都是重要信息源，而盐法、海防、海洋、水产、水利等专业志、民族志等都是重要的基础文献。因为古史知识欠缺，又从谭其骧、徐中舒、顾颉刚、何大章、曾昭璇、鲁西奇等古今专家学者的专著中找南海线索，找古图，找古建制理论指导。多亏了40多年前学的是汉语言文学专业，好歹慢慢把古文字阅读、断句啃下来凑数。

所有的搜集都是大海捞针，如果不捞那就什么都没有，一切都是原样。这真的需要坚持，三五年后，这种坚持就会在脑海中凿出形象，一旦有新信息进入大脑，立即就会产生化学反应，将自然、历史与社会、人口的生存线索交织为相互联系的整体，既相互联系，又可以互证。珠海的文化源自历史，源自不同历史阶段海上人民对自我命运的选择。我们能看到的或许只是海涛之上的浪花，还无法探索到它深沉的胸膛。这本书展现了珠海以前不为人知的、相互联系的社会历史进程，从自然之水而来，流向历史的、社会的、经济的、文化的、未来的世界。作者虽然无法深刻把握好珠海的精髓，但一直不舍地收集它的点滴。

这本书还很稚嫩，因为它并非专业的历史研究者所作。它的许多叙述就是为了打开历史的新视野，为更多人深入研究提供新方向，同时还会引发一些有意义的文化思考。

衷心感谢所有激励者，因为他们都有一颗深爱珠海的心。这鼓舞着作者从怀疑中仍然看见自己热爱的心房在跳跃。

宋华
2024年7月